CONCOURS ADMINISTRATIFS

Réussir les concours d'entrée

Collection dirigée par
David Alcaud et Philippe-Jean Quillien

LES ÉPREUVES DE FRANÇAIS

QCM et courts exercices
Questions de compréhension d'un texte
Rédaction – Rapport ou compte rendu

Catherine CHAPELLE
Annie DELIVRÉ
Formartrices au Centre national
de la fonction publique territoriale (CNFPT)

ellipses

Dans la collection
CONCOURS ADMINISTRATIFS – Réussir les concours d'entrée

- **Exercices de culture générale** Catégorie A
- **Culture générale : thèmes fondamentaux et sujets corrigés** Catégories A et B
- **La note de synthèse** Catégories A et B
- **QCM et exercices (Français - Culture générale - Mathématiques - Logique)** Catégories B et C
- **Les épreuves de Français (QCM et courts exercices - Questions de compréhension d'un texte - Rédaction - Rapport ou compte rendu)** Catégorie C
- **Les épreuves de Mathématiques (Arithmétique - Géométrie - Algèbre - Tableaux numériques)** Catégorie C
- **Adjoint administratif** Catégorie C
- **Gardien de la Paix** Catégorie C
- **Lieutenant et Commissaire de Police** Catégories A et B
- **Agent de Police municipale et Garde-champêtre** Catégorie C
- **Filière culturelle territoriale** Catégories A et B
- **Filière sportive territoriale** Catégories A et B
- **Adjoint administratif territorial** Catégorie C
- **Rédacteur territorial** Catégorie B
- **Agent de constatation des Douanes** Catégorie C
- **Contrôleur des Douanes** Catégorie B
- **Inspecteur des Douanes** Catégorie A
- **Agent de constatation ou d'assiette des Impôts** Catégorie C
- **Contrôleur des Impôts** Catégorie B
- **Inspecteur des Impôts** Catégorie A
- **Agent de recouvrement du Trésor** Catégorie C
- **Contrôleur du Trésor** Catégorie B
- **Inspecteur du Trésor** Catégorie A
- **Les IRA (Instituts Régionaux d'Administration)** Catégorie A

ISBN 2-7298-0714-4

32, rue Bargue 75740 Paris cedex 15

www.editions-ellipses.com

Sommaire

Deuxième partie
Les questions de compréhension d'un texte 123

Troisième partie
L'épreuve de rédaction 181

Introduction générale[1]

Ce livre s'adresse à tous les candidats aux concours administratifs, externes et internes, de catégorie C, comportant une ou plusieurs épreuves de français.

I. Qu'est-ce qu'un concours administratif de catégorie C ?

Il existe en France **trois fonctions publiques** : étatique, territoriale et hospitalière.

La plus nombreuse est la fonction publique de l'État, qui représente la moitié environ des effectifs, avec 2 300 000 agents en 1998. La fonction publique territoriale, elle, représente 32,4 % de l'emploi public, soit environ 1 600 000 agents. Bien qu'elle constitue une collectivité territoriale, la Ville de Paris organise ses propres concours, et ses 40 000 fonctionnaires ont un statut spécifique. Quant aux agents hospitaliers, ils sont environ 850 000.

Le personnel étatique travaille dans les administrations centrales, dans les services déconcentrés et dans les établissements publics de l'État.

Les agents territoriaux sont employés par les collectivités locales (notamment les 36 800 communes, 100 départements, 25 régions), ainsi que par leurs établissements publics (centres communaux d'action sociale, communautés urbaines, d'agglomération ou de communes, syndicats intercommunaux, etc.).

Enfin, le personnel hospitalier exerce ses fonctions dans de nombreux établissements publics (hôpitaux, hospices publics, maisons de retraite publiques, etc.).

En principe, tout emploi permanent créé par l'État, par une collectivité territoriale ou par un établissement public hospitalier doit être pourvu par un agent titulaire, c'est-à-dire par un fonctionnaire. Toutefois, dans des cas

---

1. Les développements administratifs et juridiques de l'introduction, notamment « La carrière du fonctionnaire en 15 définitions », ont été rédigés par Philippe-Jean Quillien, directeur de l'ouvrage.

définis par la loi, ces collectivités publiques peuvent aussi recruter des agents non titulaires, qui sont dans une situation contractuelle.

Important : Pour devenir fonctionnaire et bénéficier des nombreux avantages liés à ce statut, il faut en général réussir un concours avec épreuves.

Le statut général de la fonction publique répartit les concours de recrutement en trois **catégories** désignées par les lettres A, B et C. La catégorie se définit par le niveau de recrutement (niveau inférieur au baccalauréat ; baccalauréat ; niveau de l'enseignement supérieur) ainsi que par la nature des fonctions exercées par les agents (encadrement, conception et direction ; application ; exécution).

Les trois fonctions publiques organisent des concours de catégorie C dans les « filières » les plus diverses : administrative, technique, culturelle, sportive, animation, médico-sociale, sécurité...

Les **autorités organisatrices** varient selon les concours.

Ainsi les concours étatiques peuvent être organisés au niveau national, soit par un ministère comme celui de l'économie et des finances ou de l'éducation nationale, soit de façon interministérielle. De plus en plus de concours sont déconcentrés : ils peuvent être organisés par les préfectures, les rectorats ou les directions départementales des différents ministères.

Les concours de la fonction publique territoriale sont organisés par les centres de gestion. Il existe un centre de gestion par département. Toutefois, dans la région Île-de-France, deux centres de gestion sont interdépartementaux : le centre interdépartemental de gestion (CIG) de la petite couronne concerne les collectivités locales des Hauts-de-Seine (92), de Seine-Saint-Denis (93) et du Val-de-Marne (94) ; le CIG de la grande couronne couvre les Yvelines (78), l'Essonne (91) et le Val-d'Oise (95).

Dans la fonction publique hospitalière, chaque établissement organise de façon autonome le recrutement de son personnel et la majorité des concours se déroulent localement.

Il faut enfin noter que divers organismes publics, par exemple La Poste, qui est une entreprise publique, recrutent également des agents au moyen de concours comportant du français au programme.

La **périodicité** varie également selon les concours. En général, ceux-ci sont organisés tous les ans ou tous les 18 mois.

Les concours administratifs comportant au moins une épreuve de **français** sont nombreux. Vous trouverez les principaux dans le tableau figurant à la fin de l'introduction générale.

II. Les épreuves de français dans les concours administratifs

Les épreuves de français se présentent principalement sous quatre formes :

- le questionnaire à choix multiple (QCM) et/ou les courts exercices destinés à évaluer les connaissances du candidat en orthographe, en grammaire et en vocabulaire ;
- l'explication de texte ;
- la rédaction ;
- le rapport ou le compte rendu.

L'épreuve de QCM et/ou de courts exercices peut également comprendre, selon les concours, des questions en nombre variable de mathématiques et/ou de culture générale.

L'épreuve de d'explication de texte peut comporter des questions de compréhension, de vocabulaire et aussi de grammaire dans le cadre de certains concours. On peut demander également au candidat de rédiger un commentaire personnel. Cet exercice est une courte rédaction d'une vingtaine de lignes où le candidat doit savoir exposer des idées personnelles dans un développement structuré et argumenté.

Les épreuves de compte rendu et de rapport concernent particulièrement les concours techniques et sportifs. Dans ces épreuves, le candidat doit rendre compte à son supérieur hiérarchique d'un événement survenu dans le cadre de son service. Dans certains concours, un dossier peut être joint. Le candidat pourra y puiser des renseignements utiles pour la rédaction du compte rendu, mais en aucun cas, il ne devra en faire la synthèse. Le compte rendu et le rapport ne se confondent pas avec une note de synthèse. Pour réussir ces épreuves, le candidat doit avoir des connaissances, mais il doit surtout pouvoir maîtriser une situation et savoir argumenter ses décisions.

L'épreuve de rédaction est un exercice exigeant des qualités d'argumentation et d'expression. Les sujets posés peuvent être en rapport soit avec l'environnement professionnel, soit avec des problèmes socio-économiques.

Dans le tableau donné à la fin de l'introduction, vous trouverez des précisions sur les principaux concours de catégorie C comportant des épreuves de français, la durée et le coefficient de chaque épreuve. Ce tableau n'est pas exhaustif. Deux critères de sélection ont été retenus : le nombre de candidats et la périodicité des concours.

III. Comment préparer les épreuves de français ?

La réussite des épreuves de français ne s'improvise pas et ne se prépare pas la semaine précédant le concours. Vous devez vous entraîner régulièrement. Cet ouvrage vous propose des rappels des notions indispensables en grammaire, en vocabulaire et en orthographe, des rappels méthodologiques et des exercices d'application corrigés. Vous trouverez aussi, à la fin de chaque partie, des sujets de concours corrigés et commentés.

Afin de vous préparer à l'épreuve de rédaction et de commentaire, vous devez vous intéresser à l'actualité socio-économique et lire des articles traitant des problèmes de société.

Obligez-vous à chercher les mots difficiles que vous rencontrez et notez-les dans un répertoire que vous relirez régulièrement. C'est la meilleure façon d'acquérir un vocabulaire riche et varié. En effet, les mots de vocabulaire proposés dans les épreuves de QCM et de compréhension de texte sont d'un niveau soutenu et balaient tous les domaines.

Cet ouvrage se divise en **quatre parties** consacrées chacune à un type d'épreuve : le questionnaire à choix multiple, l'explication de texte, la rédaction et le rapport. Chaque partie comprend le rappel des notions essentielles, des exercices corrigés et des sujets de concours récents également corrigés.

À la fin de la quatrième partie, un **glossaire** rappelle brièvement la terminologie employée et les notions essentielles afin de vous aider à les mémoriser facilement.

Dans une **annexe** figurant à la fin de cet ouvrage, vous trouverez la liste des principales adresses utiles pour obtenir des informations et les formulaires d'inscription aux différents concours.

Principaux concours comprenant une épreuve de français[1]

Autorité organisatrice	Intitulé du concours	Épreuve	Durée	Cœfficient
Fonction publique étatique				
Administration centrale	Adjoint administratif	QCM ET	1h30 1h30	3 3
	Agent des services techniques	QCM ou R	0h30	1

1. Les épreuves sont indiquées par des abréviations : questions à choix multiple et courts exercices (QCM), explication de texte (ET), rédaction (R), compte rendu ou rapport (CR).

Ministère de l'intérieur	Adjoint administratif de la police nationale	QCM	1h30	3
	Agent administratif de la police nationale	QCM	1h30	3
	Gardien de la paix	R	3h	3
	Adjoint administratif de la préfecture de police	QCM ET	1h30 1h30	3 3
	Agent administratif de la préfecture de police	QCM	1h	1
	Agent des services techniques de préfecture	QCM ou	0h30	1
Ministère de l'économie et des finances	Agent de constatation ou d'assiette des impôts	QCM ET	2h 2h	4 4
	Agent de constatation des douanes	QCM ET	1h30 2h	3 3
	Agent de recouvrement du Trésor	QCM ET	1h30 1h30	4 3
Ministère de la culture	Agent technique d'accueil, de surveillance et de magasinage	QCM	2h	3
Ministère de la justice	Surveillant de l'administration pénitentiaire	R	2h	2
	Agent technique d'éducation de la protection judiciaire de la jeunesse	QCM	2h30	4
	Adjoint administratif	ET	1h30	3
Ministère de la défense	Agent civil des services hospitaliers du service de santé des armées	QCM	1	1
Services déconcentrés (préfectures, rectorats, etc.)	Agent administratif des services déconcentrés	QCM	1h30	1

Fonction publique territoriale				
Centres de gestion	Adjoint administratif	ET	1h30	3
	Agent de maîtrise	CR	2h	3
	Agent de police municipale	CR	1h30	3
	Garde champêtre	CR	1h30	3
	Opérateur des activités physiques et sportives	CR	1h30	3
	Agent spécialisé des écoles maternelles	QCM	0h45	1
	Agent qualifié du patrimoine	CR	2h	4
Ville de Paris	Agent de 2e classe de la surveillance spécialisée	R et QCM	2h	3
	Agent-chef de la surveillance spécialisée	R	2h	4
	Agent des services techniques	QCM	0h45	1
	Adjoint administratif des bibliothèques	ET	1h30	4
	Adjoint administratif	ET	1h30	3
	Chef d'équipement du nettoiement	R	2h	3
	Dessinateur	R	2h	5
	Inspecteur de sécurité	QCM R	0h30 1h30	2 2
	Maître ouvrier	R	1h30	2 à 5
Fonction publique hospitalière				
	Adjoint administratif hospitalier	ET QCM	1h30 1h30	2 1
	Ouvrier d'État hospitalier	CR	2h	2

La carrière du fonctionnaire en 15 définitions

Affectation : désignation d'un fonctionnaire dans un emploi, c'est-à-dire dans un poste de travail. L'autorité administrative compétente (par exemple le maire dans une commune) affecte librement le fonctionnaire dans un des emplois correspondant à son grade.

Catégorie : le statut général de la fonction publique répartit les corps et les cadres d'emplois en trois catégories désignées par les lettres A, B et C. La catégorie se définit par le niveau de recrutement (niveau inférieur au baccalauréat ; baccalauréat ; niveau de l'enseignement supérieur) ainsi que par la nature des fonctions (encadrement, conception et direction ; application ; exécution).

Cadre d'emplois/corps : ensemble des fonctionnaires soumis au même statut particulier, ayant vocation à parvenir aux mêmes grades, à occuper les mêmes emplois, à accomplir la même carrière. Les fonctions publiques étatique et hospitalière sont divisées en corps, la fonction publique territoriale en cadres d'emplois.

Dossier individuel : ensemble des pièces intéressant la situation administrative du fonctionnaire. Elles doivent être enregistrées, numérotées et classées sans discontinuité. Tout fonctionnaire a accès à son dossier individuel dans les conditions définies par la loi.

Échelon : subdivision du grade, correspondant à un niveau de rémunération. L'avancement d'échelon en échelon au sein du grade se fait en fonction à la fois de l'ancienneté et du mérite, c'est-à-dire de la valeur professionnelle du fonctionnaire, selon les conditions définies par les statuts particuliers.

Emploi : l'emploi désigne à la fois un poste de travail, c'est-à-dire des tâches confiées à un fonctionnaire, et un poste budgétaire, c'est-à-dire des crédits ouverts pour rémunérer ce fonctionnaire. Le fonctionnaire n'est pas titulaire de son emploi, qui appartient à l'administration. Si l'intérêt du service l'exige, celle-ci peut changer l'affectation d'un agent ou même supprimer son emploi (elle doit alors l'affecter à un autre emploi correspondant à son grade).

Fonctionnaire : personne nommée dans un emploi permanent et titularisée dans un grade de la hiérarchie des administrations étatiques, territoriales ou hospitalières. Ces administrations emploient également des agents non titulaires, qui sont dans une situation contractuelle, et des stagiaires, qui ont vocation à devenir fonctionnaires.

Grade (classe) : titre conférant à son titulaire vocation à occuper l'un des emplois définis par le statut particulier de son corps ou cadre d'emplois. Définitivement acquis, contrairement à l'emploi, le grade exprime le niveau hiérarchique du fonctionnaire dans son corps ou cadre d'emplois. Le passage à un grade supérieur peut se faire, soit par inscription sur un tableau d'avancement par l'autorité administrative compétente (le cas échéant après une présélection par examen professionnel), soit par voie de concours professionnel. La **classe** est assimilée au grade lorsqu'elle s'acquiert selon la procédure fixée pour l'avancement de grade.

Notation : appréciation de la valeur professionnelle du fonctionnaire par ses supérieurs hiérarchiques. Effectuée obligatoirement chaque année, elle comporte une note chiffrée de 0 à 20 selon différents critères (aptitudes générales, efficacité, qualités d'encadrement, sens des relations humaines...), ainsi qu'une appréciation générale du chef de service. La note et l'appréciation sont communiquées au fonctionnaire, qui peut les contester. Ce mécanisme permet à l'administration d'exercer ses choix en matière d'avancement.

Position : situation juridique du fonctionnaire, qui doit se trouver dans une des six positions définies par le statut général de la fonction publique :

- activité (fonctionnaire exerçant effectivement dans son corps ou cadre d'emplois — à temps complet ou partiel — les fonctions d'un emploi correspondant à son grade). La mise à disposition constitue un aménagement particulier de la position d'activité (fonctionnaire demeurant du point de vue juridique et budgétaire dans son corps d'origine, mais effectuant en fait son service dans un autre organisme, administratif ou associatif par exemple) ;
- détachement (fonctionnaire placé hors de son corps d'origine, mais continuant de bénéficier dans ce corps de ses droits à l'avancement et à la retraite, par exemple pour exercer un mandat syndical ou électif) ;
- mise hors cadres (variété de détachement) ;
- disponibilité (fonctionnaire placé hors de son corps d'origine, et cessant de bénéficier de ses droits à l'avancement et à la retraite, par exemple pour suivre son conjoint astreint professionnellement à une résidence éloignée) ;
- congé parental (fonctionnaire placé hors de son administration d'origine pour élever son enfant) ;
- service national.

Rémunération : après service fait, le fonctionnaire a droit à une rémunération comprenant le traitement et, le cas échéant, l'indemnité de résidence (destinée à compenser les différences de coût de vie selon les lieux géographiques), le supplément familial de traitement (supplément des allocations familiales versé aux agents ayant au moins un enfant à charge), ainsi que les indemnités instituées par un texte législatif ou réglementaire. Ces indemnités (ou primes) se montrent variables selon les administrations et les corps ou cadres d'emplois concernés. S'y ajoutent les prestations familiales obligatoires. Enfin, la nouvelle bonification indiciaire (NBI) instituée en 1991 permet de mieux rémunérer les agents exerçant des fonctions d'une responsabilité, d'une difficulté ou d'une technicité particulières.

Sanction : en cas de faute en rapport avec les fonctions, le fonctionnaire s'expose à une sanction disciplinaire, prononcée dans le respect des règles de procédure et soumise au contrôle du juge. Cette sanction doit être adaptée à la faute commise : la moins grave est l'avertissement ; la plus grave la révocation, qui entraîne la radiation des cadres et la perte de la qualité de fonctionnaire.

Stage : période probatoire obligatoire, prenant place entre le recrutement et la décision de titularisation, qui seule confère un grade et ouvre une carrière à l'agent. Pendant ce temps d'essai, le fonctionnaire potentiel doit apporter la preuve de son aptitude professionnelle et, le cas échéant, recevoir une formation adaptée à ses futures fonctions. Il n'a aucun droit, mais seulement vocation à la titularisation. Si, à l'issue du stage, les résultats sont satisfaisants, l'agent est titularisé. Sinon, le stage peut être prorogé ou l'agent licencié (avec retour dans le grade d'origine pour les fonctionnaires).

Statut : ensemble des textes déterminant les règles relatives aux droits et aux obligations des fonctionnaires. On distingue un statut général et des statuts particuliers. Le **statut général** de la fonction publique comprend quatre titres : le titre I définit les droits et les obligations applicables à l'ensemble des fonctionnaires (loi n°83-634 du 13 juillet 1983). Le titre II comprend les dispositions statutaires relatives à la fonction publique de l'État (loi n°84-16 du 11 janvier 1984), le titre III à la fonction publique territoriale (loi n°84-53 du 26 janvier 1984), le titre IV à la fonction publique hospitalière (loi n°86-33 du 9 janvier 1986). Il existe aussi des **statuts particuliers** précisant, pour les différents corps et cadres d'emplois de fonctionnaires, les modalités d'application du statut général.

Traitement : nom donné à l'élément de base de la sémunération du fonctionnaire. Le montant du traitement dépend de l'échelon auquel il est parvenu dans son grade. À chaque échelon correspond un indice majoré (indice traitement) variant de 258 à 820 (à la date du 1er mai 2001). Le traitement mensuel brut peut se calculer en multipliant l'indice majoré par la valeur du point d'indice, qui est régulièrement réévaluée (28,128 francs à la date du 1er mai 2001).

1

L'épreuve de QCM et de courts exercices[1]

Cette première partie est composée de quatre chapitres : la présentation de l'épreuve, les questions d'orthographe, les questions de grammaire et les sujets de concours récents corrigés et commentés.

1. Cette partie a été rédigée par Annie Delivré.

1 Présentation de l'épreuve

I. Le contenu de l'épreuve

L'épreuve de français d'admissibilité destinée à vérifier les connaissances du candidat en orthographe, en grammaire et en vocabulaire peut se présenter sous deux formes :

- soit un questionnaire à choix multiple (QCM) : le candidat a le choix entre trois ou quatre réponses possibles et doit cocher la réponse exacte dans la case prévue à cet effet ;
- soit des courts exercices : le candidat doit compléter des mots ou des phrases. Les terminaisons et les mots sont généralement proposés, le candidat devra choisir ce qui convient.

Aucun programme n'est défini par le règlement des différents concours, mais l'observation des sujets montre que si le nombre et le type de questions posées varient selon les concours, on retrouve toujours des questions d'orthographe, de grammaire et de vocabulaire portant sur les connaissances acquises à la fin de la classe de troisième.

Les questions d'orthographe portent sur l'orthographe d'usage comme le redoublement de consonnes, les homonymes lexicaux (peau, pot), la lettre *h* muette, etc., et sur l'orthographe grammaticale : les accords, les homonymes grammaticaux (san-s'en, peu-peut…)

Les questions de grammaire concernent :

- l'analyse grammaticale, c'est-à-dire la nature (nom, adjectif…) et la fonction grammaticale des mots (sujet, complément circonstanciel…) ;
- l'analyse logique, c'est-à-dire déterminer la nature (proposition principale, proposition subordonnée…) et la fonction (complément d'objet direct, complément circonstanciel…) des différentes propositions composant une phrase ;
- la conjugaison : le candidat doit reconnaître le temps et le mode d'un verbe, mettre un verbe à un temps et à un mode demandé, transformer un verbe conjugué à la voix passive en verbe à la voix active, appliquer les règles de concordance des temps.

Dans cette épreuve, des questions de vocabulaire sont posées qui peuvent porter sur le sens des mots, sur les synonymes, les homonymes, les antonymes, les paronymes, les mots de la même famille et sur le champ lexical. Mais, afin d'équilibrer les différentes parties de cet ouvrage, les rappels concernant les questions de vocabulaire sont étudiés dans la partie consacrée à l'épreuve de compréhension de texte, car cette épreuve comprend également des questions de vocabulaire. Vous devrez vous y reporter avant de vous entraîner avec les différents sujets de concours proposés à la fin de cette partie.

II. Les conseils pour réussir cette épreuve

Cette épreuve peut sembler facile. Or rien n'est plus faux car elle est destinée, en fait, à opérer une première sélection parmi les nombreux candidats. Pour réussir cette épreuve, il faut bien évidemment avoir des connaissances, mais aussi être très rapide.

Le temps imparti à cette épreuve est variable, vous retrouverez en introduction la durée de l'épreuve selon les différents concours.

Vous pouvez aussi avoir, dans certains concours, des questions de mathématiques et de culture générale. La proportion de ces questions est variable.

Généralement, vous ne pourrez consacrer guère plus d'une minute à chaque question, il convient donc, de ne pas s'attarder. Si vous hésitez, passez à la question suivante. Vous pourrez revenir aux questions restées sans réponse s'il vous reste du temps à la fin de l'épreuve.

Vous devez lire attentivement les consignes car elles peuvent différer selon les exercices, au cours de l'épreuve. En effet, on peut vous demander de cocher la phrase ou le mot correctement orthographiés ou de cocher la phrase ou le mot incorrectement orthographiés. En général, une seule réponse est attendue, mais parfois, vous devrez cocher plusieurs réponses dans le cas d'une question à réponses multiples (QRM).

Selon les concours, l'absence de réponse ou une réponse erronée peut être pénalisée (on enlève alors 0,5 ou 1 point)

Selon les modalités de chaque concours, le candidat devra répondre soit directement sur le document-questionnaire, soit sur un document-réponse, il faudra alors être attentif, afin de ne pas décaler les réponses.

L'épreuve de QCM ou de courts exercices ne s'improvise donc pas, vous devez vous entraîner à répondre vite et bien avec les sujets d'annales proposés.

2 Les questions d'orthographe

L'observation des sujet des différents concours montre que, quel que soit le niveau requis (avec ou sans diplôme), les questions posées portent sur les connaissances exigées en classe de troisième. Le programme est vaste, vous devez être particulièrement attentifs aux accords des participes passés et aux confusions de temps et de mode en conjugaison (imparfait-passé simple, indicatif-subjonctif).

L'objectif de cet ouvrage étant votre réussite au concours, un choix a été fait parmi les difficultés très nombreuses de l'orthographe. Ainsi certaines règles trop « pointues » ne seront pas étudiées, le but n'étant pas de faire de vous des « spécialistes » mais de vous préparer à affronter les questions d'orthographe. De même, les difficultés de base comme : a-à, ou-où, et-est, s-ss, etc., devant être maîtrisées en classe de troisième, ne seront pas revues. D'ailleurs, ce type de difficultés ne se retrouve que très rarement dans les sujets de concours.

Les rappels orthographiques proposés prennent donc en compte les différentes questions posées dans les concours ces cinq dernières années.

Ce chapitre est composé de la méthode, c'est-à-dire du rappel des règles d'orthographe utiles pour le concours, et des exercices d'application de ces règles. Vous retrouverez les corrigés de ces différents exercices à la fin de ce chapitre.

I. La méthode

A. Rappel de quelques règles d'orthographe non grammaticale

On appelle orthographe non grammaticale, les règles qui ne concernent pas les accords et la conjugaison.

1) La ponctuation

À l'écrit, elle permet de préciser le sens d'une phrase et de structurer un texte. À l'oral, elle se traduit par des pauses et des intonations qui facilitent la compréhension de ce texte.

La connaissance des règles de ponctuation est également utile pour comprendre le découpage des phrases dans les questions d'analyse logique. De même, lorsque vous rédigerez les réponses aux questions de compréhension, il est important de ponctuer votre texte correctement. En effet, une mauvaise utilisation des signes de ponctuation peut conduire à des erreurs d'interprétation. Ainsi, le sens de ces deux phrases est différent : « elle a vu tomber un homme de son balcon » et « elle a vu tomber un homme, de son balcon ». Dans la première phrase, l'homme tombe de son balcon, dans la deuxième, elle le voit de son balcon.

.	Le point marque la fin d'une phrase déclarative.	Les oiseaux chantaient. Le printemps était enfin revenu.
?	Le point d'interrogation se place à la fin d'une phrase interrogative directe.	Passerez-vous vos vacances en Bretagne cet été ?
!	Le point d'exclamation se place à la fin d'une phrase exclamative ou après une interjection.	Oh ! quelle journée agréable !
...	Les points de suspension indiquent l'inachèvement de la phrase ou une interruption dans la pensée.	L'enfant pleurait : « Tu m'avais promis… »
;	Le point virgule s'emploie pour indiquer qu'il existe une relation entre deux propositions.	Aujourd'hui le vent est glacial ; les rues sont désertes.
,	La virgule sépare les termes d'une énumération ou les groupes mobiles d'une phrase.	Hier, à cinq heures, nous avons pris le thé. Au loin, il aperçoit les toits, les tours, les cheminées et les clochers de la ville.
:	Les deux points introduisent une citation ou une explication.	Voilà ce que Claire avait appris : l'appartement était inhabité depuis deux ans.
( )	Les parenthèses isolent dans une phrase un élément qui pourrait être supprimé sans changer le sens général.	En quelques années (vingt ans environ), cette ville est devenue un véritable monstre urbain.
–	Le tiret joue le même rôle que les parenthèses. De plus, il marque dans un dialogue le changement d'interlocuteur.	– C'est elle — du moins je le crois — qui prendra la direction du service. – Tu en es sûre ?
« »	Les guillemets encadrent une citation, ou un mot que l'on veut mettre en valeur.	Avec le développement de la robotique, il existe des usines « sans ouvriers ».

2) La majuscule

On met la majuscule dans les cas suivants :

- pour débuter une phrase après un point, un point d'interrogation, un point d'exclamation et des points de suspension ;
- aux noms propres : le **J**apon, la **S**eine ;
- aux noms marquant la nationalité : les **F**rançais, les **A**ustraliens ;
- aux noms marquant la politesse ou un titre : **M**onsieur le **M**aire, **M**adame la **M**inistre ;
- aux noms de bateau, d'avion, de rue et de bâtiment : la **J**eanne d'Arc, l'**A**irbus, la rue de **R**ennes, la **S**orbonne.

3) Les accents et le tréma

Dans la langue française, il existe trois accents qui permettent, d'une part, de distinguer différents sons et d'autre part, de distinguer des homophones et des homonymes tels : a - à, ou - où, sur - sûr, mur - mûr, la - là, etc.

L'**accent aigu** se place sur un **e** représentant un son fermé comme dans **été** ou **généreux**.

L'**accent grave** se place sur un **e** représentant un son ouvert comme dans cr**è**me ou col**è**re.

L'**accent circonflexe** remplace souvent une lettre qui a disparu et qui peut encore exister dans des mots de la même famille comme : fête - festif, ancêtre - ancestral, côte - accoster, forêt - forestier.

Quant au **tréma**, il permet d'isoler deux voyelles (e, i, u) et se place toujours sur la deuxième voyelle comme dans ma**ï**s, No**ë**l ou aigu**ë**.

4) Le trait d'union

Il relie deux ou plusieurs mots dans les cas suivants :

- les noms et les adjectifs composés : chien-loup, gratte-ciel, aigre-douce ;
- le verbe et le pronom sujet inversé : « viendrez-vous ? », « ira-t-on ? » ;
- le verbe et le pronom complément à l'impératif : donne-le moi, prenez-en, allez-y.

5) Quelques remarques sur l'orthographe non grammaticale

La langue française est composée d'une multitude de mots. Or l'orthographe d'usage, c'est-à-dire l'orthographe non grammaticale, ne suit que très rarement (contrairement à l'orthographe grammaticale) des règles bien déterminées. C'est donc en lisant et en écrivant régulièrement que vous pourrez la maîtriser correctement. Pour vous aider, trois points sont étudiés.

a) Les mots de la même famille

Les mots sont formés à partir d'une racine d'origine latine, grecque ou germanique à laquelle s'ajoutent un préfixe et/ou un suffixe. Cela forme les mots d'une même famille. Ainsi le mot **affamé** est formé de la racine **fam** (*fames* : la faim en latin) et du préfixe **a** signifiant « privé de ». Des mots comme faim, famélique, affameur, font ainsi partie de la même famille.

Retrouver la racine d'un mot permet non seulement d'éviter les fautes (par exemple les mots de la famille de terre prennent tous deux **r** : terrasse, atterrir), mais de s'interroger aussi sur le sens d'un mot.

Remarque : Certains mots de la même famille peuvent s'écrire différemment, ainsi vous écrirez : co**ll**e, co**ll**er, acco**l**er ; fo**ll**e, fo**ll**ement, affo**l**er ; bo**nn**e, débo**nn**aire, bo**n**ifier ; do**nn**er, do**nn**eur, do**n**ation ; cha**rr**ette, ca**rr**ossier, cha**r**iot.

b) Les homonymes lexicaux

Ce sont des mots de sens différent mais se prononçant presque de la même façon. Vous devez les connaître, car vous les trouverez souvent dans les exercices d'orthographe et de vocabulaire.

Homonymes	Exemples
à faire affaire	Nous avons ce travail à faire. J'ai affaire à ce service. La défense est un quartier d'affaires.
chaos cahot	Après le tremblement de terre, la population errait dans un chaos de pierres et de gravats. Les cahots de la route sont très éprouvants.
censé sensé	Je suis censé (supposé) venir demain. Voilà une parole sensée ! (pleine de sens)
court cours cour	Je préfère jouer sur un court en terre battue. Dès le mois de mai, je m'inscris à un cours de japonais. L'année prochaine, la mairie rénovera enfin la cour de l'école.
cession session	Il a déjà fait cession de tous ses biens à ses enfants. Pensez à vous inscrire à la prochaine session du concours !
délasser délacer	En rentrant le soir, il aime se délasser en écoutant un disque. Les enfants doivent délacer leurs chaussures.
en train entrain	Pierre est en train de repeindre le salon. C'est une personne pleine d'entrain.
fond fonds fonts	Au fond du parc se trouve une statue en marbre d'Apollon. Je lui ai prêté cette somme à fonds perdu. Dans cette église, on peut admirer des fonts baptismaux datant du XIIIe siècle.

gré grès	Elle agit toujours selon son gré. Claire dispose un bouquet de marguerites dans un vase en grès.
plein plain	La voiture a terminé sa course dans le terre-plein central. Nous préférons les appartements de plain-pied.
pause pose	Je crois qu'il serait bon de faire une pause maintenant. Les agents de la voirie effectuent la pose des bordures.
parti partie	Je ne désire ni prendre parti dans cette affaire, ni en tirer parti. Les enfants aiment faire partie d'un groupe. Cet homme a été pris à partie par la foule.
raisonner résonner	Vous devez vous raisonner : pleurer ne sert à rien ! La cloche de l'église résonne étrangement dans la nuit.

c) Les mots et expressions invariables

Voici la liste des mots et expressions invariables les plus difficiles. Vous devez les connaître parfaitement car ils sont souvent source d'erreurs lors du concours.

Prépositions Locutions prépositives	Adverbes Locutions adverbiales		Expressions diverses
à l'instar de	ailleurs	à bras-le-corps	aux dépens de
à l'insu de	alentour	à califourchon	à toute heure
au delà de	auparavant	à cloche-pied	à tout prix
en deçà de	certes	à contre-cœur	à tous égards
envers	dorénavant	à cor et à cri	à pied
hormis	environ	à foison	de toute façon
hors de	exprès	au fur et à mesure	de toute manière
lors de	incognito	à huis clos	en tout point
malgré	jadis	à jeun	en toutes lettres
nonobstant	naguère	à l'envi	soi-disant
outre	néanmoins	à tâtons	en l'occurrence
parmi	notamment	à satiété	entre autres
selon	quasi	à tue-tête	par moments
vis-à-vis	quelquefois	à verse	par instants
	toutefois	d'emblée	sur ces entrefaites
	volontiers	de plain-pied	toutes affaires cessantes
	voire		toutes proportions gardées

B. Les principales règles de l'orthographe grammaticale

La grammaire française classe les mots en deux catégories :

- les mots variables : les verbes, les noms, les adjectifs qualificatifs, les déterminants et les pronoms ;
- les mots invariables : les adverbes, les conjonctions de coordination et de subordination, les prépositions et les interjections.

1) Le verbe

Le verbe est un mot indiquant soit une action comme : chanter, bondir, prendre etc., soit un état comme : devenir, sembler, paraître, etc. Il se conjugue, c'est-à-dire qu'il varie selon la personne, le temps et le mode.

On appelle « impersonnel » un verbe qui ne se conjugue qu'à la troisième personne du singulier comme : il faut, il neige, il est souhaitable, etc.

On appelle « transitif direct » un verbe admettant un complément d'objet direct comme voir : je vois le ciel.

On appelle « transitif indirect » un verbe admettant un complément d'objet indirect comme parler : nous parlons à nos parents.

On appelle « intransitif » un verbe n'admettant pas de complément d'objet comme arriver : nous sommes arrivés.

Les différents temps et modes de conjugaison ainsi que leurs confusions sont étudiés dans le chapitre consacré aux questions grammaticales.

a) L'accord du verbe

■ L'accord général

Le verbe s'accorde en nombre et en personne avec le ou les sujets. Le sujet fait ou subit l'action : il peut être un nom, un pronom ou un verbe à l'infinitif.

> Quand les **oiseaux** chantaient, **cela** faisait vraiment trop de bruit et **m'endormir** était alors impossible.
> Le sujet répond à la question : qui est ce qui ?
> En reprenant la phrase précédente, il faut poser les questions suivantes :
> - qui est-ce qui « chantaient » ? les oiseaux ;
> - qui est-ce qui « faisait » ? cela ;
> - qui est-ce qui « était » ? m'endormir.

■ Les accords particuliers

** Le sujet est inversé.*

La place du sujet peut être inversée lorsque l'auteur veut mettre en valeur le verbe.

> De toutes parts arrivai**ent** en se dandinant **les canards.**

** Le sujet est « **qui** ».*

Lorsque le sujet est **qui** (pronom relatif), le verbe s'accorde avec l'antécédent de ce pronom relatif. On appelle *antécédent*, le mot que remplace le pronom relatif.

> **Toi** qui aim**es** tant la mer, pourquoi n'habites-tu pas en Bretagne ?
> Les enfants ont rangé les **jouets** qui traînaient dans le salon.

** Le sujet est un pronom indéfini singulier.*

Si le sujet est : rien, personne, on, tout, nul, chacun, plus d'un, pas un, quiconque..., le verbe s'accorde à la troisième personne du singulier.

> Hélas dans cette chorale, **plus d'un** chant**ait** faux !
> Dans la forêt le craquement des branches, le bruissement des feuillages, **tout** l'effray**ait.**

** Le sujet est un adverbe de quantité ou un pronom indéfini pluriel.*

Si le sujet est : peu, beaucoup, combien, trop, tant de, tous, certains, moins de deux, la plupart, plus de deux..., le verbe s'accorde à la troisième personne du pluriel.

> **Certains** préfèr**ent** la campagne. Heureusement, **beaucoup** avai**ent** apprécié ce film.

** Les sujets sont unis par **ni** ou par **ou**.*

L'usage veut que le verbe s'accorde à la 3e personne du pluriel :

> **Ni** Pierre **ni** Paul ne viendr**ont** à cette soirée.

** Le sujet est un collectif suivi d'un complément de nom.*

Si le sujet est : un groupe de, un armée de, une bande de..., le verbe s'accorde indifféremment au singulier ou pluriel, sauf si le sens impose l'accord à la 3e personne du singulier ou à la 3e personne du pluriel.

> Un **ribambelle** d'enfants dansai**t** ou dansai**ent**.
> Une **douzaine** d'œufs val**ait** douze francs l'année dernière. Dans cette phrase, le sens impose le singulier car le sujet est bien la « douzaine » et non les « œufs ».

> **Important** : Hormis l'accord du participe passé employé avec l'auxiliaire *avoir*, le verbe ne s'accorde jamais avec les pronoms compléments (me, te, lui, leur, les, le, la, nous, vous) placés devant. C'est une faute très fréquente au concours. Par exemple, vous écrirez « ils nous téléphoner**ont** demain », et non pas « ils nous téléphoner**ons** demain ».

b) Le participe passé

■ Comment construire un participe passé ?

Les participes passés des verbes du **1er groupe** se terminent tous par **é :** chanter → chanté.

Les participes passés des verbes du **2e groupe** se terminent tous par **i** : bondir → bondi.

Les participes passés des verbes du **3e groupe** se terminent par :

- **i** comme rire → ri ou sourire → souri ;
- **s** comme prendre → pris ou mettre → mis ;
- **t** comme faire → fait ou dire → dit ;
- **u** comme boire → bu ou résoudre → résolu.

Remarque : Si vous hésitez sur la terminaison notamment en **i, is** ou **it,** mettez le participe au féminin : pri**s** → pri**se** ou détrui**t** → détrui**te** ou garni → garnie.

■ Comment ne pas confondre le participe passé et le verbe à un temps conjugué ?

Le verbe conjugué exprime une action, le participe passé exprime une façon d'être.

> Le palier **franchi**, ils se retrouvèrent dans le salon.
> Le coureur **franchit** le dernier obstacle avant la ligne d'arrivée.
>
> **Admis** au concours, il pouvait désormais demander une mutation.
> Elle **admit** volontiers s'être trompée.

Lorsque vous hésitez, mettez le verbe à l'imparfait de l'indicatif. Si la phrase lue **entièrement** a du sens, c'est effectivement le verbe conjugué au présent ou au passé simple de l'indicatif. Dans le cas contraire, c'est le participe passé.

Reprenons les exemples précédents :

> « le palier **franchissait**, ils se retrouvèrent dans le salon » et « **admettait** au concours, il pouvait demander une mutation », ces phrases n'ont aucun sens ! En revanche, « le coureur **franchissait** le dernier obstacle » et « elle **admettait** s'être trompée », sont deux phrases correctes.

■ Les accords des participes passés

Ce sont des accords que vous devez parfaitement maîtriser car vous les rencontrerez obligatoirement lors du concours.

** L'accord sans auxiliaire*

Le participe passé s'accorde en genre (féminin ou masculin) et en nombre (singulier ou pluriel) avec le nom auquel il se rapporte.

> Surpris**es** par ce qu'elles avaient appris, **elles** demandèrent des explications.
> Le coureur fut applaudi par des **spectateurs** enthousiasm**és**.

** L'accord avec l'auxiliaire être*

Le participe passé employé avec l'auxiliaire *être* s'accorde en genre et en nombre avec le sujet.

Les **enfants** pénétrèrent dans la maison sans être aperç**us** par leurs parents.
Suite à cette terrible tempête, de nombreuses **forêts** avaient été dévast**ées**.

Remarque : avaient été, a été, aurons été, etc., il s'agit bien de l'auxiliaire *être*, conjugué à des temps composés.

** L'accord avec l'auxiliaire avoir*

En règle générale, le participe passé employé avec l'auxiliaire *avoir* ne s'accorde jamais avec le sujet mais avec le complément d'objet direct (cod) s'il est placé avant le verbe. Pour trouver le cod, on pose, à partir du verbe la question : « qui ? » ou « quoi ? ».

La fillette avait cueill**i** des **fleurs**.
Elle avait cueilli quoi ? « des **fleurs** » : le cod est placé après le verbe, donc il n'y a **pas d'accord** du participe passé.

Les revues **qu**'elle avait achet**ées**, elle **les** avait offer**tes** à une amie.
Elle avait acheté quoi ? « **qu'** » ayant comme antécédent les revues.
Elle avait offert quoi ? « **les** » mis pour les revues.
Les compléments d'objet direct sont placés avant les verbes donc il y a **accord** du participe passé.

Important : Ne confondez pas **le sujet inversé** avec **le cod.**

Les fleurs **qu**'avaient cueilli**es** les enfants étaient très fragiles.
Les enfants (sujet) avaient cueilli quoi ? « **qu'** » (cod) ayant comme antécédent les *fleurs.*

Toutefois, dans certains cas, le participe passé peut rester invariable.

Le cod est le pronom personnel **en**. Des lettres, j'**en** ai reç**u** de très nombreuses ; des fraises, nous **en** avons mang**é** tout l'été.

Le participe passé des verbes impersonnels. Les fortes pluies qu'**il y a eu**. Les encouragements qu'**il** lui **a fallu**.

Le participe passé est suivi d'un verbe à infinitif. Il existe deux cas : cette maison que j'ai v**u bâtir** et cette cantatrice que nous avons entend**ue chanter** à l'Opéra.

Si le pronom **que**, placé avant le verbe, est le cod du verbe à l'infinitif, le participe passé reste invariable : j'ai vu bâtir quoi ? « **que** » ; le participe passé **vu** reste donc invariable.

Mais, si le pronom **que**, placé avant le verbe, est le cod du verbe conjugué et le sujet du verbe à l'infinitif, le participe passé s'accorde : nous avons entendu qui ? « **que** » ; le participe passé s'accorde alors.

Remarque : Le participe passé des verbes *faire, envoyer* et *laisser,* suivi d'un verbe à l'infinitif est toujours invariable : les enfants qu'elle a laiss**é** dormir.

Le cod est le pronom neutre **le** ou **l'**. Cet homme est peu courageux, je **l'**ai toujours s**u**. Ces romans sont plus intéressants que je ne **l'** aurais cr**u**.

Le pronom **l'** reprend l'idée : cet homme est peu courageux ou ces romans sont plus intéressants. Les participes passés **su** et **cru** restent donc invariables.

■ L'accord des participes passés des verbes pronominaux

On distingue deux catégories de verbes pronominaux : les verbes essentiellement pronominaux c'est-à-dire n'existant qu'à cette forme tels s'évanouir, s'enfuir ou se souvenir, et les verbes de sens réfléchi ou réciproque, appelés aussi occasionnellement pronominaux, comme laver, se laver ou regarder, se regarder, etc.

** L'accord des verbes essentiellement pronominaux*

Ce sont des verbes qui s'emploient seulement à la forme pronominale comme : s'évertuer, se fier, se soucier, s'emparer, s'élancer, se lamenter, se moquer, s'évanouir, se repentir, se blottir... Ils suivent la règle de l'accord avec l'auxiliaire *être.*

> Devant cet horrible spectacle, **ils** se sont évanoui**s** de frayeur, et **elles** se sont enfu**ies** en courant.

** L'accord des verbes occasionnellement pronominaux*

Ces verbes suivent la règle de l'accord avec l'auxiliaire *avoir*, c'est-à-dire que le participe passé s'accordent avec le cod placé avant le verbe.

> Les enfants **se** sont lavé**s**. Les enfants ont lavé quoi ? **se** (mis pour enfants). Le cod est placé avant le verbe donc le participe passé s'accorde.
>
> Les enfants se sont lav**é** les **mains**. Les enfants ont lavé quoi ? « les **mains** ». Le cod est placé après le verbe donc le participe passé ne s'accorde pas.
>
> Les mains **que** les enfants se sont lav**ées**. Les enfants ont lavé quoi ? « **que** » ayant comme antécédent les mains. Le cod est placé avant le verbe donc le participe passé s'accorde.

Important : Ne confondez pas le **complément d'objet indirect** (coi) avec le complément d'objet direct (cod). Pour trouver le coi, on pose à partir du verbe la question « à qui » ou « à quoi ». Ainsi, vous écrirez : ils se sont sour**i**, ils se sont pl**u** ou ils se sont succéd**é**. En effet, on plaît, on sourit ou on succède **à quelqu'un**.

c) Le participe présent et l'adjectif verbal

■ Le participe présent

Le participe présent est une forme que peut prendre le verbe. Il exprime une action, admet un sujet et des compléments d'objet ou des compléments circonstanciels. Le participe présent est **invariable**. Lorsqu'il est précédé de **en,** il se nomme **gérondif**.

> C'est en essay**ant** de secourir des alpinistes que les sauveteurs périrent.
> Les chiens mont**ant** la garde à l'entrée de la ferme aboient au moindre passage.

■ L'adjectif verbal

L'adjectif verbal exprime une manière d'être. Comme un adjectif il accompagne un nom et s'accorde en genre et en nombre avec lui.

> Dans cette classe se retrouvent des enfants très remu**ants**.
> Vous avez attendu les résultats du concours avec une impatience grandiss**ante**.

Important : Ne confondez pas le participe présent et l'adjectif verbal.

Si vous hésitez, mettez le nom au féminin et observez si la phrase est correcte. En reprenant les exemples précédents, pouvez-vous dire : les chiennes mont**antes** la garde ? Cette phrase est incorrecte donc **montant** est un participe présent, il est invariable. En revanche, vous pouvez dire : des fillettes très remu**antes,** donc **remuant** est un adjectif verbal et s'accorde avec le nom enfants.

■ Les cas particuliers

La terminaison du verbe au participe présent et de l'adjectif verbal correspondant est généralement la même, mais elle peut dans quelques cas différer.

	Participe présent	Adjectif verbal
guant/gant	fatiguant	fatigant
	naviguant	navigant
	intriguant	intrigant
	divaguant	divagant
quant/cant	communiquant	communicant
	convainquant	convaincant
	fabriquant	fabricant
	provoquant	provocant
	suffoquant	suffocant

ant/ent	adhérant	adhérent
	coïncidant	coïncident
	convergeant	convergent
	violant	violent
	négligeant	négligent
	affluant	affluent
	résidant	résident

2) Le nom

Le nom est le noyau du groupe nominal, il est précédé généralement d'un déterminant (article, adjectif possessif ou démonstratif, etc.) : la maison, son ami, cet arbre.

a) Le féminin des noms

En règle générale, le féminin des noms se forme en ajoutant la lettre **e** au nom masculin correspondant : un ami, une ami**e** ou un étudiant, une étudiant**e**.

Remarque : La terminaison en **e** d'un nom n'est pas toujours la marque du féminin. En effet, certains noms masculins se terminent par la lettre **e** comme un lièvre ou un phare.

Retenez que les noms masculins terminés par **en**, **on**, **et** doublent la consonne au féminin : un citoy**en**, une citoy**enne** ou un patr**on**, une patr**onne**.

Les cas particuliers ne posent aucun problème, car pour la plupart, la marque du féminin est sonore comme : tigre, tigresse ou aviateur, aviatrice. Mais, quelques noms féminins présentent des difficultés.

- Les noms terminés par le son [i] s'écrivent **ie** comme la pluie sauf la brebis, la fourmi, la nuit, la perdrix, la souris.
- Les noms terminés par le son [u] s'écrivent **ue** comme la revue sauf la bru, la glu, la tribu, la vertu.
- Les noms terminés par le son [oi] s'écrivent **oie** comme la joie sauf la croix, la foi, la fois, la loi, la noix, la paroi, la voix.
- Les noms terminés par le son [eur] s'écrivent **eur** comme la chaleur sauf l'heure, la demeure.
- Les noms terminés par le son [té ou tié] s'écrivent **té** ou **tié** sauf les noms exprimant un contenu comme la pelletée et cinq noms : la butée, la dictée, la jetée, la montée, la pâtée, la portée.

Remarque : Certains noms changent de genre. Ainsi, amour, délice et orgue sont masculins au singulier et féminins au pluriel : de belles amours, de grandes orgues et de pures délices.

b) Le pluriel des noms

En règle générale, le pluriel d'un nom se forme en ajoutant la lettre **s** au singulier : un garçon, des garçon**s** ou la maison, les maison**s**.

Remarque : Les noms **ail** suivent la règle sauf cinq noms : bail, corail, émail, travail et vitrail. On écrira : un bail, des baux.
De même, les noms terminés par **ou** suivent la règle sauf sept noms : bijou, caillou, chou, genou, hibou, joujou, pou. Ainsi, un hibou deviendra au pluriel : des hibou**x**.

■ Les exceptions

Terminaison du singulier	Terminaison du pluriel	Exemples	Exceptions
al	**aux**	cheval/chevaux journal/journaux	bals, carnavals, chacals, festivals, récitals, régals
au **eau** **eu**	**aux** **eaux** **eux**	esquimau/esquimaux bateau/bateaux cheveu/cheveux	landaus, sarraus bleus, émeus, pneus
s **x** **z**	**s** **x** **z**	souris prix riz	

■ Les accords particuliers

** Les noms composés*

Le pluriel des noms composés est une règle difficile à maîtriser car l'accord diffère selon la nature des éléments les composant.

Retenez que dans les noms composés, seuls le nom et l'adjectif prennent la marque du pluriel si le sens le permet : un oiseau-mouche → des oiseau**x**-mouche**s**

Les principaux cas particuliers sont les suivants :

- si le nom composé s'écrit en un seul mot, il prend la marque normale du pluriel : des parapluie**s**, des paratonnerre**s**. Toutefois, on écrira un gentilhomme → des gentil**s**homme**s** ; madame → m**es**dame**s**.
- si un des éléments est un verbe, un adverbe, une préposition ou une abréviation, cet élément reste invariable : un tire-bouchon → des tire-bouchon**s** ; une contre-allée → des contre-allée**s** ; un passe-partout → des passe-partout ; un micro-ordinateur → des micro-ordinateur**s** ;
- si le deuxième nom est précédé d'une préposition, il reste invariable : un arc-en-ciel → des arc**s**-en-ciel ; une gueule-de-loup → des gueule**s**-de-loup ;

- si le nom est le complément du verbe, il peut : rester au singulier comme un perce-neige → des perce-neige ; prendre la marque du pluriel comme un passe-montagne → des passe-montagnes ; se mettre indifféremment au singulier ou pluriel tel un pèse-lettre → des pèse-lettre(s) ; être toujours au pluriel tel un porte-avions → des porte-avions ;
- si les mots *garde* ou *aide* représentent une personne, ils s'accordent : un garde-malade → des garde**s**-malades ou un aide-magasinier → des aide**s**-magasiniers ;
- si l'adjectif grand est employé dans des expressions au féminin, il reste invariable : une grand-mère → des grand-mères ou une grand-rue → des grand-rues.

Remarque : Retenez l'orthographe de quelques noms composés : des timbres-poste, des après-midi, des faire-part, des ayant-droit, des laissez-passer, des terre-pleins, des sous-sols, des à-côtés, des pur-sang...

** Les noms sans déterminant : singulier ou pluriel ?*

Parfois les noms ne sont pas précédés d'un déterminant (article, adjectif possessif, démonstratif ou indéfini) permettant d'identifier le nombre, se pose alors la question : faut-il mettre ce nom au singulier ou au pluriel ? Il faut distinguer deux cas.

▪ Dans les tournures négatives

Lorsque le nom est précédé de **pas de**, **plus de**, **point de**, **sans**, **ni**, vous devez vous poser la question : s'il y en avait, y en aurait-il un ou plusieurs ? Ainsi vous écrirez un ciel sans étoiles et sans lune ou cette dame ne portait ni manteau ni gants. En effet, dans le ciel, il y a de nombreuses étoiles et la dame porte, en principe, deux gants.

▪ Dans les compléments de nom, d'adverbe ou d'adjectif

Lorsque le nom précédé d'une préposition comme **de**, **en** ou **à** est le complément d'un autre nom, d'un adjectif ou d'adverbe, il se met au singulier ou au pluriel selon le sens.

Vous devez mettre ce nom au singulier s'il donne une idée de matière ou de qualité. Ainsi vous écrirez : des enfants pleins de courage, des sacs de sable ou des services en porcelaine.

Si ce nom donne une idée de plusieurs êtres ou choses, il prendra la marque du pluriel. Vous écrirez donc : un sac plein de billes, une boîte de haricots ou un vêtement en lambeaux.

Remarque : Le pluriel des noms propres et des noms étrangers ne sera pas étudié, car ces accords ne font pas l'objet de questions au concours.

c) Le genre des noms

De nombreuses questions sont posées sur le genre des noms : dit-on un alvéole ou une alvéole, un insigne ou une insigne ?

■ Noms masculins

Voici une liste non exhaustive de noms masculins.

acabit	après-guerre	chrysanthème	insigne
agrume	appendice	edelweiss	interligne
alvéole	armistice	emblème	intervalle
amalgame	aromate	en-tête	mausolée
ambre	argent	épilogue	obélisque
amiante	arpège	esclandre	ovule
antidote	astérisque	granule	pétale
antipode	augure	haltère	planisphère
antre	auspice	hémisphère	rail
apanage	autographe	hospice	solde
aphte	automne	hymne	tentacule
apogée	camée	indice	tubercule

■ Noms féminins

Voici une liste non exhaustive de noms féminins.

abscisse	anicroche	enzyme	orbite
absinthe	anagramme	éphéméride	oriflamme
acné	arrhes	épice	orthographe
acoustique	aura	épitaphe	perce-neige
agrafe	autoroute	épithète	réglisse
agape	ecchymose	escarre	spore
alcôve	écharde	immondice	stalactite
algèbre	échappatoire	oasis	urticaire
amnistie	écritoire	octave	vésicule

3) L'adjectif qualificatif

L'adjectif qualificatif est un mot exprimant une qualité ou une manière d'être d'une chose ou d'un être vivant : une pièce **grande** et **claire** ou une **belle** tulipe **jaune**.

a) Le féminin des adjectifs qualificatifs

En règle générale, le féminin des adjectifs se forme en ajoutant un **e** au masculin : grand → grand**e** ; voisin → voisin**e** ; rival → rival**e**.

Pour certains adjectifs, le féminin se forme différemment, mais leur terminaison étant sonore, ils ne présentent pas de difficulté :favori → favorite ; voyageur → voyageuse ; enchanteur → enchanteresse ; doux → douce.

Cependant, certains adjectifs sont souvent source d'erreurs.

Terminé au masculin par	Terminé au féminin par	Exemples	Exceptions
et ot	ette otte	rondelet-rondelette sot-sotte	complète, concrète, désuète, dévote, replète, inquiète, idiote
en on	enne onne	ancien-ancienne breton-bretonne	
ul el eil	ulle elle eille	nul-nulle artificiel-artificielle pareil-pareille	

b) Le pluriel des adjectifs qualificatifs

En règle générale, le pluriel d'un adjectif qualificatif se fait en ajoutant un **s** au singulier : petit → petit**s** ; voisin → voisin**s**.

Il existe cependant quelques exceptions :

– les adjectifs terminés par **eau** font le pluriel en **eaux** comme : b**eau** → b**eaux** ;

– les adjectifs terminés par **al** font le pluriel en **aux** comme mondi**al** → mondi**aux** ; mais les adjectifs banal, bancal, fatal, final et naval suivent la règle générale.

c) L'accord des adjectifs qualificatifs

En règle générale, l'adjectif qualificatif s'accorde en genre et en nombre avec le nom auquel il se rapporte : un petit appartement → des petits appartements ; une petite maison → des petites maisons.

Cependant, dans quelques cas l'accord est plus délicat.

■ L'adjectif se rapportant à plusieurs noms

Une tulipe et une rose odorant**es** : l'accord se fait au féminin pluriel.
Un mur et un plafond crépi**s** : l'accord se fait au masculin pluriel.
Une porte et un volet peint**s** : l'accord se fait, par convention, au masculin pluriel.

■ L'adjectif éloigné du nom

Fatigu**és** par leur longue excursion, les **touristes** ont préféré se reposer aujourd'hui.
Rare**s** sont dans Paris les **pelouses** qui accueillent les enfants.

■ L'adjectif se rapportant à un nom ou à un complément de nom

L'accord se fait selon le sens.

Une **boîte** de bonbons métalliqu**e** et une boîte de **bonbons** italien**s**.
Une **foule** de spectateurs très dens**e** et un foule de **spectateurs** très enthousiasm**és**.

■ Les adjectifs composés

Dans les adjectifs composés, seuls s'accordent les adjectifs : des sauces aigre**s**-douce**s** ou des paroles douce**s**-amère**s**.

Si un des éléments composant l'adjectif est une préposition, une abréviation ou un adverbe, cet élément reste invariable : les avant-dernières places, des enfants franco-américains, des propos pseudo-spirituels.

Remarque : Vous écrirez des enfants nouveau-nés ou des dames court-vêtues car **nouveau** et **court** sont considérés dans ce cas comme des adverbes (nouvellement, courtement).

■ Les adjectifs de couleur

En règle générale, ils s'accordent avec les noms : un manteau noir → des manteaux noirs ; une robe noire → des robes noires.

Mais, les adjectifs de couleur sont invariables dans deux cas :

- un nom exprime la couleur : des satins ivoire, des yeux marron ou des écharpes émeraude, sauf écarlate, fauve, mauve, pourpre et rose ; vous écrirez ainsi des joues roses ou des velours fauves ;
- la couleur est exprimée par deux termes : des yeux bleu azur ou vert clair et des chapeaux jaune citron.

■ Les adjectifs numéraux

Grammaticalement ils n'appartiennent pas à la classe des adjectifs qualificatifs mais à celle des déterminants. Cependant, la fréquence des questions posées oblige à en parler.

Il faut distinguer les adjectifs numéraux cardinaux et les adjectifs numéraux ordinaux car les règles d'accord différent.

** Les adjectifs numéraux ordinaux*

Ils sont invariables. Vous écrirez : soixante livres, trois mille francs ou les quatre opérations.

Mais « cent » multiplié par un nombre et « quatre-vingts » non suivis de dizaines ou d'unités sont variables : deux **cents** francs → deux **cent** dix francs ; **quatre-vingts** personnes → **quatre-vingt** trois personnes.

Remarques :
• Le trait d'union entre les dizaines et les unités n'est plus exigé ;
• Millier, million et milliard sont des noms communs et doivent s'accorder ;
• Dans une date, « mille » peut s'écrire mil ;
• Il faut écrire cinq cents pages et la page cinq cent (il n'y a qu'une page) ;
• Dans les dates, il n'y a pas d'accord : l'an mille trois cent.

** Les adjectifs numéraux ordinaux*

Ils marquent l'ordre : premier, deuxième, second, centième, etc., et sont variables. Ainsi, vous devez écrire les premiers jours, les troisièmes jours, mais, les dix-septième et dix-huitième siècles ou les premier et sixième arrondissements. Il n'y a, en effet, qu'un dix-septième siècle et un premier arrondissement.

■ Nu, demi, semi, mi

Ces adjectifs placés avant le nom sont séparés par un tiret et sont invariables : des nu-pieds, une demi-heure, des semi-remorques, à mi-cuisson.

Lorsque **nu** et **demi** sont placés après le nom, ils s'accordent : des mains nu**es** et des pieds nu**s** (accord en genre et en nombre) ; deux heures et demi**e** et trois pains et dem**i** (accord en genre seulement).

■ Attendu, ci-inclus, ci-joint, excepté, passé, vu

Ces participes passés employés comme des adjectifs sont invariables lorsqu'ils sont placés avant le nom : **vu** la situation, il est temps de réagir ; passé dix heures, le portail sera fermé, vous trouverez **ci-joint** des documents.

Lorsque ces adjectifs sont placés après le nom, ils s'accordent avec ce nom : vous lirez les documents **ci-joints**.

4) L'adverbe

L'adverbe est un mot invariable dont le rôle est de modifier un verbe, un adjectif, un autre adverbe ou une proposition :

ils marchaient vite ; elles se tiennent debout ;
il viendra certainement ; elles parlent ensemble.

a) Adverbe ou adjectif qualificatif ?

Certains adjectifs peuvent jouer le rôle d'un adverbe, ils sont alors invariables :

elle chante **juste ;** cet enfant crie trop **fort ;**
nous votons **blanc ;** l'entreprise tourna **court**.

Lorsque vous hésitez, mettez ce mot au féminin. Si la phrase a du sens, c'est un adjectif :

ces biscuits sont bons → ces tartes sont bonnes ;
ces parfums sentent bon → ces eaux de toilette sentent bon.
Dans la première phrase, **bon** est un adjectif, il s'accorde donc avec le nom. Dans la deuxième, **bon** est un adverbe, il est donc invariable.

b) Les adverbes terminés par **ment**

Ces adverbes sont dérivés d'un adjectif qualificatif. En règle générale, on met l'adjectif au féminin et on ajoute le suffixe **ment :**

fier → fièrement ; petit → petitement ; vif → vivement.

Remarque : Si l'adjectif au masculin est terminé par une voyelle, on n'ajoute pas la marque du féminin, sauf gai (gaiement ou gaîment) ; vrai → vraiment ; éperdu → éperdument ; poli → poliment.
Retenez l'orthographe de ces adverbes : assidûment, crûment, dûment, goulûment, sûrement, confusément, impunément, profondément, gentiment.

Il existe deux cas particuliers :

- les adjectifs terminés par **ent** donnent des adverbes terminés par **emment** : prudent → prudemment ; éminent → éminemment ; ardent → ardemment ; mais on écrira : lent → lentement et véhément → véhémentement ;
- les adjectifs terminés par **ant** donnent des adverbes en **amment** : savant → savamment ; constant → constamment ; vaillant → vaillamment.

Retenez l'orthographe de ces adverbes ne dérivant pas d'adjectif car vous les rencontrerez souvent : notamment, nuitamment, précipitamment, sciemment.

5) Les mots difficiles

a) Aucun(e)

Aucun, adjectif indéfini, s'emploie toujours au singulier, sauf devant les noms n'existant qu'au pluriel comme : frais, fiançailles, funérailles, obsèques ou représailles : vous n'avez aucune pitié ni aucun regret ; dans cette affaire, il n'y aura aucuns frais.

Aucun, pronom indéfini, s'emploie aussi au singulier et prend le genre du nom qu'il remplace : parmi vos amis, qui viendra demain ? Aucun !

Mais, **d'aucuns** est au pluriel : d'aucuns vous diront...

b) Chaque/Chacun(e)

Chaque, adjectif indéfini, et **chacun(e),** pronom indéfini, s'emploient toujours au singulier : chaque matin, elle descendait à la station République ; il est clair que chacun devra participer.

c) Leur(s)

Leur, adjectif possessif, s'accorde avec le nom auquel il se rapporte : leur maison, leurs amis.

Leur, pronom personnel, est toujours invariable : elle leur parle ; il leur demande.

d) Même(s)

Même, adjectif indéfini, s'accorde avec le nom auquel il se rapporte. Il a le sens de semblable : nous n'avons pas les mêmes valeurs ; ils ont acheté le même livre.

Lorsque **même** est joint à un pronom personnel, il s'accorde avec ce pronom : moi-même, nous-mêmes, elles-mêmes.

Même, adverbe, est invariable : en raison de la famine, la population mangeait même les semences.

e) On/On n'

On, pronom indéfini, s'emploie dans un phrase affirmative : dans la forêt, on entendait le chant des oiseaux.

On n' s'emploie dans un phrase négative, **n'**étant le premier élément d'un adverbe de négation. Le deuxième élément peut être : pas, point, plus, que, guère, ni, jamais, rien, personne, aucun. On **n'**entendait **aucun** bruit. On **n'**y voyait **rien**.

> **Important :** Vous devez faire très attention à cette confusion car c'est une faute que vous pourrez rencontrer dans les exercices proposés. Si vous hésitez, remplacez *on* par *il*. La phrase « dans la forêt, il entendait les oiseaux » est correcte ; en revanche, les phrases « il y voyait rien » ou « il entendait aucun bruit » sont incorrectes.

f) Quand/Quant à

Quand est une conjonction de subordination pouvant se remplacer par *lorsque* : quand le temps est clément, les promeneurs sont nombreux sur les boulevards.

Quant à est une locution prépositive signifiant *en ce qui concerne* : quant à ces amis, je ne les vois plus.

g) Quelque(s)/Quel(les) que

Quelque(s), adjectif indéfini, s'accorde avec le nom auquel il se rapporte : quelques livres restent sur cette étagère ; elle viendra dans quelque temps ; elle a rencontré quelque amie (une certaine amie).

Quelque, adverbe est invariable. Il a le sens de *un peu* ou de *environ* : elles semblaient quelque peu étonnées (un peu) ; ils marchèrent encore quelque vingt pas (environ).

Quel(les) est un adjectif s'accordant avec le nom. Il est suivi du verbe *être* conjugué au mode subjonctif : **quelle** que soit sa **réponse**, il en tiendra compte ; **quel** qu'ait été votre **choix**, nous l'avons respecté.

h) Quoique/Quoi que

Quoique est une conjonction de subordination signifiant *bien que*.

Quoi que est une locution pouvant être remplacée par *quelle que soit la chose que*.

Quoi que l'homme fasse, il est toujours tenté, quoiqu'il ne succombe pas toujours, de s'en enorgueillir sans mesure.

i) Tout

Tout, adjectif indéfini, s'accorde avec le nom auquel il se rapporte : tout le matin → tous les matins, toute la journée → toutes les journées.

Tout, pronom indéfini, prend le genre et le nombre du nom qu'il remplace : tout est calme ; ils sont tous venus ; elles étaient toutes parties.

Tout, adverbe, a le sens de *tout à fait* et est invariable sauf devant les adjectifs qualificatifs au féminin commençant par une consonne ou la lettre h aspirée pour l'euphonie : des vêtements tout usés et tout défraîchis et des robes tout usées et tout**es** défraîchies.

II. Les exercices d'application corrigés

A. Énoncés

1 *Accordez les verbes avec leurs sujets.*

À l'instant même où Pierre et toi lis.... ces lignes, se déroul.... des phénomènes étranges auxquels peu d'hommes prêt.... attention. C'étai.... des sculptures qui ne manquai.... pas de grâce. Les chasseurs, dissimulés dans le bois, guett.... le gibier. La pluie, le vent, la neige, rien ne l'arrêt.... Ni Sophie ni Anne n'aim.... la montagne.

2 *Accordez les participes passés des verbes proposés à l'infinitif.*

Les enfants avaient (cueillir) des myrtilles dans la forêt et les avaient (manger) avec gourmandise. Hélas ils ne nous en avaient pas (laisser). Avez-vous (aimer) les pièces que nous avons récemment (faire) décorer. Mes enfants sont turbulents, je ne l'ai jamais (nier). En raison des fortes chaleurs qu'il avait (avoir) ; nous n'avions rien fait de tout l'été.

Quand le hasard de la chasse nous avait (entraîner) trop avant dans la campagne ou (retenir) trop tard, alors on entendait la voix de Madeleine qui nous invitait au retour. (Eugène Fromentin)

Plus m'intéressent que cette terre inerte les hommes qui l'ont (gratter), qui ont (régulariser) ses pentes, qui y ont (tracer) des chemins, qui l'ont (humaniser) par leurs prières, leurs chansons, leurs pensées et leurs travaux. (Jean Guéhénno)

3 *Accordez les participes passés suivants.*

La semaine dernière, vous vous êtes (rencontré) par hasard sur un quai, vous vous êtes (reconnu) et (souri), vous vous êtes alors (tendu) la main puis (parlé). Dans cette entreprise, trois directeurs se sont (succédé) en deux ans. Au cours de la soirée Pierre et Paul se sont (plu) à raconter leurs souvenirs de vacances. Les timbres qu'elles se sont (échangé) proviennent du Chili. Dans la cour de récréation, les enfants se sont (moqué) de leur camarade. Les soldats se sont (emparé) de la ville qu'ils assiégeaient. La fillette s'était (coupé) les cheveux toute seule, sa mère s'est (affolé) devant ce désastre et l'a (conduit) immédiatement chez le coiffeur C'est à table que se sont (construit) les cultures, (affiné) les idées, (pris) les décisions politiques, depuis qu'existe l'histoire.

4 *Écrivez le participe présent ou l'adjectif verbal correspondant des verbes entre parenthèses dans les phrases suivantes.*

Même travail alors, même mouvement, dans une saison plus chaude, sous un soleil plus cru : des vents (violer) (alterner) avec des calmes plats, des midis (accabler), des nuits belles comme des aurores et l'(irriter) électricité des jours orageux. Moins d'ivresse avec plus d'abondance, des monceaux de gerbes (tomber) sur une terre lasse de produire. (Eugène Fromentin)

En un clin d'œil, tout fut dévasté. Qui l'eût vue (pleurer) et convulsée, l'eût à peine reconnue, son petit visage (grimacer) de colère, (mordre) et (lacérer) son mouchoir, saccager les papiers sur le bureau de son mari, (se venger) de sa souffrance sur le perroquet qu'elle faillit étrangler. (Romain Rolland)

Je vais demander ma mutation car dans cette collectivité se trouvent de très nombreux postes (vaquer). Pour décider le directeur de l'opportunité de cette action, il lui a fallu des arguments (convaincre) ! (Épuiser) leurs parents, ces enfants sont allés dans leur chambre de bonne heure Ils sont vraiment très (fatiguer) ! Un arrêté municipal stipule que tous les chiens (errer) seront conduits à la fourrière. (Choquer) ses amis par des paroles (déplaire), elle s'est retrouvée seule.

5 *Mettez au pluriel les noms suivants.*

Un tuyau, un landau, un gratte-ciel, une arrière-saison, un soupirail, un chacal, un bijou, un porte-monnaie, un avant-goût, un verrou, un garde-manger, un silex, un vœu, un mal, un émail, un index, un récital, un vaisseau, une belle-sœur, un genou, une pince-sans-rire, un garde-boue, un détail.

6 *Mettez au singulier ou au pluriel les noms suivants :*

Des patins à roulette.... ; un groupe d'enfant.... ; une barrique pleine de vin.... ; une école sans élève.... Dans ce jardin, il n'y avait ni fleur.... ni oiseau.... Cet oiseau vole de branche.... en branche.... Des colliers en or.... ; des remarques pleines d'humour.... ; une forêt de pin.... ; une table en pin.... Cet homme ne portait ni botte.... ni parapluie.... Dans le ciel, je ne vois plus de nuage....

7 *Mettez au masculin pluriel les adjectifs suivants.*

Naval, sourd-muet, vert olive, franc-comtois, vénal, extra-pur, fauve, blanc, rose framboise, banal, bleu, nouveau-né, mi-cuit, franco-belge, châtain, brun foncé, socio-chrétien, petit-bourgeois, crème.

8 *Écrivez en toutes lettres les nombres suivants.*

3 500, 5 180, 7 620 481, 700 020, 3 580 640 083, 480 200.

9 *Écrivez les adverbes dérivant des adjectifs qualificatifs suivants.*

Immense, élégant, fréquent, furtif, vrai, récent, joli, étonnant, traître, éloquent, aisé, cru, impuni, confus, galant, net, nerveux, insolent, gai, abondant, absolu.

10 *Choisissez le mot exact.*

(quand, quant) saurons-nous la vérité ? (quand, quant) à moi, je suis plutôt surpris.

Ils auront peut-être (quelque, quel que) retard mais (quelque, quelle que) soit l'heure, ils viendront. Nous leur donnerons alors, (quelques, quelles que) précisions. (quoique, quoi que) l'on fasse, (quoique, quoi que) l'on dise, les gens envieux (quoique, quoi que) méprisés, trouveront toujours à redire.

Dans ce village, (tout, tous, toute, toutes) les visages lui sont familiers ; (tout, tous, toute, toutes) ma vie, je me suis félicité d'avoir fréquenté l'école du village. Pierre et Paul sont (tout, tous, toute, toutes) heureux d'avoir réussi. Elles sont (tout, tous, toute, toutes) revenues enchantées de leur voyage. (on, on n') entretenait guère cette vieille maison qu'(on, on n') aimait pourtant. Les nénuphars étalaient (leur, leurs) larges feuilles et (leur, leurs) corolle blanche sur l'étang. Elle aimait (leur, leurs) lire un livre avant de s'endormir. (même, mêmes) vos excuses, nous ne les acceptons pas. Tous les soirs, à la nuit tombée, ils ressentaient la (même, mêmes) solitude et les (même, mêmes) angoisses.

11 *Vous devez choisir la proposition exacte.*

Les villes du Nouveau Monde

« Puisque (ses - ces) villes sont (neuve - neuves), et tirent de cette (nouveauté - nouveautée) leur être et leur justification, je (leur - leurs) pardonne mal de ne pas le (rester - resté). Pour les villes (européennes - Européennes), le passage des siècles (constitue - constituent) une promotion ; pour les américaines, celui des années est une déchéance.

Car elles ne sont pas seulement (fraîchement - fraîchements) construites : elles sont construites pour (se - ce) renouveler avec la même rapidité (qu'elles - quelles) furent bâties, c'est-à-dire mal. Au moment (ou - où) les (nouveaux - nouvaux) quartiers se dressent, (ce - se) sont à peine des éléments urbains : ils sont trop brillants, trop neufs, trop joyeux pour cela. (Plutôt - Plus tôt) on croirait une foire, une exposition internationale (édifiée - édifié) pour (quelques - quelque) mois. Après ce délai, la (fête - fète) se termine et ces grands bibelots dépérissent : les (façades - fassades) s'écaillent, la pluie et la suie y (trace - tracent) des sillons, le style se démode, l'ordonnance primitive disparaît sous les démolitions qu' (exige - exigent), à côté, une nouvelle impatience. Ce ne sont pas des villes neuves (contrastant - contastantes) avec des villes anciennes ; mais des villes à cycle d'évolution très court, (comparées - comparé) à des villes à cycle lent. (Certaines cités - Certaine cité) d'Europe s'endorment doucement dans la mort ; (celles - celle) du Nouveau Monde vivent fiévreusement dans une maladie chronique ; (perpétuèlement - perpétuellement) jeunes, elles ne sont pourtant jamais (saines - seines) ». (Claude Levi-Strauss, *Tristes Tropiques*)

12 *Vous devez choisir la proposition exacte.*

Une jeune femme s'interroge

« Le lendemain (fût - fut) difficile à vivre, mais (quelle - qu'elle) journée ne l'était pas ? Je fis mon marché comme (a - à) l'ordinaire, choisissant et payant sans qu'un mot me (fut - fût) dit sinon le prix de (se - ce) que j'achetais. II (eut - eût) été tout à fait inutile de sourire, si j'en avais (eut - eu) l'inspiration. Un visage froid et sévère me (considérait - considérais) et je m'éloignai le plus vite possible.(Rentrée - rentré) chez moi, je travaillai.

Le temps ce (jour-la - jour-là) était maussade. J'entendais (quelques fois - quelquefois) les bateaux (mugirent - mugir) tristement dans la brume, et par les fenêtres une lumière grise laissait à peine deviner la (silhouette - sihlouette) des passants derrière les (rideaux - ridaux) de mousseline. Lentement, (s'installait - s'installaient) en moi la pensée que Roger ne reviendrait plus. II ne servait à rien (d'espérer - d'espéré). L'espoir ne faisait que (nourrir - nourrir) la souffrance. Sans (doutes - doute) des larmes m'eussent-elles (soulagée - soulagé), mais ne pleure pas qui veut ... Que faire ? Après une grande heure d'hésitations et de luttes, je fis ce que j'étais certaine de faire tôt ou tard, je (décrochai - décrochais) le téléphone et (formai - formais) le numéro que je savais par cœur.

La réponse qu'on me donna, j'(aurai - aurais) pu me la donner à moi-même, je la connaissais par intuition depuis la veille : il était parti. Avait-il (laissé - laissée) une adresse ? Aucune. Un message pour moi ? Pour qui ? Il (fallu - fallut) bien me nommer et alors on (raccrocha - racrocha) sans répondre.

Je retournai à ma table. Maintenant la certitude effaçait jusqu'à l'ombre d'un espoir. Si je n'avais pas (appelé - appellé), j'(aurais - aurai) pu espérer encore un peu ». (Julien Green, *L'Autre*)

13 *Vous devez choisir la proposition exacte.*

Les trois coups

« Surtout ne (manques - manque) de frapper au (mur - mûr) si tu as besoin de (quelquechose - quelque chose) cette nuit, mon lit est adossé au tien, la cloison est très mince. D'ici un moment, (quant -

quand) tu seras (couché - couchée) fais-le, pour (voire - voir) si nous nous comprenons bien ».

Et, en effet, ce soir-là, je (frappai - frappais) trois coups que, une semaine plus tard quand je fus souffrant, je (renouvellai - renouvelai) pendant (quelque - quelques) jours (tout - tous) les matins (par ce-que - parce que) ma grand-mère voulait me donner du lait de bonne heure. Alors, quand je croyais entendre qu'elle était (réveillé - réveillée)- pour qu'elle n'(attendit - attendît) pas et (pût - put), tout de suite après, se rendormir, je (risquai - risquais) trois petits coups, timidement, faiblement, distinctement (malgrés - malgré) tout, car si je craignais d'(intérompre - interrompre) son sommeil au cas (où - ou) je me (serais - serai) trompé et où elle (eut - eût) dormi, je n'aurais pas voulu non plus qu'elle (continua - continuât) d'épier un appel qu'elle n'aurait pas (distinguée - distingué) d'abord et que je n'oserais pas renouveler. Et à peine j'avais frappé mes coups que j'en entendais trois autres, d'une intonation différente de (cela - ceux-là), (emprunts - empreints) d'une calme autorité, (répété - répétés) à deux reprises pour plus (clartée - clarté) et qui (disait - disaient) : « Ne t'agite pas, j'ai entendu, dans (quelques instants - quelque instant) je (serais - serai) (la - là) » ; et bientôt après ma grand-mère arrivait. Je lui disais que j'avais peur qu'elle ne m' (entendît - entendit) ou (crut - crût) que (s'était - c'était) un voisin qui avait frappé ; elle riait :

– « Confondre les coups de mon pauvre chou avec d'(autre - autres), mais entre (mille - milles) sa grand-mère les (reconnaîtrait - reconnaîtraient) ». (Marcel Proust, *À l'ombre des jeunes filles en fleur)*

14 *Corrigez les 20 fautes de ce texte.*

« La Toussaint de cette année-la ne fut se qu'elle était d'ordinaire. Certe, le temps était de circonstance. Il avait brusquement changé et les chaleurs tardives avaient tout d'un coup fait place aux fraîcheurs. Comme les autre années, un vent froid souflait maintenant de façon continu. De gros nuage courraient d'un horizon à l'autre, couvrait d'ombre les maisons sur lesquels retombaient, après leur passage, la lumière froide doré du ciel de novembre. Les premiers imperméables avaient faits leur apparition. Mais on remarquait un nombre surprenant d'étoffes caoutchoutées et brillantes. Les journeaux, en effet, avaient rapporté que deux cent auparavent, pendant les grandes pestes du Midi, les médecins avaient reveitu des étofes huilées pour leur propre préservation. Les magazins en avaient profité pour écouler un stoc de vêtements démodés grâce auquels chacuns espérait une immunité. (Albert Camus, *La Peste*)

15 *Corrigez les 20 fautes de ce texte.*

Une promenade avec mon père

« Ce jour-là, un des premiers souvenirs claires que j'ai de lui, c'est une promenade dans la grande allée d'un château ou nous avions été convié un dimanche.

C'était un des derniers étés de l'avant guerre, et le soleil radieu et rare de Normandie avait peine à percer le feuillage des chaînes centenaires. Il marchait entre un vieux monsieur distingué, un phisicien, je crois, et un religieux vêtu d'un soutane blanche. Moi, je suivais en trotant. Je voyais les mains de mon père, qu'il tenait dans son dos. L'une d'elles jouaient avec une balle de tennis qu'il avait ramassé au détours d'une vallée. Les échanges d'idée, le bruit de leur causerie que je ne comprenais pas tombait vers moi comme des caillous blancs chers au Petit Poucet. Je suivais, ignorant, inconsient de mon age et des choses alentours, comme celle du lendemain.

Soudain, il se retourna vers moi. Il m'avait oublié, puis il s'était rappelé. Il me jetta la balle avec un phrase tendre.

Ai-je attrapée la balle ? Surement pas. Mais j'ai gardé en moi son sourire délicieux. (Alexandre Jardin, *Le Nain jaune*)

B. Corrigés

Dans les corrigés, les fautes de grammaire ont été commentées succinctement ; vous devez bien évidemment vous référer aux rappels orthographiques, pour avoir des explications plus développées.

Corrigé n°1

À l'instant même où Pierre et toi lisez ces lignes, se déroulent des phénomènes étranges auxquels peu d'hommes prêtent attention. C'étaient des sculptures qui ne manquaient pas de grâce. Les chasseurs, dissimulés dans le bois, guettent le gibier. La pluie, le vent, la neige, rien ne l'arrête. Ni Sophie ni Anne n'aiment la montagne.

Corrigé n°2

Cueilli : cod *myrtilles* placé après le verbe ; **mangées** : cod *les* placé avant le verbe ; **laissé** : cod *en* ; **aimé** : cod *pièces* placé après le verbe ; **fait** : le pronom relatif *que* est le cod du verbe *décorer* ; **nié** : cod *le* (idée générale) ; **eu** : verbe impersonnel il y a ; **entraînés** et **retenus** : cod *nous* placé avant le verbe ; **grattée** : cod *l'* placé avant le verbe ; **régularisé** : cod *pentes* placé après le verbe ; **tracé** : cod *chemins* placé après le verbe ; **humanisée** : cod *l'* placé avant le verbe.

Corrigé n°3

Rencontrés et **reconnus** : cod *vous* placé après le verbe ; **souri :** pas de cod (on sourit à quelqu'un) ; **tendu** : cod *main* placé après le verbe ; **parlé** : pas de cod (on parle à quelqu'un) ; **succédé :** pas de cod (on succède à quelqu'un) ; **plu** : pas de cod (on plaît à quelqu'un) ; **échangés :** cod *que* placé avant le verbe ; **moqué** et **emparé** : pas de cod (on se moque de et on s'empare de) ; **coupé** : cod *cheveux* placé après le verbe ; **affolée** : cod *s'* placé avant le verbe ; **conduite :** cod *l'* placé avant le verbe ; **construites, affinées** et **prises :** cod *se* placé avant le verbe.

Corrigé n°4

irritante (adjectif verbal) ; tombant (participe présent) ; pleurante (adjectif verbal) ; violents (adjectif verbal) ; alternant (participe présent) ; accablants (adjectif verbal) ; grimaçant (adjectif verbal) ; mordant, lacérant, se vengeant (participes présents) ; vacants, convaincants (adjectifs verbaux) ; épuisant (participe présent) ; fatigants (adjectif verbal) ; errants (adjectif verbal) ; choquant (participe présent) ; déplaisantes (adjectif verbal).

Corrigé n°5

Des tuyaux ; des landaus ; des gratte-ciel ; des arrière-saisons ; des soupiraux ; des chacal ; des bijoux ; des porte-monnaie ; des avant-goûts ; des verrous ; des garde-manger ; des silex ; des vœux ; des maux ; des émaux ; des index ; des récitals ; des vaisseaux ; des belles-sœurs ; des genoux ; des pince-sans-rire ; des garde-boue ; des détails.

Corrigé n°6

Des patins à roulettes ; un groupe d'enfants ; une barrique pleine de vin ; une école sans élèves. Dans ce jardin, il n'y avait ni fleurs ni oiseaux. Cet oiseau vole de branche en branche. Des colliers en or ; des remarques pleines d'humour ; un forêt de pins ; une table en pin. Cet homme ne portait ni bottes ni parapluie. Dans le ciel, je ne vois plus de nuages.

Corrigé n°7

Navals ; sourds-muets ; vert olive ; franc-comtois ; vénal ; extra-purs ; fauves ; blancs ; roses framboise ; banals ; bleus ; nouveau-nés ; mi-cuits ; franco-belges ; châtains ; brun foncé ; socio-chrétiens ; petits-bourgeois ; crème.

Corrigé n°8

3 500 : trois mille cinq cents ; **5 180** : cinq mille cent quatre-vingts ; **7 620 481** : sept millions six cent soixante deux mille quatre cent quatre-vingt un ; **700 020** : sept mille vingt ; **3 580 640 083** : trois milliards cinq cent quatre-vingts millions six cent quarante mille quatre-vingt-trois ; **80 200** : quatre-vingts mille deux cents.

Corrigé n°9

Immensément ; élégamment ; fréquemment ; furtivement ; vraiment ; récemment ; joliment ; étonnamment ; traîtreusement ; éloquemment ; aisément ; crûment ; impunément ; confusément ; galamment ; nettement ; nerveusement ; insolemment ; gaiement ; abondamment ; absolument.

Corrigé n°10

Quand saurons-nous la vérité ? **Quant à moi**, je suis plutôt surpris. Ils auront peut-être **quelque** retard mais **quelle que** soit l'heure, ils viendront. Nous leur donnerons alors, **quelques** précisions. **Quoi que** l'on fasse, **quoi que** l'on dise, les gens envieux **quoique** méprisés, trouveront toujours à redire. Dans ce village, **tous** les visages lui sont familiers. Toute ma vie, je me suis félicité d'avoir fréquenté l'école du village. Pierre et Paul sont **tout** heureux d'avoir réussi. Elles sont **toutes** revenues enchantées de leur voyage. **On n'**entretenait guère cette vieille maison qu'**on** aimait pourtant. Les nénuphars étalaient **leurs** larges feuilles et **leur** corolle blanche sur l'étang. Elle aimait **leur** lire un livre avant de s'endormir. **Même** vos excuses, nous ne les acceptons pas. **Tous** les soirs, à la nuit tombée, ils ressentaient la **même** solitude et les **mêmes** angoisses.

Corrigé n°11

ces : adjectif démonstratif ; **neuves :** accord avec le nom *villes ;* **nouveauté :** règle des noms féminins terminés par *té* ; **leur :** pronom personnel ; **rester :** verbe à l'infinitif après la préposition *de ;* **européennes :** l'adjectif de nationalité ne prend pas de majuscule ; **constitue :** accord du verbe avec le sujet *passage ;* **se :** pronom personnel (verbe pronominal) ; **fraîchement** : l'adverbe est invariable ; **qu'elles** : *elles* peut être remplacé par *ils*, il y a donc l'apostrophe ; **où :** pronom relatif ; **nouveaux :** adjectif terminé, au singulier, par *el ;* **ce :** pronom démonstratif (cela) ; **fraîchement** : l'adverbe est invariable **fraîchement** : l'adverbe est invariable ; **plutôt :** adverbe signifiant *de préférence ;* **édifiée :** accord avec le nom *exposition* ; **quelques** : adjectif indéfini s'accordant avec le nom *mois ;* **fête** : mot de la même famille *festival* ; **façades** ; **tracent** : accord du verbe avec les sujets *pluie* et *suie* ; **exige** : accord du verbe avec le sujet *impatience* ; **contrastant** : participe présent invariable ; **comparées** : accord avec le nom *villes ;* **certaines cités :** idée de pluriel ; **celles** : pronom démonstratif mis pour *villes* ; **perpétuellement** : règle de la formation des adverbes en *ment* ; **saines**.

Corrigé n°12

fut : verbe être au passé simple ; **quelle** : adjectif interrogatif s'accordant avec le nom *journée* ; **à** : préposition ; **fût** : verbe *être* à l'imparfait du subjonctif justifié par la conjonction de subordination *sans qu ;* **ce :** pronom démonstratif ; **eût** été : verbe *être* au conditionnel passé 2e forme (aurait été) ; **eu** : participe passé du verbe *avoir* ; **considérait** : accord du verbe avec le sujet *visage* ; **rentrée** : accord avec le pronom personnel *je* mis pour la narratrice ; **jour-là ; quelquefois** : adverbe de temps pouvant se remplacer par *parfois ;* **mugir** : verbe à l'infinitif ; **silhouette** ; **rideaux** ; **s'installait** : accord du verbe avec le sujet *pensée* ; **d'espérer** : verbe à l'infinitif ; **nourrir ; sans doute ; soulagée** ; accord du participe passé avec le cod *me* mis pour la narratrice ; **décrochai** et **formai** : passé simple (action isolée) ; **j'aurais pu** : conditionnel passé 1re forme (la condition est sous-entendue) ; **laissé** : accord du participe passé avec l'auxiliaire avoir ; **fallut** : passé simple ; **raccrocha** ; **appelé** ; **j'aurais pu** : conditionnel passé 1re forme (condition *si je n'avais pas appelé*).

Corrigé n°13

manque : impératif présent ; **mur ; quelque chose** : pronom indéfini ; **quand** : conjonction de subordination indiquant une notion de temps ; **couché** : accord du participe passé avec le sujet *tu*, mis pour le narrateur ; **voir** : verbe *voir* à ne pas confondre avec l'adverbe *voire* ; **frappai** : passé simple (action se déroulant à un moment précis) ; **renouvelai** ; **quelques** : adjectif indéfini s'accordant avec le nom *jours* ; **tous** : adjectif indéfini s'accordant avec le nom *matins* ; **parce que** : conjonction de subordination ; **réveillée** : accord avec le sujet *elle* ; **attendît** et **pût** : subjonctif imparfait justifié par la conjonction de subordination *pour qu'* ; **risquais** : imparfait de l'indicatif (action se renouvelant) ; **malgré ; où** : pronom relatif ; **interrompre ; eût dormi** : conditionnel passé 1re forme (aurait dormi) ; **continuât** : imparfait du subjonctif justifié par le verbe *vouloir* ; **distingué** : accord du participe passé avec l'auxiliaire *avoir* ; **ceux-là** : pronom démonstratif mis pour le nom *coups* ; **empreints** : adjectif signifiant porté l'empreinte, c'est-à-dire la marque ; **répétés** : accord avec le pronom indéfini *autres* ; **clarté** : règle des noms féminins terminés par *té ;* **disaient** : accord avec le sujet *qui* ; **quelques instants** : notion de pluriel ; **serai** : futur simple ; **là** : adverbe de lieu ; **entendît** et **crût** : imparfait du subjonctif justifié par le verbe *avoir peur* ; **c'était** : pronom démonstratif (cela) ; **autres** : pronom indéfini mis pour le nom *coups* ; **mille** : adjectif numéral toujours invariable ; **reconnaîtrait** : accord avec le sujet *grand-mère.*

Corrigé n°14

Fautes grammaticales :

« ce qu'elle était » (pronom démonstratif) ; « les autres années » (accord avec le nom *année*) ; « continue » (accord avec le nom *façon*) ; « de gros nuages » ; « couvraient » (le sujet est *nuages*) ; « lesquelles » (mis pour *maisons*) ; « dorée » (accord avec le nom *lumière*) ; « journaux » (un journal) ; « deux cents » (il s'accorde car il n'est pas suivi d'unités) ; « auxquels » (mis pour *vêtements*) ; « chacun » (pronom indéfini toujours singulier).

Fautes de vocabulaire :

« cette année-là » ; « certes » ; « soufflait » ; « auparavant » ; « couraient » (le verbe *courir* s'écrit avec un seul « r », sauf au futur simple de l'indicatif et présent du conditionnel) ; « revêtaient » ; « étoffes » ; « stock » ; « magasins ».

Corrigé n°15

Fautes de grammaire :

« clairs » (accord avec le nom *souvenirs*) ; « que j'ai de lui » (présent du subjonctif justifié par le comparatif *un des premiers*) ; « où » (pronom relatif) ; « conviés » (accord du participe passé avec le sujet *nous*) ; « jouait » (le sujet est *l'une*) » ; « ramassée » (accord du participe passé avec le cod *qu'* placé avant) ; « idées » (pour qu'il y ait échange, il faut plusieurs idées !) ; « cailloux » (pluriel des noms terminés par *ou*) ; « tombaient » (les sujets sont *les échanges* et *le bruit*) ; « celles » (pronom démonstratif mis pour les *choses*).

Fautes de vocabulaire :

« radieux » ; « chênes » (ce sont les arbres) ; « physicien » ; « trottant » ; « au détour » ; « inconscient » ; « âge » ; « alentour » (adverbe) ; « jeta » ; « sûrement ».

3 Les questions de grammaire et de syntaxe

Le règlement des différents concours ne précise ni le programme ni le type de questions posées, mais l'observation des sujets montre que les connaissances requises en grammaire sont celles de la classe de troisième. Vous devrez répondre à des questions d'analyse grammaticale, d'analyse logique et de conjugaison. Ces questions peuvent vous sembler scolaires et rébarbatives, mais si vous voulez réussir cette épreuve, vous devez étudier les différentes notions exposées dans cet ouvrage et vous entraîner régulièrement avec les exercices d'application et les sujets de concours. En effet, ces questions demandent une maîtrise des différentes notions et de la terminologie grammaticale qui ne s'improvisent pas le jour du concours.

Les questions de grammaire concernent :

- l'analyse grammaticale, c'est-à-dire la nature (nom, adjectif...) et la fonction grammaticale des mots (sujet, complément circonstanciel...) ;
- l'analyse logique, c'est-à-dire déterminer la nature (proposition principale, proposition subordonnée...) et la fonction (cod, complément circonstanciel...) des différentes propositions composant une phrase ;
- la conjugaison : le candidat doit reconnaître le temps et le mode d'un verbe, mettre un verbe à un temps et à un mode demandé, transformer un verbe conjugué à la voix passive en verbe à la voix active.

Les questions relatives à la syntaxe, appelée également maniement de la langue, portent sur les pléonasmes les barbarismes et solécismes et l'application des règles de concordance des temps.

I. La méthode

A. Analyse grammaticale

L'analyse grammaticale est l'analyse des mots. Le candidat doit déterminer la nature et la fonction des mots proposés. L'analyse porte sur les mots suivants : le verbe, le nom, le pronom, l'adjectif qualificatif, l'adverbe, le déterminant, la préposition et la conjonction.

En grammaire les mots sont classés en deux catégories :

- les mots variables : le verbe, le nom, l'adjectif, le pronom et le déterminant ;
- les mots invariables : l'adverbe, la préposition, la conjonction et l'interjection.

1) Le verbe

a) Comment analyser un verbe ?

Pour analyser un verbe, vous devez indiquer : l'infinitif, le groupe, la personne, le mode, le temps et la voix.

Exemple :

« Claire **a apprécié** cette pièce ».

a apprécié : verbe apprécier, 1er groupe, 3e personne du singulier, passé composé de l'indicatif, voix active

■ L'infinitif, le groupe et la personne

L'infinitif est la forme nominale d'un verbe : danser, bondir, prendre sont des verbes à l'infinitif.

Les verbes sont répartis en trois groupes :

- le premier groupe comprend les verbes terminés par **er** comme penser ;
- le deuxième groupe est composé des verbes terminés par **ir**, faisant le participe présent en **issant** comme bondir → bondissant ;
- le troisième groupe comprend les verbes terminés différemment comme prendre, rire, boire...

En conjugaison, il existe trois personnes du singulier (je, tu, il ou elle) et trois personnes du pluriel (nous, vous, ils ou elles).

Remarque : Les verbe impersonnels ne se conjuguent qu'à la 3e personne du singulier (il neigeait, il a fallu, il serait souhaitable...)

■ Les modes et les temps

La conjugaison comprend différents modes. Le mode traduit la manière dont est considérée l'action et permet de montrer des nuances dans la pensée. Il existe des modes personnels comme l'indicatif, le conditionnel, le subjonctif, l'impératif, et des modes impersonnels comme l'infinitif et le participe. À chaque mode correspondent des temps qui situent l'action exprimée par le verbe, dans le temps.

■ La voix

Lorsque le sujet fait l'action, le verbe est à **la voix active** : « L'enfant mange l'orange ».

Si le sujet subit l'action, le verbe est à la **voix passive** : « L'orange est mangée par l'enfant ».

Dans la première phrase, le nom *orange* est le cod du verbe *manger ;* dans la deuxième, il devient le sujet et le nom *enfant* devient alors le complément d'agent du verbe.

> **Important :** Mettre un verbe à la voix passive ou à la voix active sont des questions fréquentes au concours. Très souvent, les candidats se trompent en transformant le verbe. Vous devez respecter le temps et le mode. Ainsi, dans la phrase à la voix active : « Les vagues **emportèrent** le nageur », le verbe est conjugué au passé simple de l'indicatif. À la voix passive, cette phrase deviendra : « Le nageur **fut emporté** par les vagues ».

Pour déterminer le temps du verbe, à la voix passive, il faut observer à quel temps est conjugué l'auxiliaire « être ». Dans la phrase à la voix passive : « Des tombes **ont été** découvertes par les archéologues », l'auxiliaire « être » est conjugué au passé composé de l'indicatif. À la voix active, il faut donc que le verbe « découvrir » soit au passé composé : « Les archéologues **ont découvert** des tombes. »

Lorsque le verbe est à la voix passive, le complément d'agent n'est pas toujours présent.

Il faut alors le remplacer à la voix active par **on**. Cette phrase à la voix passive : « Des vestiges datant du début de notre ère furent découverts », deviendra à la voix active : « On découvrit des vestiges datant du début de notre ère ».

Lorsque le verbe est précédé par un pronom personnel de la même personne que le sujet, il est à **la voix pronominale :** « elles se parlent » ; « nous nos enfuyons ». Ce point a été étudié précédemment dans les rappels orthographiques.

b) Les différents modes et leurs difficultés

■ Le mode indicatif

L'indicatif est le mode du certain, du réel. En effet, toutes les actions exprimées par un verbe conjugué à ce mode, se sont passées réellement, se passent ou se passeront.

Temps simples	Exemples	Temps composés	Exemples
présent	je chante	passé composé	j'ai chanté
imparfait	je chantais	plus-que-parfait	j'avais chanté
passé simple	je chantai	passé antérieur	j'eus chanté
futur simple	je chanterai	futur antérieur	j'aurai chanté

** Le présent*

Groupe	Exemples	Terminaisons
1er	marcher, regarder, payer	-e, -es, -e, -ons, -ez, -ent
2e	bondir, jaillir	-s, -s, -t, -issons, -issez, -issent
3e	dormir, rire, voir, sentir prendre, coudre, répandre vouloir, pouvoir	-s, -s, -t, -ons, -ez, -ent -s, -s, -d, -ons, -ez, ent -x, -x, -t, -ons, -ez, -ent

Quelques particularités

Verbes du 1er groupe : les verbes terminés par **oyer**, ou **uyer** perdent le **y** aux trois personne du singulier et à la 3e personne du pluriel (il essuie, j'emploie, elles s'appuient).

Certains verbes terminés par **eter** ou **eler** doublent la consonne **y** aux trois personne du singulier et à la 3e personne du pluriel (il jette, j'appelle).

Verbes du 3e groupe : les verbes du 3e groupe en -**aindre**, -**eindre**, -**oindre**, -**soudre**, se terminent par **-s**, **-s**, **-t**, **-ons**, **-ez**, **-ent** (je joins, tu crains, il peint, elle résout). Vous devez être vigilants, car vous retrouverez ces difficultés lors du concours.

Les verbes vaincre et convaincre s'écrivent : je vaincs, tu convaincs, il convainc.

** L'imparfait*

L'imparfait est un temps du passé, employé pour des actions habituelles, durables, inachevées. C'est aussi le temps de la description.

> « Lorsque j'allais au collège, je passais, chaque jour, devant une librairie dont la façade était peinte en bleu ».

L'imparfait ne présente pas de difficultés, car les terminaisons sont les mêmes pour les trois groupes : -**ais**, -**ais**, -**ait**, -**ions**, -**iez**, -**aient**.

Remarque : Faites attention aux verbes comme crier, nier, se marier, etc. : à la 1re personne du pluriel, ils s'écrivent nous cr**ii**ons, nous n**ii**ons, nous nous mar**ii**ons. En effet, le premier **i** correspond à la racine et le deuxième, à la terminaison de l'imparfait.

** Le passé simple*

Le passé simple est un temps du passé, employé pour des actions brèves, isolées. C'est le temps du récit.

« Soudain une branche morte craqua, il s'arrêta alors, prit son fusil et tira ».

Groupes	Exemples	Terminaisons
1er	marcher	-ai, -as, -a, -âmes, -âtes, -èrent
2e	bondir	-is, -is, -it, -îmes, -îtes, -irent
3e	sourire apercevoir venir	-is, -is, -it, -îmes, -îtes, -irent -us, -us, -ut, -ûmes, ûtes, urent -ins, -ins, -int, -înmes, -întes, -inrent

Important : Pour les verbes du 1er groupe, ne confondez pas **je chantais** (imparfait) et **je chantai** (passé simple) Vous devez vous référer au sens de la phrase, mais si vous hésitez, mettez le verbe à 1re personne du pluriel et relisez la phrase :

« Tous les jours, je **m'arrêtais** (nous nous arrêtions) devant une librairie » (action habituelle) ;
« Soudain, je **m'arrêtai** (nous nous arrêtâmes), intriguée par ce bruit » (action brève).

** Le futur simple*

Les terminaisons sont les mêmes pour les trois groupes : **ai, as, a, ons, ez, ont.**

Pour les verbes du 1er et du 2e groupes, le futur se forme en ajoutant, à **l'infinitif**, les terminaisons : je **marcher**ai, je **nier**ai, je **remuer**ai, je **finir**ai.

Des verbes terminés par **ayer**, **oyer**, **uyer**, perdent le **y** : je **balaier**ai, j'**emploier**ai, j'**essuier**ai.

Remarque : Certains verbes du 3e groupe s'écrivent avec deux **r** : je pour**r**ai, je ver**r**ai, je mour**r**ai, je cour**r**ai, j'acquer**r**ai.

■ Le mode conditionnel

Le conditionnel est le mode de l'hypothèse, de la condition, de la politesse.

« Si j'avais assez d'argent, j'achèterais un grand appartement à Paris ».
« Nous aimerions vous rencontrer ».

Il peut également exprimer une notion de futur dans le passé :

« J'espérais qu'il **viendrait** ».

Temps	Terminaisons
Présent	je chanter**ais**, tu chanter**ais**, il chanter**ait**, nous chanter**ions**, vous chanter**iez**, ils chanter**aient**
Passé 1re forme	j'aur**ais** chanté, tu aur**ais** chanté, il aur**ait** chanté, nous aur**ions** chanté, vous aur**iez** chanté, ils aur**aient** chanté
Passé 2e forme	j'**eusse** chanté, tu e**usses** chanté, il **eût** chanté, nous eussions chanté, vous **eussiez** chanté, ils **eussent** chanté je **fusse** resté, tu **fusses** resté, il **fût** resté, nous **fussions** restés, vous **fussiez** restés, ils **fussent** restés

Le conditionnel présent se forme comme le futur simple de l'indicatif, mais avec les terminaisons de l'imparfait.

Remarque : Ne confondez pas « je chanterai » (futur) et « je chanterais » (conditionnel présent). Si vous hésitez, mettez le verbe à la 2e personne du singulier :

> « Si j'avais de l'argent, j'achèterais (tu achèterais) un appartement »
> « L'année prochaine, j'achèterai (tu achèteras) un appartement ».

Important : Vous devez reconnaître le conditionnel passé 2e forme, car vous pourrez le rencontrer dans les différents exercices du concours. On l'emploie essentiellement à l'écrit dans des textes littéraires classiques. À l'oral et dans la littérature contemporaine, on utilise le conditionnel passé 1re forme.

Si vous hésitez, remplacez le verbe au conditionnel passé 2e forme par le verbe au conditionnel passé 1re forme et observez si la phrase a un sens.

> « Pierre eût (aurait) bien voulu nous accompagner. Si on lui avait donné la permission, il fût (serait) venu avec joie ».

Certains auteurs utilisent le conditionnel passé 2e forme dans des propositions subordonnées commençant par **si ;** vous pouvez alors le remplacer par le plus-que-parfait de l'indicatif qui est plus fréquemment employé.

> « Elle a eu le talent de me faire danser avec des imbéciles qui m'ont tous parlé de la chaleur comme si j'eusse été (avais été) gelée ». (Honoré de Balzac)

■ Le mode subjonctif

Le mode subjonctif est le mode du souhait, du conseil, du possible L'action exprimée par le verbe est seulement envisagée, elle n'est pas réalisée : « Il est possible qu'il fasse beau, demain ».

Temps	Terminaisons
présent	que je chant**e**, que tu chant**es**, qu'il chant**e**, que nous chant**ions**, que vous chant**iez**, qu'ils chant**ent** que je bond**isse**, que tu bond**isses**, qu'il bond**isse**, que nous bond**issions**, que vous bondiss**iez**, qu'ils bond**issent** que je cour**e**, que tu cour**es**, qu'il cour**e**, que nous cour**ions**, que vous cour**iez**, qu'ils cour**ent**
imparfait	que je chant**asse**, que tu chant**asses**, qu'il chant**ât**, que nous chant**assions**, que vous chant**assiez**, qu'ils chant**assent** que je bond**isse**, que tu bond**isses**, qu'il bond**ît**, que nous bond**issions**, que vous bondiss**iez**, qu'ils bond**issent** que je cour**usse**, que tu cour**usse**, qu'il cour**ût**, que nous cour**ussions**, que vous cour**ussiez**, qu'ils cour**ussent**
passé	que j'**aie** chanté, que tu **aies** chanté, qu'il **ait** chanté, que, nous **ayons** chanté, que vous **ayez** chanté, qu'ils **aient** chanté que je **sois** resté, que tu **sois** resté, qu'il **soit** resté, que nous **soyons** restés, que vous **soyez** restés, qu'ils **soient** restés
plus-que-parf.	que j'**eusse** chanté, que tu **eusses** chanté, qu'il **eût** chanté, que nous **eussions** chanté, que vous **eussiez** chanté, qu'ils **eussent** chanté que je **fusse** resté, que tu **fusses** resté, qu'il **fût** resté, que nous **fussions** restés, que **fussiez** restés, qu'ils **fussent** restés

Ce mode s'emploie principalement dans des propositions :

- subordonnées conjonctives complétives, après des verbes exprimant le souhait, le doute, le sentiment, la défense comme désirer, vouloir, craindre, douter, souhaiter, s'étonner, ordonner, interdire, etc. : « Je m'étonne qu'il **soit** si tard » ; « Nous souhaitons qu'il **vienne** demain » ;
- subordonnées conjonctives circonstancielles, après des conjonctions de subordination comme avant que, sans que, bien que, quoique, afin que, pour que, de peur que, etc. : « Cet enfant ment sans que ses parents s'en **aperçoivent** » ;
- subordonnées relatives, lorsque l'on veut insister sur l'éventualité, l'intention ou après un adjectif au superlatif : « Je veux acheter un livre qui **soit** intéressant » ; « C'était la plus belle journée que nous **ayons** vécue » ;
- indépendantes et principales, lorsque l'on veut exprimer l'ordre, le désir, l'hypothèse : « **Soit** le triangle isocèle » ; « Que le meilleur **gagne** ! » ; « Je partirai, ne **fût**-ce, que pour deux jours ».

Important : Les confusions entre le mode subjonctif et le mode indicatif sont très fréquentes. Si vous hésitez, vous pouvez mettre le verbe de la proposition principale au présent, et relire la phrase entièrement : « Le directeur **exigeait** que cet agent **fît** bien son travail ». Le verbe est au subjonctif imparfait, car on peut dire : « Le directeur **exige** que cet agent **fasse** bien son travail ».

■ Le mode impératif

Le mode impératif est le mode de l'ordre, du conseil, de la prière, il s'emploie dans des propositions indépendantes et principales :

« Ne **parle** pas si fort ! »
« Si je suis en retard, **pardonnez**-moi ».

Temps	Terminaisons
présent	chant**e**, chant**ons**, chant**ez** bond**is**, bond**issons**, bond**issez** cour**s**, cour**ons**, cour**ez**
passé	**aie** chanté, **ayons** chanté, **ayez** chanté **sois** devenu, **soyons** devenus, **soyez** devenus

Important : À la 2e personne du singulier, les verbes du 1er groupe ne se terminent pas par **s** ; il en est de même pour des verbes du 3e groupe comme aller, cueillir, offrir. Mais pour l'euphonie, on écrit : coupe**s**-en, va**s**-y.

2) Le nom

a) Comment analyser un nom ?

Pour analyser un nom, vous devez indiquer :

- la nature : nom commun ou nom propre ;
- le genre (masculin ou féminin) et le nombre (singulier ou pluriel) ;
- la fonction, c'est-à-dire le rôle joué par ce nom dans la proposition.

b) Les différentes fonctions du nom

■ Les fonctions dépendant du verbe

Fonction	Question posée	Exemple
sujet	qui est-ce qui ?	L'**enfant** court.
sujet apparent (verbe impersonnel)	qui est-ce qui ?	**Il** tombe des flocons.
sujet réel (verbe impersonnel)	qui est-ce qui ?	Il tombe des **flocons.**
complément d'agent	par qui ? par quoi ?	Je suis surprise par ce **silence**.
complément d'objet direct (cod)	qui ?, quoi ?	Nous regardons les **bateaux**.

complément d'objet indirect (coi)	à qui ? à quoi ? de qui ? de quoi ?	Elle téléphone à une **amie.**
complément d'attribution ou complément d'objet second (cos)	à qui ? à quoi ?	Le médecin prescrit un médicament au **malade.**
complément circonstanciel de lieu	où ?	Vous allez au **cinéma**.
complément circonstanciel de temps	quand ?	Ce **soir**, nous partons en vacances.
complément circonstanciel de but	dans quel but ?	Il travaille pour la **gloire**.
complément circonstancie de manière	comment ?	Vous préparez ce concours avec **ardeur**.
complément circonstanciel d'accompagnement	avec qui ?	Les enfants se promènent avec leur **chien**.
complément circonstanciel de moyen	avec quoi ?	Tu préfères écrire avec un **crayon**.
complément circonstancie de concession ou d'opposition	malgré qui ? malgré quoi ?	Malgré le **soleil**, il faisait très froid.
complément circonstanciel de comparaison	comme qui ?	Cet enfant travaille comme un **adulte**.
complément circonstanciel de cause	pourquoi ?	Ils tremblent de **peur**.

Remarques : La fonction *complément d'agent* existe seulement lorsque le verbe est à la voix passive. Le complément d'agent est introduit par la préposition *par* (plus rarement par *de*).
Ne confondez pas le complément d'objet indirect et le complément d'attribution. Pour que la fonction *complément d'attribution* existe, il faut pouvoir attribuer quelque chose (cod) à quelqu'un. Dans l'exemple choisi : le médecin prescrit un médicament (cod) au **malade** (complément d'attribution).

Important : Si vous indiquez, par exemple, comme fonction : complément circonstanciel de temps, c'est insuffisant. Vous devez toujours préciser le verbe En effet, la fonction se détermine par rapport au verbe. Ainsi, dans la phrase « Ce **soir**, nous partons en vacances », l'analyse grammaticale du nom **soir** est la suivante : nom commun, masculin, singulier, complément circonstanciel de temps du verbe *partir*.

Évitez les abréviations comme : **ccl** ou **cct**. Écrivez : **complément circonstanciel de temps** ou **complément circonstanciel de lieu**. Seules sont acceptées les abréviations du complément d'objet direct (cod), du complément d'objet indirect (coi) et du complément d'objet second (cos).

■ Les autres fonctions

Fonction	Exemple
attribut du sujet	Cette fleur est une **rose**.
attribut du complément d'objet direct	Cette fleur qu'on appelle **pivoine,** est très odorante.
mis en apposition	L'hirondelle, **messagère** du printemps, revient bientôt.
complément du nom	C'est la fin de la **journée.**
complément du pronom	Lequel de ces **gâteaux** choisissez-vous ?
complément de l'adverbe	Elles ont beaucoup de **courage**.
complément de l'adjectif qualificatif	Vous êtes fiers de votre **réussite**.

Remarque : La fonction *attribut du sujet* existe, lorsque le nom est relié au sujet par un verbe d'état (être, paraître, sembler, devenir, rester...).

Important : Si vous indiquez, par exemple, comme fonction, pour le nom, mis en apposition, l'analyse est incomplète. Vous devez écrire : nom commun, féminin singulier, mis en apposition au nom *hirondelle*.

3) Le pronom

a) Comment analyser un pronom ?

Pour analyser un pronom, vous devez indiquer :

- la nature : pronom personnel, pronom relatif, etc. ;
- l'antécédent pour le pronom relatif (voir l'analyse du pronom relatif) ;
- le genre et le nombre ou la personne (pour les pronoms personnels) ;
- la fonction : sujet, complément circonstanciel de lieu, etc.

Important : Un pronom, comme son nom l'indique, remplace un nom, il peut donc avoir toutes les fonctions du nom, étudiées précédemment.

b) Les différents pronoms

■ Le pronom personnel

Personne	Singulier	Pluriel
1re personne	je, me, m', moi	nous
2e personne	tu, te, t', toi	vous
3e personne	il, elle, le, la, l', lui, se, soi	ils, elles, les, leur, eux

Exemples :

« Nous les voyons rentrer chez eux ».
nous : pronom personnel, 1re personne du pluriel, sujet du verbe *voir*
les : pronom personnel, 3e personne du pluriel, cod du verbe *voir*
eux : pronom personnel, 3e personne du pluriel, complément circonstanciel de lieu du verbe *voir*

■ Le pronom relatif

Il existe deux catégories de pronoms relatifs :

- les pronoms relatifs invariables : qui, que, quoi, qu', dont, où ;
- les pronoms relatifs variables composés s'accordant en genre et en nombre avec leur antécédent. On appelle *antécéden*t le nom ou le pronom que remplace le pronom relatif.

Masculin singulier	Féminin singulier	Masculin pluriel	Féminin pluriel
lequel	laquelle	lesquels	lesquelles
auquel	à laquelle	auxquels	auxquelles
duquel	de laquelle	desquels	desquelles

Exemples :

« Cette maison **dont** j'aperçois le toit, me rappelle le manoir **où** nous passions nos vacances ».
dont : pronom relatif, ayant comme antécédent *maison*, féminin singulier, complément du nom *toit* (le toit de la maison)
où : pronom relatif, ayant comme antécédent *manoir*, masculin singulier, complément circonstanciel de lieu du verbe *se rappeler*.

■ Le pronom possessif

Singulier		Pluriel	
Masculin	Féminin	Masculin	Féminin
le mien	la mienne	les miens	les miennes
le tien	la tienne	les tiens	les tiennes
le sien	la sienne	les siens	les siennes
le nôtre	la nôtre	les nôtres	les nôtres
le vôtre	la vôtre	les vôtres	les vôtres
le leur	la leur	les leurs	les leurs

Exemples :

« Prête-moi ta raquette de tennis, car j'ai oublié **la mienne** ».
la mienne : pronom possessif, féminin singulier, complément d'objet direct du verbe *oublier*

« Nos vêtements étaient neufs, **les siens** étaient tout déchirés ».
les siens : pronom possessif, masculin pluriel, sujet du verbe *être*

■ Le pronom démonstratif

Neutre	Masculin singulier	Féminin singulier	Masculin pluriel	Féminin pluriel
ce, c'	celui	celle	ceux	celles
ceci	celui-ci	celle-ci	ceux-ci	celles-ci
cela, ça	celui-là	celle-là	ceux-là	celles-là

Exemples :

« Il répondra à tous **ceux** qui lui écriront ».
ceux : pronom démonstratif, masculin pluriel, complément d'objet indirect du verbe *répondre*

« Cette plante semble malade, mais **celle-ci** est magnifique ».
celle-ci : pronom démonstratif, féminin singulier, sujet du verbe *être*

■ Le pronom indéfini

Variables			Invariables	
Genre et nombre	Nombre	Genre		
l'un	l'autre	aucun	autrui	autre chose
quelqu'un	quelqu'autre	pas un	d'aucuns	grand chose
l'un... l'autre		plus d'un	quiconque	quelque chose
le même		chacun	qui que ce soit	quoi que ce soit
ni l'un... ni l'autre		un tel	n'importe qui	n'importe quoi
		tous	la plupart	tout
		certains	on	personne
			plusieurs	rien

Exemples :

« **Personne** n'a voulu l'écouter ».
personne : pronom indéfini, invariable, sujet du verbe *vouloir*

« Il ne veut recevoir **quiconque** ».
quiconque : pronom indéfini, invariable, complément d'objet direct du verbe *recevoir*

■ le pronom adverbial

En et **y** sont appelés pronoms adverbiaux. Comme tous les pronoms, ils remplacent un nom.

Ainsi dans la phrase : « Des cerises, nous **en** avons mangé tout l'été », le pronom **en** est mis pour le nom *cerises*. **En** : pronom adverbial, invariable, complément d'objet direct du verbe *manger*

Autre exemple : « Au cinéma, j'**y** vais chaque semaine ». **y** : pronom adverbial, invariable, complément circonstanciel de lieu du verbe *aller*

■ Le pronom interrogatif

Les pronoms interrogatifs sont de deux sortes :

- les pronoms invariables : qui ?, que ?, quoi ?, qui est-ce qui ?, qu'est-ce que (qui) ? ;
- les pronoms variables : lequel ?, laquelle ?, lesquels ?, lesquelles ?.

Ils peuvent être employés seuls, ou précédés d'une préposition (à, de, avec, etc.).

Exemples :

« **À qui** offrez-vous ces fleurs ? »
à qui : pronom interrogatif, invariable, complément d'attribution du verbe *offrir*

« **Avec quoi** jouent les enfants ? »
avec quoi : pronom interrogatif, invariable, complément circonstanciel de moyen du verbe *jouer*

4) L'adjectif qualificatif

a) Comment analyser un adjectif qualificatif ?

Un adjectif qualificatif indique la « qualité » d'un nom. Le participe passé, employé sans auxiliaire et l'adjectif verbal s'analysent comme l'adjectif qualificatif.

Pour analyser grammaticalement un adjectif qualificatif, vous devez indiquer :

- la nature : adjectif qualificatif, adjectif verbal, participe passé ;
- le genre (masculin féminin) et le nombre (singulier pluriel) ;
- la fonction, c'est-à-dire le rôle joué par l'adjectif qualificatif dans la proposition.

b) Les différentes fonctions

Un adjectif qualificatif peut avoir quatre fonctions :

- **épithète** : il est relié directement au nom sans l'intermédiaire d'un verbe : « Je cueille un **beau** champignon » ; **beau** : adjectif qualificatif, masculin singulier, épithète du nom *champignon*
- **apposé** : il est mis en valeur, avant ou après le nom ; il est précédé ou/et suivi d'une virgule : « Tombés dans une crevasse, les alpinistes attendaient les secours ». **tombés** : participe passé, masculin pluriel, apposé au nom *touristes*
- **attribut du sujet :** il est relié au nom par un verbe (souvent un verbe d'état) : « Ce champignon semble **vénéneux** » ; **vénéneux** : adjectif qualificatif, masculin singulier, attribut du sujet « champignon »
- **attribut du complément d'objet direct :** il est relié au nom ou pronom (cod) par un verbe exprimant une opinion (juger, estimer, trouver, croire, considérer, etc.) : « J'estimais cette personne **capable**

de réussir », « je l'estimais **capable** de réussir » ; **capable** : adjectif qualificatif, féminin singulier, attribut du cod *personne* **capable** : adjectif qualificatif, féminin singulier, attribut du cod *l*

Important : Ne confondez pas les fonctions épithète et attribut du complément d'objet direct. Dans les deux phrases suivantes, la fonction de l'adjectif qualificatif *beau* diffère : « J'ai trouvé un **beau** champignon » et « J'ai trouvé ce champignon **beau** ». Dans la première phrase, l'adjectif qualificatif **beau** est épithète du nom *champignon,* car le verbe « trouver » a le sens de découvrir. En revanche, dans la seconde phrase, l'adjectif qualificatif **beau** est attribut du cod *champignon,* car le verbe « trouver » a le sens de « juger ».

5) L'adverbe

a) Comment analyser un adverbe ?

L'adverbe est un mot invariable qui complète le sens d'un verbe, d'un adjectif qualificatif ou d'un autre adverbe. Pour analyser grammaticalement un adverbe, vous devez indiquer :

- la nature (adverbe de temps, de lieu, de manière, etc.) ;
- invariable ;
- la fonction. Pour le concours, trois fonctions ont été retenues : modifie un verbe, modifie un adjectif qualificatif et modifie un autre adverbe.

b) Les différents adverbes

Classement des adverbes selon le sens	Exemples
les adverbes de manière	aussi, bien, mal, mieux, exprès, plutôt, vite, etc., et des adverbes terminés par « ment » tels aveuglément, joliment, heureusement, bruyamment, assidûment...
les adverbes de quantité	assez, autant, peu, presque, beaucoup, aussi, tellement, davantage, moins, si, très, fort, excessivement...
les adverbes de temps	aujourd'hui, naguère, enfin, autrefois, hier, demain, longtemps, quelquefois, parfois, auparavant, désormais, aussitôt, déjà...
les adverbes de lieu	ici, là, ailleurs, dehors, alentour, dedans, dessus, quelque part, loin...
les adverbes d'affirmation	oui, certes, assurément, volontiers...
les adverbes de négation	non, ne, guère, jamais, rien, point, pas...
les adverbes de doute	apparemment, peut-être, sans doute, probablement...

Exemples :

« Il parle **lentement** ».
lentement : adverbe de manière, invariable, modifie le verbe *parler* (on admet, aussi, complément circonstanciel de manière du verbe *parler*

« Cet enfant est **très** gentil ».
très : adverbe de quantité, invariable, modifie l'adjectif qualificatif *gentil*

« Cet homme marche **trop** vite ».
trop : adverbe de quantité, invariable, modifie l'adverbe *vite*

6) Le déterminant

Le déterminant fait partie du groupe nominal ; il précède le nom avec lequel il s'accorde en genre et en nombre.

a) Comment analyser un déterminant ?

Pour analyser grammaticalement un déterminant, vous devez indiquer :

- la nature : article défini, adjectif possessif, adjectif indéfini… ;
- le genre (masculin, féminin) et le nombre (singulier, pluriel) ;
- la fonction : détermine le nom.

b) Les différents déterminants

■ L'article

Articles	Singulier		Pluriel
	Masculin	Féminin	
définis	le, l'	la, l'	les
indéfinis	un	une	des
définis contractés	au (à le), du (de le)		aux (à les), des (de les)
partitifs	du, de l'	de la, de l'	des

Exemples :

« Tracez **la** diagonale **du** losange ».
la : article défini, féminin singulier, détermine le nom *diagonale*
du : article défini contracté, masculin singulier, détermine le nom *losange*

« Je ne dois pas oublier d'acheter **du** pain ».
du : article partitif, masculin singulier, détermine le nom *pain*

■ L'adjectif possessif

Singulier		Pluriel
Masculin	Féminin	
mon	ma	mes
ton	ta	tes
son	sa	ses
notre	notre	nos
votre	votre	vos
leur	leur	leurs

Exemples :

« Nous préférons passer **nos** vacances en Bretagne ».
nos : adjectif possessif, féminin pluriel, détermine le nom *vacances*

■ L'adjectif démonstratif

Genre	Singulier	Pluriel
masculin	ce, cet	ces
féminin	cette	ces

Les adjectifs démonstratifs peuvent être renforcés par les adverbes **ci** et **là.**

Exemple :

« **Cette** année-**là,** le temps avait été très clément ».
cette ...-là : adjectif démonstratif, féminin singulier, détermine le nom *année*

■ L'adjectif indéfini

Variables			Invariables
Genre et nombre	Genre	Nombre	
maint(es), nul(les) tout, tous, toute(s), tel(les), certain(es)	aucun(e), divers(es), pas un(e), plus d'un, n'importe quel(le)	quelque(s), même(s), autre(s)	plusieurs, chaque

Exemple :

« Elle lit **tous** les livres qu'elle peut trouver ».
tous : adjectif indéfini, masculin pluriel, détermine le nom *livres*

■ L'adjectif exclamatif et l'adjectif interrogatif

Genre	Singulier	Pluriel
masculin	quel !, quel ?	quels !, quels ?
féminin	quelle ! quelle ?	quelles ! quelles ?

Exemples :

« **Quel** beau temps ! »
quel : adjectif exclamatif, masculin singulier, détermine le nom *temps*

« **Quelle** heure est-il ? »
quelle : adjectif interrogatif, féminin singulier, détermine le nom *heure*

■ L'adjectif numéral

Il existe deux catégories d'adjectifs numéraux :

- l'adjectif numéral cardinal indique le nombre : deux, quatre, dix... ;
- l'adjectif numéral ordinal indique le rang : le quatrième, le dixième, le vingtième...

Exemples :

« Ce bassin a une profondeur de **cinq** mètres ».
cinq : adjectif numéral cardinal, détermine le nom *mètre*

« Nous habitons la **troisième** rue après le feu tricolore ».
troisième : l'adjectif numéral ordinal, féminin singulier, détermine le nom *rue*

7) La préposition

Une préposition est un mot invariable dont le rôle est d'introduire un groupe nominal, un verbe à l'infinitif, un adverbe...

Après le déjeuner, ils se promenèrent **dans** le jardin **de** leur grands-parents **pour** cueillir des fleurs.

Au concours, on ne demande pas au candidat d'analyser une préposition, mais seulement de savoir la reconnaître.

Les principales prépositions sont : à, de, dans, pour, avec, en, sans, parmi, sur, entre, pendant, durant, malgré, au-dessus, au-dessous, depuis, derrière, devant, près de...

8) La conjonction

La conjonction est un mot invariable. Il existe la conjonction de coordination et la conjonction de subordination.

Au concours, on ne demande pas au candidat d'analyser une conjonction, mais seulement de savoir la reconnaître.

La conjonction de coordination est un mot servant à relier deux élément de même nature grammaticale : un chien **et** un chat, charmant **mais** paresseux, rire **ou** pleurer.

Les différentes conjonction de coordination sont : mais, ou, et, donc, or, ni, car, puis, alors...

La conjonction de subordination est un mot servant à introduire une proposition subordonnée : **quand** il fait beau, nous restons dans le jardin **jusqu'à ce** que la nuit arrive.

Les différentes conjonction de subordinations sont : quand, si, bien que, lorsque, puisque, comme, ainsi que, que, tandis que, de crainte que...

B. Analyse logique

L'analyse logique est l'analyse des différentes propositions qui composent une phrase. Une phrase est une suite organisée de mots ; elle a un sens et est limitée généralement par une majuscule et un point.

L'observation des annales des différents concours montre que les questions portent sur la proposition indépendante, la proposition principale, la proposition subordonnée (relative, conjonctive, interrogative indirecte).

Les questions posées en analyse logique sont de deux sortes soit l'analyse logique d'une phrase, soit la reconnaissance de la nature ou de la fonction d'une proposition sous forme d'un QCM.

1) La méthode

Pour réussir les questions d'analyse logique, vous devez suivre la méthode indiquée, car l'analyse logique demande une certaine rigueur et les erreurs sont très fréquentes.

Soulignez chaque verbe conjugué. En effet, il y a **une proposition par verbe conjugué** (les propositions infinitives et participes ne sont pas au programme du concours). Ainsi, dans la phrase : « l'enfant, **se démenait**, **gigotait**, **remuait** et **bougeait** sans arrêt » ; il y a quatre verbes conjugués, il y a donc quatre propositions.

Entourez les mots de subordination : les pronoms relatifs et les conjonctions de subordination (une proposition subordonnée commence toujours par un mot subordonnant).

Repérez les conjonctions de coordination (mais, ou, et, donc, or, ni, car puis).

Reconstituez, ensuite, chaque proposition, en cherchant le sujet et les compléments de chaque verbe.

Recopiez sur votre copie, pour plus de clarté, chaque proposition.

Faites l'analyse logique de chaque proposition en indiquant pour chacune : la nature et la fonction (seulement pour les propositions subordonnées).

2) Les différentes propositions

a) La proposition indépendante

Une proposition indépendante ne dépend grammaticalement d'aucune autre proposition.

« Le chat **dort** dans son panier. » : proposition indépendante
« Le chat **dort** et il **rêve**. » : il y a deux verbes conjugués, il y a donc deux propositions indépendantes.
[Le chat dort] : proposition indépendante
[et il rêve] : proposition indépendante, coordonnée par « et » à la précédente

« Le chat **miaule** : il a **faim**. » : il y a deux verbes conjugués, il y a donc deux propositions indépendantes.
[Le chat miaule] : proposition indépendante
[il a faim] : proposition indépendante, juxtaposée à la précédente (une proposition est juxtaposée, lorsqu'elle est séparée de la précédente par deux points ou une virgule)

b) La proposition principale

La proposition principale est une proposition dont dépendent grammaticalement une ou plusieurs propositions subordonnées.

« J'**habite** un village **qui se situe** près de Paris ».
Dans cette phrase, on repère deux verbes conjugués **habite** et **se situe** et un mot subordonnant **qui**. Il y a donc deux propositions.
[J'habite un village] : proposition principale
[qui se situe près de Paris] : proposition subordonnée

« L'enfant **dont** nous **parlons rentre** chez lui **quand** les vacances **arrivent** ».
Dans cette phrase, on repère trois verbes conjugués **parlons**, **rentre**, **arrivent** et deux mots subordonnants **dont** et **quand**. Il existe donc trois propositions.
[L'enfant rentre chez lui] : proposition principale
[dont nous parlons] : proposition subordonnée
[quand les vacances arrivent] : proposition subordonnée

Important : Comme le montre l'exemple précédent, une proposition peut être incise, c'est-à-dire qu'elle peut couper une autre proposition. Il est donc important de respecter la méthode, car un mauvais découpage conduira à une analyse erronée.

c) La proposition subordonnée

Pour analyser une proposition subordonnée, il faut indiquer :

- la nature : proposition subordonnée relative, proposition subordonnée conjonctive ;
- le mot d'introduction : un pronom relatif, une conjonction de subordination ;

– la fonction : complément de l'antécédent, sujet, complément circonstanciel.

Important : Ne confondez pas les conjonctions de subordination et les conjonctions de coordination ; en effet, les conjonction de coordination ont comme rôle de relier deux propositions ou deux mots de même nature grammaticale et non de subordonner une proposition à une proposition principale.

■ La proposition subordonnée relative

La proposition subordonnée relative débute obligatoirement par un pronom relatif. Pour le concours, une seule fonction est étudiée : complément de l'antécédent.

Rappel : Les pronoms relatifs sont : qui, que, quoi, dont, où, lequel, auquel et duquel.

« Mon père possède de nombreux tableaux [auxquels il est très attaché] ».
[auxquels il est très attaché] : proposition subordonnée relative, introduite par le pronom relatif *auxquels* complément de l'antécédent *tableaux*

« La maison [où je passe mes vacances] est au bord de la plage ».
[où je passe mes vacances] : proposition subordonnée relative, introduite par le pronom relatif *où*, complément de l'antécédent *maison*

« J'aime cette ville [dont on m'a souvent parlé] [et que je voudrais visiter] ».
[dont on m'a souvent parlé] : proposition subordonnée relative introduite par le pronom relatif *dont* complément de l'antécédent *ville*
[et que je voudrais visiter] : proposition subordonnée relative introduite par le pronom relatif *que* complément de l'antécédent *ville*

■ La proposition subordonnée conjonctive

On classe les propositions subordonnées conjonctives en deux catégories :

– la proposition subordonnée conjonctive complétive qui débute par la conjonction de subordination « que » ;
– la proposition subordonnée conjonctive circonstancielle commençant par une conjonction de subordination telle : quand, bien que, si, puisque, lorsque, quoique, pourvu que, etc.

** La proposition subordonnée conjonctive complétive*

Fonction	Exemples
sujet	« [Qu'il pleuve en hiver], n'est pas une surprise ».
sujet réel	« Il faut [que tu finisses rapidement ce travail] ».
complément d'objet direct	« Nous croyons [qu'elle est sincère] ».
complément d'objet indirect	« Il s'est enfin aperçu [qu'il s'était trompé] ».
attribut du sujet	« Mon impression est [que tout va bien] ».

Remarque : La fonction *sujet réel* n'existe qu'avec les verbes impersonnels (il faut, il est probable, etc.).

Un nom, un adjectif ou une proposition sont *attributs du sujet* lorsqu'ils sont reliés au sujet par un verbe d'état.

Exemples :

« [Qu'il pleuve en hiver], n'est pas une surprise ».
[Qu'il pleuve en hiver] : proposition subordonnée conjonctive complétive introduite par la conjonction de subordination *que*, sujet du verbe *être*

« Il s'est enfin aperçu [qu'il s'était trompé] ».
[qu'il s'était trompé] : proposition subordonnée conjonctive complétive introduite par la conjonction de subordination *que*, complément d'objet indirect (s'apercevoir de quoi ?) du verbe *s'apercevoir*

Important : Ne confondez pas le pronom relatif **que** avec la conjonction de subordination **que**. Le pronom relatif remplace un nom appelé antécédent, il a un fonction. En revanche, la conjonction de subordination ne remplace pas un nom, elle n'a pas de fonction ; elle n'a comme rôle que d'introduire la proposition subordonnée.

« Les bateaux **que** je vois rentrent au port ».
Dans cette phrase, **que** est un pronom relatif, il remplace son antécédent *bateaux*.

« Nous pensons **que** le train sera en retard ».
Dans cet exemple, **que** est une conjonction de subordination, il ne remplace aucun nom ni aucun pronom.

** La proposition subordonnée conjonctive circonstancielle*

La proposition subordonnée conjonctive circonstancielle est introduite par une conjonction de subordination exprimant diverses notions, sa fonction est : complément circonstanciel.

Notion de	Conjonctions de subordination	Exemples
temps	quand, dès que, lorsque, comme, pendant que, après que, avant que, tant que, aussitôt que, depuis que, au moment où, jusqu'à ce que	Nous partirons [dès que vous serez prêt]. Je resterai dans ce jardin [jusqu'à ce que la nuit arrive].
but	pour que, afin que, de peur que, de crainte que	Je ferai percer une fenêtre [pour que cette pièce soit plus claire].
cause	parce que, puisque, étant donné que, comme, sous prétexte que, d'autant que, du moment que, vu que	[Comme il ne faisait pas beau], nous sommes rentrés plus tôt. Je lui pardonne, [d'autant qu'elle a des excuses].
conséquence	de sorte que, si bien que, de façon que, au point que, tellement...que, si...que, tant...que, pour que	La nuit est assez claire [pour que je puisse éteindre les phares] Il pleut si fort [que je dois prendre un parapluie].
opposition concession	bien que, quoique, quel(les) que, sans que, quelque...que, quand bien même, alors que, tandis que	[Quelle que soit leur fatigue], les enfants ne se plaignaient pas.
comparaison	comme, ainsi que, de même que, comme si, tel que, autant que, moins...que, plus...que	Le temps était moins mauvais [qu'on l'avait annoncé, ce matin].
condition	si, à condition que, au cas où, selon que, pourvu que	[Si Pierre vient avec nous], il emmènera son chien.

Exemple :

« Si les moineaux s'approchent du cerisier, je mettrai un épouvantail, bien qu'ils ne le craignent pas ».

[Si les moineaux s'approchent du cerisier] : proposition subordonnée conjonctive, introduite par la conjonction de subordination *si*, complément circonstanciel de condition du verbe *mettre*

[je mettrai un épouvantail] : proposition principale

[bien qu'ils ne le craignent pas] : proposition subordonnée conjonctive introduite par la conjonction de subordination *bien que*, complément circonstanciel de concession du verbe *mettre*

Important : N'oubliez pas d'indiquer le verbe. Écrire « complément circonstanciel de temps » est insuffisant ; en effet, cette fonction existe toujours par rapport à un verbe.

■ La proposition subordonnée interrogative indirecte

Lorsque l'interrogation est exprimée dans une proposition subordonnée, celle-ci se nomme proposition subordonnée interrogative indirecte. Elle est introduite par :

- un adjectif interrogatif : « Je me demande **quelle** heure il est » ;
- un adverbe interrogatif : « J'ignore **pourquoi** il part si tôt » ;
- un pronom interrogatif : « Elle ne sait pas **qui** a frappé ».

La proposition subordonnée interrogative indirecte est **complément d'objet direct** du verbe de la proposition principale.

Remarque : Dans une proposition subordonnée interrogative indirecte, l'inversion du sujet et le point d'interrogation final disparaissent : « Combien as-tu gagné ? » → « Je te demande combien tu as gagné ».

Exemple :

« Je voudrais savoir si le temps s'est amélioré ».
[Je voudrais savoir] : proposition principale
[si le temps s'est amélioré] : proposition subordonnée interrogative indirecte, introduite par l'adverbe interrogatif si, complément d'objet direct du verbe *vouloir*

C. Les questions de syntaxe

1) Les barbarismes et les solécismes

Un barbarisme est une faute de langage consistant à employer un mot altéré ou inexistant (concluer pour conclure).

Un solécisme est une faute s'écartant de la forme grammaticalement correcte (quoiqu'il est tard - quoiqu'il soit tard).

Forme incorrecte	Forme correcte
malgré que	bien que
pallier à	pallier
se baser sur	se fonder sur
c'est tout ce qu'il a besoin	c'est tout ce dont il a besoin
je l'ai lu sur le journal	je l'ai lu dans le journal
il est allé au pharmacien	il est allé chez le pharmacien
on n'aime pas qu'on nous critique	nous n'aimons pas être critiqués
gardez-vous de ne pas glisser	gardez-vous de tomber
vous n'êtes pas sans ignorer	vous n'ignorez pas
vous résidez en face la mairie	vous résidez en face de la mairie
hésiter entre deux alternatives	hésiter entre deux voies

elle s'en rappelle	elle s'en souvient
solutionner un problème	résoudre un problème
un espèce de bateau	une espèce de bateau
il risque de gagner	il a des chances de gagner
il a des chances de perdre	il risque de perdre
agoniser quelqu'un d'injures	agonir quelqu'un
du point de vue pécunier	du point de vue pécuniaire

2) Les pléonasmes

Un pléonasme est une faute consistant à répéter des termes qui ont le même sens.

Monter en haut	Un monopole exclusif
Descendre en bas	Une panacée universelle
Ajouter en plus	Un hasard imprévu
Collaborer ensemble	Comparer entre eux
Prévoir d'avance	Se réunir ensemble
Répéter à nouveau	Il suffit simplement
Abolir entièrement	S'entraider mutuellement
Au grand maximum	Être au maximum de son apogée

3) La concordance des temps

Les règles de concordance des temps sont les règles qui subordonnent le choix du temps et du mode du verbe dans une proposition subordonnée au temps choisi dans la proposition principale.

a) Le verbe de la principale est au présent de l'indicatif.

Les temps employés dépendent de la chronologie des faits par rapport au verbe de la principale. Il existe trois cas de figure :

- si l'action subordonnée est antérieure à l'action principale, on écrira : je sais qu'il venait, qu'il est venu, qu'il est venu, qu'il était venu ou je doute qu'il vînt, qu'il fût venu ;
- si les actions sont simultanées, on écrira : je sais qu'il vient ou je doute qu'il vienne ;
- si l'action subordonnée est postérieure à l'action principale, on écrira : je sais qu'il viendra ou je doute qu'il vienne.

b) Le verbe de la principale est à un temps passé de l'indicatif.

Les temps employés dépendent de la chronologie des faits par rapport au verbe de la principale. Il existe trois cas de figure :

- si l'action subordonnée est antérieure à l'action principale, on écrira : je savais qu'il était venu ou je doutais qu'il fût venu ;
- si les actions sont simultanées, on écrira : je savais qu'il venait ou je doutais qu'il vînt ;
- si l'action subordonnée est postérieure à l'action principale, on écrira : je savais qu'il viendrait ou je doutais qu'il vînt demain.

II. Les exercices d'application corrigés

A. Énoncés

1 *Mettez les verbes des phrases suivantes à la voix active ou à la voix passive selon la forme initiale.*

Des réparations importantes ont été effectuées par la mairie, cette année. En Afrique, un important gisement de fer fut découvert, en 1932. Des milliers d'hectares de cultures avaient été détruits par un nuage de sauterelles. Nous serons invités bientôt, à visiter cette exposition. Pour protéger la ville, les habitants construisaient des digues avec de la terre et des pierres. Le directeur demanda à chaque employé, une plus grande disponibilité. Elle ne nous a pas encore reconnus.

2 *Mettez les verbes des phrases suivantes à l'imparfait ou au passé simple de l'indicatif selon le sens.*

« Il (se figer) : une branche qu'il n'avait pas vue (venir) de casser brusquement sous son pied avec un craquement sec qui lui (paraître) claquer comme un coup de feu ; la forêt entière (devoir) être en éveil. Il n'(être) pas prêt pour cette chasse, il le (voir) bien, il (être) encore dans un monde où c'(être) le silence qui (donner) l'alerte.

La courroie des jumelles lui (entailler) l'épaule. Il (être) sans vivacité et sans pouvoir devant cette forêt, incapable d'entrer dans son extraordinaire solitude. Il lui (sembler) pourtant être épié de toutes parts, être gibier. Le tonnerre de la branche cassée s'était évanoui dans la silence ; il (reprendre) sa marche à travers les hêtres et les grands sapins jusqu'à un amas de rochers au milieu du quel il (se glisser) dans un espace enfin clos. À l'abri, provisoirement sauvé derrière ce rempart, il (détailler) à la jumelle tout l'horizon visible, sûr cette fois de pas être observé ». (Pierre Moinot)

3 *Mettez les verbes des phrases suivantes au passé simple de l'indicatif ou à l'imparfait du subjonctif selon le sens.*

Alors un attendrissement la (saisir) ; elle se (sentir) toute molle et toute abandonnée, comme un duvet d'oiseau qui tournoie dans la tempête, et ce (être) sans en avoir conscience qu'elle (s'acheminer) vers l'église disposée à n'importe dévotion pourvu qu'elle y (absorber) son âme. (Gustave Flaubert)

Il fallait à chaque instant que le chauffeur (prendre) sa pelle pour déblayer le charbon. (Émile Zola)

Quoiqu'il (faire) froid et qu'il y (avoir) de la neige, la terre commençait à végéter. (Jean-Jacques Rousseau)

C'était le premier grand travail en commun qui (faire) sortir les attelages au complet et qui (réunir) sur un même point un grand nombre de travailleurs. (Eugène Fromentin)

Le cœur d'Emma lui (battre) encore lorsque, son cavalier la tenant par le bout des doigts, elle (venir) se mettre en ligne et (attendre) le coup d'archet pour partir. (Gustave Flaubert)

Pour peu qu'un camarade (être) sympathique, la rentrée des classes s'opérait sans ennui. (Francis Carco)

Mme Mabille, aux premiers jours du printemps, nous (emmener) toutes les deux dans une banlieue fleurie. Zaza (faire) sur l'herbe la roue, le grand écart et toutes espèces de culbutes. (Simone de Beauvoir)

4 *Mettez le verbe de la proposition principale à l'imparfait et apportez les modifications voulues par la concordance de temps.*

Claire pense qu'elle poursuivra ses études à Paris jusqu'à ce qu'elle obtienne un licence.

Nous craignons que notre mère soit très malade pour avoir une si mauvaise mine.

Peu importe qu'il fasse beau ou qu'il pleuve, Pierre aime les longues promenades sur la plage.

Mes parents disent qu'ils arriveront en fin d'après-midi si la circulation est fluide.

Je demanderai au jardinier qui vient habituellement chez nous s'il faut tailler les rosiers avant qu'il ne fasse trop froid.

Malgré la pluie qui tombe, les parents espèrent que les enfants pourront chercher les œufs en chocolat qu'ils ont cachés dans la jardin.

Le jardinier nous prévient qu'il mettra du désherbant dans le jardin pour qu'il ne soit pas envahi par les mauvaises herbes.

5 *Faites l'analyse grammaticale des mots en caractères gras et l'analyse logique de toutes les phrases.*

« **Mon** frère et moi, nous nous levions de bonne heure, nous prenons un **morceau** de pain, **une** barre de chocolat ou un bout de **fromage**, et nous **filions** vers la **plaine**.

Je n'**oublierai** jamais l'odeur de l'herbe et des feuillages dans le petit matin, la fraîcheur **crispée** de l'air, et la **sensation** des cailloux roulant sous mes **sandales** tandis que nous courions dans **la** descente. Nous découvrions **bientôt**, à **quelques** mètres de nous, en contrebas, une espèce de lac de brume **irréel**, à peine touché toujours de soleil, que nous abordions, dans **lequel** nous nous enfoncions. Il n'était pas **si épais** qu'il le **paraissait**, il **se dissipait** à mesure que nous allions, mais **il** se refermait derrière **nous** et si nous nous retournions, nous avions l'illusion de nous trouver enfermés, sans espoir de retraite, ce qui **nous** procurait de **délicieux** frissons ». (Suzanne Prou, *Le Pré aux narcisses*)

6 *Faites l'analyse grammaticale des mots en caractères gras et l'analyse logique de toutes les phrases.*

Trouvez dans ce texte trois prépositions et une conjonction de coordination.

Tout à coup, entre deux petites **gares dont** il n'**aurai**t pas **pu** dire le nom et dont il ne vit presque **rien** dans l'obscurité, sinon des lignes de pluie devant une grosse lampe et des silhouettes **qui** poussaient des chariots. Maigret se demanda ce qu'il faisait là.

Peut-être **s'était**-il **assoupi** un **moment** dans le compartiment surchauffé ? Il ne devait pas avoir perdu **entièrement** conscience, car il savait qu'il était dans un train. (Georges Simenon)

7 *Faites l'analyse grammaticale des mots en caractères gras et l'analyse logique de toutes les phrases.*

Trouvez trois prépositions, deux conjonctions de coordination et une conjonction de subordination.

« La princesse de Luxembourg **nous avait tendu** la main et, de temps en temps, tout en causant avec la **marquise**, elle se détournait pour poser de **doux** regards sur **ma** grand-mère et sur **moi**, avec cet embryon de **baiser** qu'on ajoute **au** sourire quand **celui-ci s'adresse** à un **bébé** avec sa nounou. Même, dans son désir de ne pas vouloir siéger dans une sphère supérieure à **la nôtre**, elle avait **sans doute** mal calculé la distance, car par une erreur de réglage, ses regards s'imprégnèrent d'une **telle** bonté que je **vis** approcher le moment **où** elle nous flatterait de la **main** comme **deux** bêtes sympathiques qui **eussent passé** la tête vers elle à travers **un** grillage, au Jardin d'Acclimatation ». (Marcel Proust, *À l'ombre des jeunes filles en fleurs*)

8 *Cochez la case correspondant à la forme correcte.*

❐ Notre monde pense qu'à reproduire.
❐ Notre monde ne pense qu'à reproduire.

❐ Je me rappelle très bien mes années de jeunesse.
❐ Je me rappelle très bien de mes années de jeunesse.

❒ Je vous serai gré de me répondre rapidement.
❒ Je vous saurai gré de me répondre rapidement.

❒ Nous n'étions seulement que trois à cette réunion.
❒ Nous n'étions que trois à cette réunion.

❒ Cette nouvelle s'avère fausse.
❒ Cette nouvelle se révèle fausse.

❒ Il a des soucis pécuniers.
❒ Il a des soucis pécuniaires.

❒ Tout d'un coup, on entendit une détonation.
❒ Tout à coup, on entendit une détonation.

❒ Il me rabat les oreilles avec ses histoires.
❒ Il me rebat les oreilles avec ses histoires.

❒ Il a une triste réputation.
❒ Il jouit d'une triste réputation.

❒ Je l'ai lu sur le journal.
❒ Je l'ai lu dans le journal.

❒ Il pallie cet inconvénient.
❒ Il pallie à cet inconvénient.

❒ Au cirque, les enfants ont applaudi un espèce de clown.
❒ Au cirque, les enfants ont applaudi une espèce de clown.

B. Corrigés

Corrigé n°1

La mairie a effectué des réparations importantes, cette année. En Afrique, on découvrit un important gisement de fer, en 1932. Un nuage de sauterelles avait détruit des milliers d'hectares de cultures. On nous invitera bientôt, à visite cette exposition.

Pour protéger la ville, des digues avaient été construites par les habitants, avec de la terre et des pierres. Une plus grande disponibilité fut demandée par le directeur à chaque employé. Nous n'avons pas été encore reconnus par elle.

Corrigé n°2

Il se figea ; une branche vint ; qui parut ; la forêt devait ; il n'était ; il voyait ; c'était ; la courroie entaillait ; il semblait ; il reprit ; il se glissa ; il détailla.

Corrigé n°3

Un attendrissement la saisit ; elle se sentit ; ce fut ; qu'elle s'achemina ; pourvu qu'elle y absorbât (prenne) ; le chauffeur prît (prenne) ; quoiqu'il fît (fasse) et qu'il y eût (ait) ; qui fît (fasse) et qu'il réunît (réunisse) ; le cœur battit ; elle vint ; elle attendit ; un camarade fût (soit) ; elle nous emmena ; Zaza fit.

Corrigé n°4

Claire pensait qu'elle poursuivrait ses études à Paris jusqu'à ce qu'elle obtînt une licence.

Nous craignions que notre mère fût très malade pour avoir une si mauvaise mine.

Peu importe qu'il fasse beau ou qu'il pleuve, Pierre aime les longues promenades sur la plage.

Mes parents disaient qu'ils arriveraient en fin d'après-midi si la circulation était fluide.

Je demandais au jardinier qui venait habituellement chez nous s'il fallait tailler les rosiers avant qu'il ne fît trop froid.

Malgré la pluie qui tombait, les parents espéraient que les enfants pourraient chercher les œufs en chocolat qu'ils avaient cachés dans la jardin.

Le jardinier nous prévenaient qu'il mettrait du désherbant dans le jardin pour qu'il ne fût pas envahi par les mauvaises herbes.

Corrigé n°5

Analyse grammaticale : **mon :** adjectif possessif, masculin singulier, détermine le nom *frère* ; **morceau :** nom commun, masculin singulier, cod du verbe *prendre* ; **une** : article défini, féminin singulier, détermine le nom *barre* ; **fromage :** nom commun, masculin singulier, complément du nom *bout* ; **filions** : verbe filer, 1er groupe, 1re personne du pluriel, imparfait de l'indicatif, voix active ; **plaine** : nom commun, féminin singulier, complément circonstanciel de lieu du verbe *filer* ; **oublierai** : verbe oublier, 1er groupe, 1re personne du singulier, futur simple de l'indicatif, voix active ; **crispée** : adjectif qualificatif, féminin singulier, épithète du nom *fraîcheur* ; **sandales** : nom commun, féminin pluriel, complément circonstanciel de lieu du verbe *rouler* ; **bientôt** : adverbe de temps, invariable, modifie le verbe *découvrir* ; **quelques** : adjectif indéfini, masculin pluriel, détermine le nom *mètres* ; **irréel :** adjectif qualificatif, masculin singulier, épithète du nom *lac* ; **lequel** : pronom relatif, ayant comme antécédent *lac*, complément circonstanciel de lieu du verbe *s'enfoncer* ; **si** : adverbe de quantité, invariable, modifie l'adjectif *épais* ; **épais** : adjectif qualificatif, masculin singulier, attribut du sujet *il* ; **se dissipait** : verbe se dissiper, 1er groupe, 3e personne du singulier, imparfait de l'indicatif, voix pronominale ; **paraissait :** verbe paraître, 3e groupe, 3e personne du singulier, imparfait de l'indicatif, voix active ; **il** : pronom personnel, 3e personne du singulier, sujet du verbe *se refermer* ; **nous :** pronom personnel, 1re personne du pluriel, complément d'attribution du verbe *procurait* ; **délicieux** : adjectif qualificatif, masculin pluriel, épithète du nom *frissons*.

Analyse logique : [**Mon frère et moi, nous nous levions de bonne heure,**] : proposition indépendante ; [**nous prenions un morceau de pain, une barre de chocolat ou un bout de fromage**] : proposition indépendante juxtaposée ; [**et nous filions vers la plaine.**] : proposition indépendante coordonnée par *et* à la précédente ; [**Je n'oublierai jamais l'odeur de l'herbe et des feuillages dans le petit matin, la fraîcheur crispée de l'air, et la sensation des cailloux roulant sous mes sandales**] : proposition principale ; [**tandis que nous courions dans la descente**] : proposition subordonnée conjonctive introduite par la conjonction de subordination *tandis que*, complément circonstanciel de temps du verbe *oublier* ; [**Nous découvrions bientôt, à quelques mètres de nous, en contrebas, une espèce de lac de brume irréel, à peine touché toujours de soleil,**] :

proposition principale ; [que nous abordions,] : proposition subordonnée relative, introduite par le pronom relatif *que*, complément de l'antécédent *lac* ; [**dans lequel nous nous enfoncions**] proposition subordonnée relative introduite par le pronom relatif *lequel*, complément de l'antécédent *lac* ; [**Il n'était pas si épais**] : proposition principale ; [**qu'il le paraissait,**] : proposition subordonnée conjonctive introduite par la conjonction de subordination *qu'*, complément circonstanciel de comparaison du verbe *être* ; [**il se dissipait**] : proposition principale ; [**à mesure que nous allions**] : proposition subordonnée conjonctive introduite par la conjonction de subordination *à mesure que*, complément circonstanciel de temps de verbe *se dissiper* ; [**mais il se refermait derrière nous**] : proposition indépendante ; [**et si nous nous retournions**] : proposition subordonnée conjonctive introduite par la conjonction de subordination *si*, complément circonstanciel de condition du verbe *avoir* ; [**nous avions l'illusion de nous trouver enfermés, sans espoir de retraite, ce**] : proposition principale ; [qui nous procurait de délicieux frissons] : proposition subordonnée relative introduite par le pronom relatif *qui*, complément de l'antécédent *ce*.

Corrigé n°6

Analyse grammaticale : **gares** : nom commun féminin pluriel, complément circonstanciel de lieu du verbe *se demander* ; **dont** : pronom relatif, ayant comme antécédent *gares* complément du nom *nom* ; **aurait pu** : verbe pouvoir, 3e groupe, 3e personne du singulier, conditionnel passé 1re forme, voix active ; **rien** : pronom indéfini, invariable, cod du verbe *voir* ; **qui** : pronom relatif, ayant comme antécédent *chariot*, sujet du verbe *pousser* ; **s'était assoupi** : verbe s'assoupir, 2e groupe, 3e personne du singulier, plus-que-parfait de l'indicatif, voix pronominale ; **moment** : nom commun, masculin singulier, complément circonstanciel de temps du verbe *s'assoupir* ; **entièrement** : adverbe de manière, invariable, modifie le verbe *perdre*.

Analyse logique : [**Tout à coup, entre deux petites gares, Maigret se demanda**] : proposition principale ; [**dont il n'aurait pas pu dire le nom**] : proposition subordonnée relative introduite par le pronom relatif *dont*, complément de l'antécédent *gares ;* [**dont il ne vit presque rien dans l'obscurité, sinon des lignes de pluie devant une grosse lampe et des silhouettes**] : proposition subordonnée relative introduite par le pronom relatif *dont*, complément de l'antécédent *gares* ; [**qui poussaient des chariots**] : proposition subordonnée relative introduite par le pronom relatif *qui*, complément de l'antécédent *silhouette* ; [**ce qu'il faisait là**] : proposition subordonnée interrogative indirecte introduite par le pronom interrogatif *ce que*, cod du verbe *se demander* ; [**Peut-être s'était assoupi un moment dans le compartiment surchauffé]** : proposition indépendante ; [**Il ne devait pas avoir perdu entièrement conscience**] : proposition indépendante ; [**car il savait**] : proposition principale ; [**qu'il était dans un train]** : proposition subordonnée conjonctive complétive introduite par la conjonction de subordination *qu'*, cod du verbe *savoir.*

Les prépositions sont *entre, devant, à, dans.*

La conjonction de coordination est *car.*

Corrigé n°7

Analyse grammaticale : **nous** : pronom personnel, 1re du pluriel, complément d'attribution du verbe *tendre* ; **avait tendu** : verbe tendre 3e groupe, 3e personne du singulier, plus-que-parfait de l'indicatif, voix active ; **marquise** : nom commun, féminin singulier, complément circonstanciel d'accompagnement du verbe *causer* ; **doux** : adjectif qualificatif, masculin pluriel, épithète du nom *regards* ; **ma** : adjectif possessif, féminin singulier, détermine le nom *grand-mère* ; **moi** : pronom personnel, 1re personne du singulier, complément circonstanciel de lieu du verbe *poser* ; **baiser** : nom commun, masculin singulier, complément du nom *embryon* ; **au** : article défini contracté, masculin singulier, détermine le nom *sourire* ; **celui-ci** : pronom démonstratif, masculin singulier, sujet du verbe *s'adresser* ; **bébé** : nom commun, masculin singulier, coi du verbe *s'adresser* ; **la nôtre** : pronom possessif, féminin singulier, complément de l'adjectif qualificatif *supérieure* ; **sans doute :** adverbe de doute, invariable, modifie le verbe *calculer* ; **telle** : adjectif indéfini, féminin singulier, détermine le nom *bonté* ; **vis** : verbe voir, 3e groupe, 1re personne du singulier, passé simple de l'indicatif, voix active ; **où** : pronom relatif, ayant comme antécédent *moment*, complément circonstanciel de temps du verbe *flatter* ; **main** : nom commun, féminin singulier, complément circonstanciel du moyen du verbe *flatter* ; **deux** : adjectif numéral cardinal, détermine le nom *bêtes ;* **eussent passé** : verbe passer, 1er groupe, 3e personne du pluriel, conditionnel passé 2e forme (auraient passé), voix active ; **un** : article indéfini, masculin singulier, détermine le nom *grillage* ;

Analyse logique : [La **princesse de Luxembourg nous avait tendu la main**] : proposition indépendante ; [**et, de temps en temps, tout en causant avec la marquise, elle se détournait pour poser de doux regards sur ma grand-mère et sur moi, avec cet embryon de baiser**] : proposition principale ; [**qu'on ajoute au sourire**] : proposition subordonnée relative, introduite par le pronom relatif *que*, complément de l'antécédent *embryon de baiser* ; [**quand celui-ci s'adresse à un bébé avec sa nounou**] : proposition subordonnée conjonctive introduite par la conjonction de subordination *quand*, complément circonstanciel de temps du verbe *ajouter* ; [**même, dans son désir de ne pas vouloir siéger dans une sphère supérieure à la nôtre, elle avait sans doute mal calculé la distance**] : proposition indépendante ; [**car par une erreur de réglage, ses regards s'imprégnèrent d'une telle bonté**] **:** proposition principale ; [**que je vis approcher le moment**] **:** proposition subordonnée conjonctive, introduite par la conjonction de subordination *que*, complément circonstanciel de conséquence du verbe *s'imprégner* ; [**où elle nous flatterait de la main comme deux bêtes sympathiques**] **:** proposition subordonnée relative, introduite par le pronom relatif *où*, complément de l'antécédent *moment* ; [**qui eussent passé la tête vers elle à travers un grillage, au Jardin d'Acclimatation**.] : proposition subordonnée relative introduite par le pronom relatif *qui*, complément de l'antécédent *bêtes*.

Les prépositions sont *en, avec, pour, de, dans, sur, à, sans, vers, à travers.*

Les conjonctions de coordination sont *et, car.*

Les conjonctions de subordination sont *quand, que.*

Corrigé n°8

• Notre monde ne pense qu'à reproduire (dans une phrase à la forme négative, l'adverbe de négation est composé de deux éléments).

• Je me rappelle très bien mes années de jeunesse (*se rappeler* est un verbe transitif direct).

• Je vous saurai gré de me répondre rapidement (savoir gré).

• Nous n'étions que trois à cette réunion (*ne...que* indique une restriction, il est donc inutile d'ajouter *seulement,* c'est un pléonasme*).*

• Cette nouvelle se révèle fausse (s'avérer signifie être vrai).

• Il a des soucis pécuniaires.

• Tout à coup, on entendit une détonation.

• Il me rebat les oreilles avec ses histoire.

• Il a une triste réputation (*jouir* signifie *tirer un bénéfice de quelque chose* : on jouit d'une bonne réputation).

• Je l'ai lu dans le journal (on lit dans un journal, dans un livre, mais on lit sur une affiche).

• Il pallie cet inconvénient (pallier est un verbe transitif direct).

• Au cirque, les enfants ont applaudi une espèce de clown.

4 Sujets de concours corrigés et commentés

I. Sujets

Sujet n°1

Concours commun d'adjoint administratif de chancellerie au ministère des affaires étrangères, d'adjoint administratif d'administration centrale au ministère de l'économie et des finances et à l'institut national des la statistique et des études économiques, 1997

I. Vocabulaire

1 *Qui perçoit :*
- des gages ?
- une solde ?
- des honoraires ?
- une rétribution ?

2 *Quel est le sens du préfixe déci et du préfixe déca ?*
Donnez deux mots (un pour chaque préfixe) qui les comportent et précisez-en le sens.

3 *Les mots suivants sont-ils masculins ou féminins ?*
- oasis
- éloge
- soldes
- prémices

II. Orthographe

Recopiez intégralement le texte ci-dessous en corrigeant les dix fautes d'orthographe.

« Sans bien connaitre, le citoyen moyen constate que les nouvelles technologies sont en train de tout bouleverser : l'espace et le temps, l'environnement et les modes de vie. Même le cerveau de l'homme se trouve modifier par un tel chembardement.

La première angoisse exprimée se résume d'une phrase : « Et si demain la machine me remplacait ? ». Elle ne vous remplacera pas, assurent les spécialistes. Elle vous libérera de taches fatigantes, répétitives, déshumanisantes... On ne les croit qu'à moitié, les yeux fixés sur les courbes du chômage et sur ses millions d'employés qui mânient des touches à longueur de journée, libérés par la technique ou diminués par elle ?

Deuxième inquiétude : les technologies nouvelles vont faire éclater les entreprises, diminuer les relations sociales et isoler d'avantage les citoyens. Dans une société déjà malade d'individualisme, ne vont-elles pas accentuer un replis frileux sur soi ? Le travail électronique à domicile est très critiqué, même si certains le considèrent comme un moyen interressant de favoriser la vie de famille ». (Robert Solé, *Le Monde*, mars 1984)

III. Grammaire

1 *Ajoutez les terminaisons des participes passés dans les phrases suivantes.*

- Les spectateurs sont sort.... lentement, encore ém.... par la musique qu'ils avaient entend....
- Ces histoires, je les ai entend.... raconter mille fois déjà.
- Ils se sont souhait.... bonne chance.
- Elles se sont succéd....

2 *Complétez les phrases ci-dessous en choisissant le bon mot.*

- Ces ouvriers ont fait un travail (excellant / excellent).
- Ses activités sportives la (fatiguant / fatigant) trop, elle devra les réduire.

3 *Conjuguez les verbes paresser et paraître à l'indicatif présent et à l'indicatif imparfait*

Sujet n° 2

Concours externe d'agent administratif de la préfecture de police, 2001

Donnez la bonne orthographe des mots suivants :

1	❐ charriot	❐ chariot	❐ chario	❐ charriod
2	❐ emphithéâtre	❐ amfithéâtre	❐ amphithéâtre	❐ amphitéâtre
3	❐ concourir	❐ concourrir	❐ conccourir	❐ concourire
4	❐ colonade	❐ collonade	❐ colonnade	❐ colaunade
5	❐ ceindre	❐ sceindre	❐ sindre	❐ scindre
6	❐ vermiceau	❐ vermisseau	❐ vermiseau	❐ vermissot
7	❐ persiffler	❐ pairsiffler	❐ persîfler	❐ persifler
8	❐ rationalité	❐ rationnalité	❐ racionalité	❐ racionnalité
9	❐ enrubanner	❐ enrhubanner	❐ enrhubaner	❐ enrubaner

10 ❒ deshonnorer ❒ déshonorer ❒ desonorer ❒ déshonnorer

11 ❒ infemmant ❒ infament ❒ infammant ❒ infamant

12 ❒ donnation ❒ donasion ❒ donation ❒ donacion

13 ❒ égoutier ❒ égouttier ❒ égoutié ❒ égoûtier

14 ❒ éperonner ❒ épeuroner ❒ peroner ❒ autre réponse

15 ❒ intercallaire ❒ intercalaire ❒ intercalère ❒ intercallère

16 *Qu'est-ce qu'une décade ?*
❒ une période de dix ans ❒ une période de dix jours
❒ une période de cent ans ❒ une période des trente jours

17 *Qu'est-ce qu'un dithyrambe ?*
❒ un écrit satirique ❒ une farce burlesque
❒ un éloge exagéré ❒ un discours médiocre

Quels sont les intrus dans les séries suivantes ?

18 ❒ machiavélique ❒ sans scrupule ❒ probe ❒ perfide

19 ❒ châtaigneraie ❒ potager ❒ peupleraie ❒ hêtraie

20 ❒ hétéroclite ❒ disparate ❒ bizarre ❒ uni

21 ❒ concomitant ❒ différer ❒ simultané ❒ dans le même temps

22 *Quel est le synonyme de* incommensurable ?
❒ inconciliable ❒ innombrable ❒ incomplet ❒ incommode

23 *Quel est le synonyme de* comminatoire ?
❒ dirigiste ❒ discourtois ❒ menaçant ❒ grinçant

24 *Quel est le verbe qui n'est pas conjugué à l'un des temps du mode conditionnel ?*
❒ Il aurait cueilli ❒ Tu cueilleras
❒ Tu eusses cueilli ❒ Je cueillerais

25 *Quel verbe conjugué à l'impératif n'est pas correctement écrit ?*
❒ ouvre cette porte ❒ courons dans les bois
❒ remue-toi ❒ profites de ta liberté

26 *Relevez le verbe erroné conjugué au présent de l'indicatif ?*
❒ tu emploies ❒ je médis ❒ tu tors ❒ tu bous

27 *Au futur simple (1re personne), le verbe acquérir s'écrit :*
❒ nous acquerrerons ❒ nous acquerrons
❒ nous acquèrerons ❒ nous acquerirons

28 *Au présent du conditionnel (1re personne du singulier), le verbe acheter s'écrit :*
❒ j'achèterai ❒ j'achetterais ❒ j'achèterais ❒ j'achetterai

29 *Quelle phrase est correctement écrite ?*
- ❒ Je vous remercis de bien vouloir venir rapidement.
- ❒ Je vous invite à venir rapidement.
- ❒ Vous serai gré de bien vouloir venir rapidement.
- ❒ Je vous sommes de venir rapidement.

30 *Dans la série suivante, indiquez le participe passé correct.*
- ❒ Les arbres que les pies ont pillé ployaient sous le poids des fruits.
- ❒ Les arbres que les pies ont pillées ployaient sous le poids des fruits.
- ❒ Les arbres que les pies ont pillés ployaient sous le poids des fruits.
- ❒ Les arbres que les pies ont piller ployaient sous le poids des fruits.

31 *Dans la série suivante, indiquez le participe passé correct.*
- ❒ Bien des rois se sont succédés sur le trône.
- ❒ Bien des rois ce sont succédés sur le trône.
- ❒ Bien des rois se sont succédé sur le trône.
- ❒ Bien des rois ce sont succédé sur le trône.

Dans chaque série, une phrase est mal orthographiée, laquelle ?

32
- ❒ L'excès de boisson abêtit l'homme.
- ❒ Le dahlia flétri s'incline.
- ❒ Le village embelli par le printemps accueille des touristes.
- ❒ Le jardin rafraîchit par la pluie revit.

33
- ❒ Je serai prêt dans une demi-heure.
- ❒ A quatre heures et demie nous sortirons de l'école.
- ❒ Je t'ai attendu pendant deux heures et demi.
- ❒ J'ai acheté deux pains et demi.

34 *Un seul nom n'est pas du genre masculin.*
❒ un harmonica ❒ un apogée ❒ un obélisque ❒ un écritoire

35 *Un seul nom n'est pas du genre féminin.*
❒ une azalée ❒ une tentacule ❒ une anicroche ❒ une autoroute

36 *Quelle est la fonction du mot en caractères gras dans la phrase :* ***On*** *ne voit pas la mer.*
- ❒ sujet du verbe voir
- ❒ attribut du sujet
- ❒ adjectif qualificatif
- ❒ complément d'objet indirect

37 *Dans quelle phrase le riz a-t-il une fonction sujet ?*
- ❒ Le riz est cuit à point.
- ❒ Il y a du riz au menu.
- ❒ Les élèves ont mangé du riz
- ❒ Souvent, le pain remplace le riz.

38 *Quelle phrase comporte un complément d'objet direct ?*
- ❒ Vous changerez de train.
- ❒ Le champion participera aux jeux olympiques.
- ❒ Elle n'aime pas le champagne.
- ❒ Ils ont veillé à l'application de la loi.

39 *Quelle phrase comporte un pronom démonstratif ?*
❐ Ce sera amusant.
❐ Mon corsage ressemble à cette chemise.
❐ Dans ce jeu, lui seul gagne.
❐ Cette question a déjà été évoquée.

40 *Quel mot ne contient pas de préfixe ?*
❐ monoski ❐ amoral ❐ discipline ❐ désarmer

41 *Quelle est la phrase où le mot en est un pronom personnel ?*
❐ Il est allé en ville.
❐ Avez-vous été chez lui ? Oui en prenant l'autobus.
❐ En lisant, elle se détend.
❐ J'ai réussi et j'en suis fier.

42 *Quelle phrase n'est pas correctement écrite ?*
❐ Toi et moi, nous nous entendons parfaitement
❐ Mes amis et moi, nous avons fait un beau voyage.
❐ Tes voisins et leurs amis, ils ont fait la fête.
❐ Ton frère et toi, vous vous ressemblez.

43 *Au présent (2e personne du pluriel), le verbe médire s'écrit*
❐ vous médisez ❐ vous médites ❐ vous médissez ❐ vous médittes

44 *Dans quelle phrase, un verbe n'est pas écrit correctement ?*
❐ Bien qu'il soit espiègle, cet enfant est respectueux.
❐ Ce matin, il est allé au marché.
❐ Il a téléphoné à ses amis qui, tous sont venus.
❐ Il m'a fait un croche-pied, si bien que j'ai tombé.

45 *Quelle phrase comporte un mot mal orthographié ?*
❐ Arrête de t'agiter, tu es fatiguant.
❐ Les valeurs se sont effondrées, provoquant le ruine de certains financiers.
❐ C'est en convainquant ses électeurs qu'il a été élu.
❐ En adhérant à la mutuelle, je suis plus tranquille.

Sujet n°3

Concours externe d'adjoint administratif du ministère de l'équipement, des transports et du logement et de la direction générale de l'aviation civile, 1999

1 *Soulignez la bonne formulation.*
- Une période de dix années est une *(décennie - décade).*
- Pour départager les équipes, il y eut (un *prolongement - une prolongation)* du match.

- On entend le *(vombrissement - vrombissement)* du moteur.
- C'est *(sa faute - de sa faute),* il n'a pas fait attention.
- Il ne cesse de raconter la même histoire, il me *(rebat- rabat)* les oreilles.
- Il aura les résultats *(d'ici demain - d'ici à demain).*
- Le point de rencontre se situe à (*l'aréoport - l'aéroport*).
- Il est *(contraint - contraint malgré lui)* d'aller travailler.

2 *Conjuguez les verbes au futur simple et au présent de l'indicatif, à la 3e personne du singulier.*

	futur simple	présent de l'indicatif
appeler		
asseoir		
envoyer		
revêtir		

3 *Complétez les phrases suivantes avec pour quoi ou pourquoi.*

- C'est ce (...) il fait tant de mystère.
- Tu pars tôt ? (...) faire ?
- (...) ne vient-il pas ?
- Je ne sais pas (...) il est venu.
- (...) être venu si tard ?

4 *Mettez au féminin les adjectifs suivants.*

- maître : .... ■ tiers : .... ■ vengeur : .... ■ malin : ....
- caduc : .... ■ favori : .... ■ hébreu : .... ■ évocateur : ....

5 *Transformez les phrases à la voix active en phrases à la voix passive et les phrases à la voix passive en phrases à la voix active.*

- Les remords le torturent.
- Avec le temps, on identifierait les coupables.
- Il fut emmené par deux gendarmes.
- L'orateur a rappelé au public certaines règles.

6 *Entourez la bonne réponse.*

- Il faut que vous (payez - payiez) vos dettes.
- Il faut que tu me (crois - croies).
- L'agent parcourt de manière distraite son dossier bien que l'affaire (requiert - requière) une grande attention.
- Il se peut que le directeur (exclut- exclue) cette solution.

7 *Soulignez les 8 fautes d'orthographe dans le texte et écrivez les mots correctement orthographiés dans les cases ci-dessous.*

« La vie moderne tend à nous épargner l'effort intellectuel comme elle fait l'effort physique. Elle remplace par exemple l'imagination par les images, le résonnement par les symboles et les écritures, où par des mécaniques, et souvent pour rien. Elle nous offre toutes les facilités, tous les moyens cours d'arriver au but sans avoir fait le chemin... La nécessité de l'effort physique ayant été amoindri par les machines, l'atlétisme est venu très heureusement sauvé et même exhalter l'être musculaire. II faudrait peut-être songer à la futilité de faire pour l'esprit ce qui a été fait pour le corps. Je n'ose vous dire que tout ce qui ne demande aucun effort n'est pas temps perdu. Mais il y a quelque atomes de vrai dans cette formule atroce ». (Paul Valéry, *Regards sur le monde actuel*).

8 *Placez les verbes suivants après les définitions qui lui correspondent : apostropher, maugréer, susurrer, récriminer.*

- Chuchoter doucement : ....
- S'adresser à quelqu'un avec brusquerie : ....
- Manifester son mécontentement en parlant entre les dents : ....
- Répondre par des accusations aux accusations : ....

9 *Conjuguez et accordez les verbes aux temps indiqués.*

- Il se *trouver* (futur simple) encore des gens pour douter : ....
- II *arriver* (plus-que-parfait) de grands changements à l'Est : ....
- Ces 20 % du bénéfice *se répartir* (futur simple) de la façon suivante : ....
- Le défaut d'éducation *se révéler* (présent) par l'oubli des convenances : ....
- II paraît que dimanche dernier 10 % de la population *assister* (imparfait) à la messe : ....

10 *Placez correctement les mots suivants : abnégation, prosaïque, commisération, misanthrope.*

- Coluche eût-il créé les restaurants du cœur sans un sentiment de : ....
- C'était un homme au caractère sombre, fuyant la société, c'était un : ....
- Faire un sacrifice volontaire de soi-même, de son intérêt, c'est un acte : ....
- Il manquait d'élégance ; de distinction, c'était un esprit terriblement : ....

Sujet n°4

Concours externe d'adjoint administratif de la police nationale, 1998

1 *Quelle est la bonne orthographe ?*

❒ ministérielle	❒ ministérielle
❒ occurence	❒ occurrence
❒ ennorgueillir	❒ enorgueilli
❒ hamac	❒ hamaque
❒ intrinsèque	❒ intrinsèc
❒ néammoins	❒ néanmoins
❒ suréaliste	❒ surréaliste
❒ surrimpression	❒ surimpression

2 *Complétez les phrases par la, là ou l'a.*
- Cette place (...), est très ensoleillée.
- Retrouvez (...) rue où elle... reconnu.
- (...) terre est plus rouge qu'ailleurs.
- Elle (...) accompagnée pour (...) rassurer.
- Je (...) tiens avec force.

3 *Donnez le genre grammatical de noms suivants :*
- armistice : .... ▪ épithète : .... ▪ en-tête : .... ▪ tentacule : ....
- équinoxe : .... ▪ planisphère : .... ▪ octave : .... ▪ alvéole : ....
- éphéméride : ....

4 *Écrivez au pluriel les noms composés suivants :*
- pare-brise : ..pare-brise ▪ ex-voto : ..des ex-voto
- coffre-fort : ..des coffres-forts ▪ trachée-artère : des trachées-artères
- en-tête : ..des en-têtes ▪ tire-bouchon : ..des tire-bouchons
- garde-boue : ..des garde-boue ▪ tire-laine : ..des tire-laine

5 *Construisez les phrases suivantes à la forme passive :*
- Les intempéries avaient usé la vieille fenêtre.
- Les directeurs analyseront la situation.

6 *Accordez, si nécessaire, les participes passés en caractères gras :*
- Il regrette les affaires qu'il a **laissé** (...) inachevées, et celles qu'il a **laissé** (...) péricliter.
- Il nous a tous **choqué** (...) par son culot.
- Ces livres nous ont **plu** (...), nous les relirons avec plaisir.

7 *Faut-il écrire -é ou -ée ?*
- honnêtet(...) ▪ loyaut(...) ▪ pellet(...) ▪ sécurit(...)

8 *Corrigez les phrases suivantes en employant le terme qui convient.*
- J'ai *épuré* (...) mon compte bancaire.
- Les étrangers ont *immigré* (...) *en* France pour des raisons politiques.

- Il faut, pour bien *résonner* (...), *partir* d'hypothèses *censées* (...).
- Les textes romantiques sont *emprunts* (...) *de* mélancolie.
- Un vol par *infraction* (...) *a* été commis.
- Le parlement s'est réuni au cours d'une *cession* (...) extraordinaire.
- Sa conduite aujourd'hui nous *inflige* (...).
- Ils ont eu *à faire* (...) non pas au directeur mais à sa secrétaire.
- La photo *invoque* (...) les souvenirs.

9 *Définissez le mot moratoire : ....*

10 *Faut-il écrire : ceux, se, ce, s' ou c' ?*

- Les enfants (...) sont habillés rapidement.
- (...) qui mentent seront punis.
- (...) sont des choses qui arrivent.
- (...) est vous qui avez téléphoné.
- Il (...) agit de faire vite.

11 *Formez un adjectif avec les mots suivants :*

- honneur : ....
- adversité : ....
- rigueur : ....
- qualité : ....

12 *Accordez l'adjectif qualificatif au féminin :*

- caduc : ....
- vieux : ....
- mou : ....
- bénin : ....
- tiers : ....
- frais : ....

13 *Quelle est la bonne expression ?*

❒ tout à l'heure	❒ toute à l'heure
❒ à travers champs	❒ à travers les champs
❒ aller de paire	❒ aller de pair
❒ médire de votre ennemi	❒ médire sur votre ennemi
❒ chercher après ses lunettes	❒ chercher ses lunettes
❒ consentir des modifications	❒ consentir à des modifications

14 *Faut-il écrire quand, quant ou qu'en ?*

- (...) je vis qu'au-dehors il pleuvait, je pris mon parapluie.
- (...) à votre plan, nous allons y réfléchir.
- (...) concluez-vous ?
- J'ignore (...) le soleil reviendra.

15 *Remplacez les points par qu'elle(s), quelque(s), quel(le)(s) que.*

- (...) soient les résultats de l'équipe, nous n'oublierons pas son précédent échec.
- Mais qu'est-ce (...) attend pour venir ouvrir ?
- Veillez à ce (...) n'attendent pas trop longtemps.
- (...) puissent être ses paroles, personne ne le contredira.
- Je l'achète (...) en soient le prix et la couleur.
- Il a cinquante ans et (...).

16 *Soulignez la bonne orthographe en fonction de la définition donnée.*
- chanter faux : détonner ou détoner
- le savoir, l'expérience : l'acquit ou l'acquis
- un lieu de retraite : repère ou repaire

17 *Dans chaque ligne se trouve un intrus : entourez-le.*
- Calmer, apaiser, exaspérer, adoucir, atténuer ;
- Brave, timoré, peureux, craintif, pleutre ;
- Collaborateur, chef, adjoint, assistant, subordonné ;
- Mystère, énigme, secret, obscurité, intrigue, connaissance.

18 *Donnez un synonyme des mots suivants :*
- morigéner : ....
- prétention : ....

19 *Donnez un antonyme des mots suivants*
- crépuscule : ....
- valétudinaire : ....

20 *Donnez la définition des mots suivants :*
- incoercible : ....
- dubitatif : ....
- civilités : ....
- leurre : ....

21 *À partir des mots suivants, formez un nom qui se termine par âge :*
- truquer : ....
- plastiquer : ....
- marquer : ....
- braquer : ....

22 *Formez une courte phrase avec les mots suivants :*
- adjacent : ....
- indigo : ....

23 *Donnez le participe présent et le participe passé des verbes suivants :*
- apercevoir : ....
- résoudre : ....
- acquérir : ....
- savoir : ....

24 *Dans la phrase suivante, mettez les verbes entre parenthèses à l'imparfait ou au passé simple.*
Parmi les passants qui se (hâter) (...), il (apercevoir) (...) un homme en train de courir, et reconnaître (...) la personne à laquelle il (venir) (...) d'envoyer une sommation.

25 *Dans les phrases suivantes, mettez les verbes entre parenthèses au plus-que-parfait de l'indicatif.*
- Ils (repérer) (...) les issues avant le hold-up.
- C'était un détail qui (retenir) (...) mon attention.

26 *Dans la phrase suivante, mettez les verbes entre parenthèses au passé composé.*
- Elle (travailler) (...) jusqu'à cinq heures puis elle (aller) (...) au cinéma.
- La villa qu'ils (louer) (...) est au bord de la mer.

27 *Formez les adverbes à partir des mots suivants :*
- différent : ....
- excessif : ....
- bruyant : ....
- hardi : ....

28 *Écrivez correctement les expressions suivantes :*
- Agoniser quelqu'un d'injures :
- Je me suis en allé :
- Hésiter entre deux alternatives :
- L'information s'est avérée fausse :
- Vous n'êtes pas sans ignorer :
- Cette affaire ressort de la compétence de l' État :
- Il s'en est suivi un grand émoi :
- Je vous serais gré de bien vouloir :

29 *Donnez le sens des mots suivants :*
- ascèse : ....
- dilatoire : ....
- étymologie : ....
- euphémisme : ....
- altruisme : ....
- coercition : ....

30 *Entourez les fautes d'orthographe dans le texte suivant :*
« Après avoir marcher quelque temps dans le sable avec tous le courage d'un forças qui s'évade, le soldat fut forcer de s'arrêté, le jour finnissait. Malgré la beauté du ciel pendant les nuits en Orient, il ne se sentit pas la force de continuer son chemin. Il avait heureseument pu gagné une éminance sur le haut de laquelle s'élançaient quelques palmiers, dont les fueillages aperçues depuis longtemps avaient réveiller dans son cœur les plus douces espérances. » (Honoré de Balzac, *Une Passion dans le désert*)

Sujet n°5

Concours externe pour l'emploi d'agent de constatation ou d'assiette des impôts, 2000

1 *Quel est le nombre de participes passés mal orthographiés dans le texte suivant ?*
« Alors les nuages avaient obliqué vers le nord. Mais le vent qui les avait poussé des mers de l'ouest jusque-là les talonnait toujours. Pressés de derrière et serrés dans cette tenaille, lardés d'éclairs, ils avaient fini par s'accrocher aux vignes du Beaujolais ». (Bernard Clavel, *Le Seigneur du fleuve)*

❒ zéro ❒ un ❒ deux ❒ trois

2 *Dans ce texte, quel est le participe passé mal orthographié ?*
« L'actualité a mis les organismes génétiquement modifiés sous les feux de la rampe et la passion s'est emparée des esprits. L'exploitation de telles découvertes, sans qu'en soient maîtrisé toutes les conséquences, est inadmissible. Ainsi à ce jour, seules des variétés considérées par les experts les plus compétents comme ne comportant pas

de risque, ont reçu une autorisation de mise sur le marché. Jamais l'humanité n'a été confrontée aussi fortement à son devenir. »

❒ emparée ❒ maîtrisé ❒ reçu ❒ confrontée

3 *Parmi les affirmations suivantes, trois sont exactes et une seule est inexacte. Laquelle est inexacte ?*

❒ *Nul* peut être un pronom indéfini.
❒ *Lequel* peut être un pronom interrogatif.
❒ *Mon* peut être un pronom possessif.
❒ *Celui* peut être un pronom démonstratif.

4 *Quelle est la phrase mal orthographiée ?*

❒ Elle s'est offert une voiture. ❒ Je lui ai offert une voiture.
❒ La voiture que je lui ai offert. ❒ La voiture qu'elle s'est offerte.

5 *L'imparfait exprime une action qui n'est pas limitée dans le temps. Le passé simple exprime une action qui est limitée dans le temps. Parmi les propositions suivantes, laquelle est incorrecte ?*

❒ Il faisait nuit lorsque nous nous levâmes.
❒ Il renonçait à sortir, car il neigea.
❒ À minuit, il se leva et se précipita dans le couloir.
❒ À ce moment-là, j'ouvris la fenêtre et me penchai au-dehors.

6 *Les listes suivantes sont en principe constituées d'adjectifs ayant la même forme au masculin et au féminin. Laquelle de ces listes contient une exception à cette règle ?*

❒ sale, mâle, hydrocéphale, étale, ovale
❒ habile, débile, tranquille, juvénile, hostile
❒ préparatoire, aléatoire, méritoire, vexatoire, giratoire
❒ magnifique, héroïque, publique, prophétique, véridique

7 *Complétez la phrase suivante :*

« Le bruit sourd des sabots grossit, s'amplifia. Telle une horde immense qui remplissait tout l'horizon, des milliers de cavaliers s'étaient élancés et se précipitaient vers la petite position que nous tenions. Pour faire face à la marée humaine qui allait nous submerger, nous n'étions que (...), sans (...) les femmes et les enfants. Nous avions peur. »

❒ deux cent / compter ❒ deux cent / compté
❒ deux cents / compter ❒ deux cents / compté

8 *Dans laquelle des phrases ci-dessous le passé simple est-il employé ?*

❒ Nous avons repris notre poste après plusieurs semaines d'absence.
❒ J'eus grand-peine à dissuader mes amies.
❒ Quand il eut fini son dossier, il était l'heure de déjeuner.
❒ Il se tenait tranquille depuis peu.

9 *Par laquelle des propositions ci-après, faut-il compléter la phrase suivante pour respecter la concordance des temps ?*

J'attendrai qu'ils (...) de consulter cet ouvrage pour le remettre dans la bibliothèque

❒ finiront ❒ eussent fini ❒ finiraient ❒ aient fini.

10 *Le mot autre vient du latin alter. Parmi les mots suivants, lequel n'est pas de la famille de autre ?*

❒ altruisme ❒ altier ❒ alternance ❒ altérer

11

« Quand j'ai commencé ce travail, les maires de France cherchaient une personnalité pour incarner ce symbole de la République. Le mannequin Laetitia Casta fut élu, provoquant la grogne de maires. Les Marianne de Khattari sont justement en marge, se débattant contre les difficultés financières et domestiques. Une Capverdienne élève seule ses six enfants ; une Africaine, sans papiers, a dû abandonner son fils à la seconde femme du père. Sous chaque photo est écrit le nom de la personne, sa date de naissance et cinq dates qui ont compté dans sa vie, justifiées en quelques mots. » (*Le Monde*, décembre 1999)

Parmi les propositions ci-dessous, quel est le titre qui correspond le mieux à cet extrait d'article de Michel Guerrin concernant la photographe marocaine Majida Khattari ? Il s'agit des Marianne :

❒ légendaires ❒ adulées ❒ atypiques ❒ rebelles

12 *De même qu'en littérature le verbe occulter peut avantageusement remplacer le verbe cacher, de la même façon rasséréner est synonyme de :*

❒ rassembler ❒ réprimander ❒ rassurer ❒ réclamer

13 *Dans laquelle de ces phrases remplaceriez-vous les points de suspension par ait ?*

❒ Sa promotion n'(...) guère étonnante.
❒ Ce directeur (...) à la fois persuasif et déterminé.
❒ Il faut que ces qualités (...) été bien mises à l'épreuve dans le passé.
❒ Pour qu'il (...) aujourd'hui ce poste à responsabilité.

14 *La partie ajoutée à la fin d'un livre et qui contient des notes, notices, documents ou remarques constitue :*

❒ un sommaire ❒ une légende ❒ un appendice ❒ un lexique

15 *Dans laquelle de ces phrases remplaceriez-vous les points de suspension par quant ?*

❒ (...) serez-vous dans votre bureau ?
❒ Je vous le confierai (...) il sera terminé.
❒ (...) à cette idée, je la trouve originale.
❒ (...) il arrivera, prévenez-moi.

16 *Parmi les propositions suivantes, quelle succession de phrases, extraites de Germinal d'Émile Zola, correspond à l'enchaînement logique de l'action ?*

a. D'autres, plus jeunes, avec des gorges gonflées de guerrières, brandissaient des bâtons ; tandis que les vieilles, affreuses, hurlaient si fort, que les cordes de leurs cous décharnés semblaient se rompre.

b. Quelques-unes tenaient leur petit entre les bras, le soulevaient, l'agitaient, ainsi qu'un drapeau de deuil et de vengeance.

c. Les femmes avaient paru, près d'un millier de femmes, aux cheveux épars dépeignés par la course, aux guenilles montrant la peau nue, des nudités de femelles lasses d'enfanter des meurt-de-faim.

d. Et les hommes déboulèrent ensuite, deux mille furieux, des galibots, des haveurs, des raccommodeurs, une masse compacte qui roulait d'un seul bloc, serrée, confondue, au point que l'on ne distinguait ni les culottes déteintes, ni les tricots de laine en loques, effacés dans la même uniformité terreuse.

❒ a-d-c-b ❒ b-a-d-c ❒ c-b-a-d ❒ c-d-b-a

Sujet n°6

Concours externe d'agent de recouvrement du trésor, 1999

1 *Quel est le mot mal orthographié ?*

❒ annexion ❒ affliction ❒ réflection ❒ infection

2 *Complétez la phrase suivante :*
« Ils étaient (...) sans (...) les enfants ».

❒ deux mille / compté ❒ deux mille / compter
❒ deux mille / comptés ❒ deux milles / compté

3 *Quel est le mot mal orthographié ?*

❒ occurence ❒ déshonorer ❒ concomitant ❒ abhorrer

4 *Quelle est la phrase correctement orthographiée ?*

❒ Il y a quelque deux cents ans. ❒ Il y a quelque deux cent ans.
❒ Il y a quelques deux cents ans. ❒ Il y a quelques deux cent ans.

5 *Complétez correctement la phrase suivante :*
« (...) soient ses résultats, il aura appris (...) chose ».

❒ quels que - quelle que ❒ quelques - quelque
❒ quels que - quelque ❒ quelque - quelle que

6 *Quel est le nombre correctement orthographié ?*

❒ deux milles trois cents quatre-vingts euros
❒ deux milles trois cents quatre-vingt euros
❒ deux mille trois cent quatre-vingts euros
❒ deux mille trois cent quatre-vingt euros

7 *Complétez correctement la phrase suivante :*
« Les notes que j'ai (...) étaient ardues »
❒ du rédiger ❒ dû rédiger ❒ dû rédigées ❒ du rédigé

8 *Complétez correctement la phrase suivante :*
« Ils se sont (...) les mains après s'être (...) ».
❒ lavé - ravitaillé ❒ lavés - ravitaillé
❒ lavé- ravitaillés ❒ lavés - ravitaillés

9 *Complétez correctement la phrase suivante :*
« Quoique j'en (...) envie, je (...) de choisir la couleur (...) ».
❒ aie - m' abstiends - bleue de nuit
❒ ai - m'abstiens - bleue de nuit
❒ ai - m'abstiens - bleu de nuit
❒ aie - m'abstiens - bleu de nuit

10 *Quel est le verbe mal orthographié à la 1re personne du singulier du futur simple de l'indicatif ?*
❒ j'apprécierai ❒ je jèterai ❒ je paierai ❒ je modèlerai

11 *Complétez correctement la phrase suivante : « Si je le (...) je (...) ».*
❒ verrais - attraperai ❒ verrais - attraperais
❒ voyais - attraperai ❒ voyais - attraperais

12 *Quelle est la conjugaison correcte du verbe résoudre à la première personne du pluriel de l'imparfait de l'indicatif ?*
❒ nous résoudrions ❒ nous résoudrons
❒ nous résolvions ❒ nous résolvons

13 *Quelle est la phrase correctement orthographiée ?*
❒ Finis ton travail, rends-toi à la réunion et recueilles quelques informations
❒ Finis ton travail, rends-toi à la réunion et recueille quelques informations
❒ Fini ton travail, rend-toi à la réunion et recueille quelques informations
❒ Finis ton travail, rend-toi à la réunion et recueilles quelques informations

14 *Quel est le pluriel du mot porte-fenêtre ?*
❒ des porte-fenêtres ❒ des portes-fenêtre
❒ des portes-fenêtres ❒ des porte-fenêtre

Sujet n°7

Concours externe d'adjoint administratif de la préfecture de police, 1999

I. Vocabulaire

Que signifient les expressions ou les mots suivants ?

1 *Dire un non-voyant pour un aveugle ; la disparition pour la mort, c'est utiliser :*
- ❐ la litote
- ❐ l'euphémisme
- ❐ l'hyperbole
- ❐ autre réponse

2 *Que signifie l'expression dès potron-minet ?*
- ❐ au point du jour
- ❐ à midi
- ❐ à minuit
- ❐ autre réponse

3 *Que signifie l'expression l'alpha et l'oméga ?*
- ❐ le contenu intégral
- ❐ au point du jour
- ❐ la dérive de l'être
- ❐ autre réponse

4 *boire un verre est :*
- ❐ une métonymie
- ❐ une périphrase
- ❐ une répétition
- ❐ autre réponse

5 *ainsi dit le renard, et flatteurs d'applaudir est :*
- ❐ une inversion
- ❐ une ellipse
- ❐ une antithèse
- ❐ autre réponse

6 *renvoyer aux calendes grecques signifie :*
- ❐ ajourner à jamais
- ❐ reporter à l'année prochaine
- ❐ reporter au mois suivant
- ❐ autre réponse

7 *d'une femme il me souvient est :*
- ❐ un pléonasme
- ❐ une antithèse
- ❐ une inversion
- ❐ autre réponse

8 *la quadrature du cercle représente un problème :*
- ❐ résolu
- ❐ inexistant
- ❐ impossible à résoudre
- ❐ autre réponse

9 *alias signifie :*
- ❐ un autre moi-même
- ❐ carte géographique
- ❐ autrement appelé
- ❐ autre réponse

10 *sine die signifie :*
- ❐ sans fixer de date
- ❐ au revoir
- ❐ au sens strict
- ❐ autre réponse

11 *moue signifie :*
❐ peu ❐ grimace ❐ poumon ❐ faible

12 *inconséquent signifie :*
❐ sans incidence ❐ important ❐ agit à la légère ❐ utile

13 *acuité signifie :*
❐ vif ❐ intensité ❐ profond ❐ léger

14 *sesterce signifie :*
❐ monnaie ❐ sectaire ❐ lumière ❐ étranger

15 *hélicon signifie :*
❐ machine outil ❐ instrument de musique
❐ avion ❐ bateau

16 *muid signifie :*
❐ nid ❐ mesure ❐ farine ❐ animal

17 *virtuel signifie :*
❐ qui est imaginaire ❐ qui est talentueux
❐ qui est recherché ❐ qui n'est pas réalisé

18 *irrévocabilité signifie :*
❐ qui est définitif ❐ qui est dit
❐ qui peut être modifié ❐ qui est déplacé

19 *ire signifie*
❐ musique ❐ instrument de mesure
❐ colère ❐ chant

20 *moult signifie :*
❐ peu ❐ tendre ❐ très ❐ dure

Trouvez les bons pluriels des mots suivants :

21 ❐ les arcs-en-ciels ❐ les arc-en-ciel
❐ les arcs-en-ciel ❐ les arcs-en-cieux

22 ❐ les garde-boue ❐ les gardes-boue
❐ les gardes-boues ❐ les garde-boues

23 ❐ les sapeurs-pompiers ❐ les sapeur-pompiers
❐ les sapeur-pompiers ❐ les sapeur-pompier

24 ❐ les abats-jour ❐ les abat-jours
❐ les abat-jour ❐ les abats-jours

25 ❐ les quatres cents coups ❐ les quatre cents coups
❐ les quatre cents coups ❐ les quatres cent coups

Trouvez la bonne orthographe des mots suivants :

26 ❐ la cacophonie ❐ la caquofonie
❐ la cacofonie ❐ la cacophonnie

27 ❐ des alégories ❐ des alégoris
❐ des allégories ❐ des allégoris

28 ❐ les ambrions ❐ les enbrions
❐ les embryons ❐ les embrions

29 ❐ un concurent ❐ un concurrent
❐ un conccurrent ❐ un concurant

30 ❐ des coffres-forts ❐ des tirent-bouchons
❐ des chef-d'œuvres ❐ les laissez-passez

31 ❐ diatribe ❐ dhiatribe
❐ diathribe ❐ diathrib

32 ❐ dithyrambique ❐ dhitirambique
❐ ditirambyque ❐ dithirambic

33 *glabre signifie :*
❐ peureux ❐ rieur ❐ rusé ❐ sans poil

34 *Dans le mot synonyme, le substantif syn est :*
❐ un préfixe ❐ un avant propos
❐ un suffixe ❐ aucune réponse ne convient

35 *syn signifie :*
❐ avec ❐ contre ❐ pour ❐ dedans

36 *apocryphe signifie :*
❐ verbeux ❐ désordonné ❐ pompeux ❐ douteux

37 *Quel est le verbe correctement écrit ?*
❐ interjetter ❐ faloir ❐ gésir ❐ gir

38 *Parmi ces mots, quel est l'intrus ?*
❐ festin ❐ festival ❐ fête ❐ feta

39 *Quelle est l'orthographe correcte ?*
❐ passes-boule ❐ passes-boules
❐ passe-boules ❐ passent-boules

40 *Que signifie : tant va la cruche à l'eau ?*
❐ qu'elle déborde ❐ qu'il y en a assez
❐ qu'elle est pleine ❐ que tout finit par s'user

Grammaire

41 *Dans quelle phrase, le verbe coiffer est-il bien accordé ?*
❒ elle s'est coiffé ❒ elle s'est coiffer
❒ elle s'est coiffée ❒ elle s'ait coiffer

42 *Lequel de ces mots est un article indéfini ?*
❒ la ❒ des ❒ les ❒ le

43 *Lequel de ces mots marque le démonstratif ?*
❒ moi ❒ le sien ❒ celui ❒ notre

44 *Lequel de ces mots est correctement écrit ?*
❒ quatre milles ❒ quatre cents
❒ quatre mils ❒ quatre-cent

45 *Lequel de ces mots est incorrectement écrit :*
❒ *Tous* les invités sont arrivés. ❒ Elles sont *toutes* confuses.
❒ Je suis *tout* heureux. ❒ Elles sont *toutes* heureuses.

46 *Quelle phrase contient une proposition subordonnée relative ?*
❒ Mon petit frère, quand il courait dans le jardin, est tombé.
❒ Mon petit frère, qui courait dans le jardin, est tombé en butant contre une pierre.
❒ Mon petit frère est tombé dans le jardin parce qu'il courait vite.
❒ Quand le soleil est revenu, mon petit frère est sorti dans le jardin, il a couru et est tombé.

47 *Dans quelle phrase y a-t-il un pronom relatif ?*
❒ Je regarde le paysage.
❒ Je regarde le paysage qui plaît à Paul..
❒ Je le regarde.
❒ J'en parle

48 *Dans quelle phrase le verbe est employé à la forme transitive ?*
❒ Mon père lit le journal.
❒ Mon père s'endort sur le journal.
❒ Mon père aime lire dans son lit.
❒ Mon père et mon frère se disputent sur le contenu d'un article du journal.

49 *Où est l'intrus ?*
❒ il neigeait ❒ il chante ❒ il pleut ❒ il faudra s'informer

50 *Quel est l'intrus ?*
❒ Paul travaille *autant* que Xavier.
❒ Le paquet est *lourd* à porter.
❒ Xavier a *beaucoup* travaillé.
❒ Pierre est *aussi* gentil que son frère.

51 *Dans quelle phrase n'y a-t-il pas de préposition ?*

❒ Je ne doute pas de sa sincérité.
❒ Adèle a posé le vase sur la table.
❒ Le petit chien obéit à son maître.
❒ Mais, elle l'a maladroitement renversé.

52 *Quelle phrase n'a pas de conjonction de coordination ?*

❒ Le vent a cessé et il s'est mis à pleuvoir.
❒ Pierre parut surpris, car il n'avait pas été prévenu.
❒ Il entre ou il sort, il est indécis.
❒ Georges, en définitive, est resté dehors.

53 *Quelle phrase n'est pas correctement écrite ?*

❒ Jean n'aime pas les voyages en France.
❒ Paul n'aime pas être dérangé.
❒ Jean n'aime aller à l'étranger.
❒ je ne puis vous dire ma joie.

54 *Dans quelle phrase n'y a-t-il pas un mot attribut du sujet ?*

❒ Pierre est chanteur de rock.
❒ Nicole m'a semblé inquiète.
❒ le ciel paraît s'assombrir.
❒ je crois ces précautions insuffisantes.

55 *Les propositions subordonnées circonstancielles de condition. Où est l'erreur ?*

❒ Si j'avais le temps, je t'aiderais.
❒ Pourvu que vous fassiez votre travail, on vous laissera tranquille.
❒ Au cas où tu changerais d'avis, préviens moi.
❒ Tu peux prendre ce livre à condition de me le rendre demain.

56 *Les circonstancielles de conséquence. Où est l'erreur ?*

❒ La chaleur est intense au point qu'elle nous incommode.
❒ Les enfants font un tel bruit que je ne peux pas travailler.
❒ Selon qu'il fera beau ou non, je vous accompagnerai ou resterai ici.
❒ Ces faits sont trop anciens pour que tu t'en souviennes.

57 *Dans quelle phrase utilise-t-on le gérondif ?*

❒ Les congressistes possédant une voiture étaient venus par la route.
❒ Le plombier siffle en travaillant.
❒ Le groupe d'employés s'est risqué à investir de gros capitaux dans cette affaire.
❒ L'orateur a prononcé des paroles provoquant l'hilarité générale.

58 *L'accord des participes passés. Où est l'erreur ?*

❒ Vous avez pris la bonne route.
❒ J'ai cueilli des fraises dans le jardin et j'en ai mangées.
❒ L'histoire que j'ai entendu raconter.
❒ Les efforts que ce travail m'a coûtés.

59 *Où est l'erreur ?*

❒ Ils se sont lavé les mains.
❒ La villa a été louée pour les vacances.
❒ Il se sont nuis.
❒ Les rues sont bien éclairées dès que la nuit tombe.

60 *Concordance des temps. Où est l'erreur ?*

❒ Je te raconte ce que j'ai vu.
❒ Je crains qu'il ne fût trop tard.
❒ Je crois maintenant qu'il pleut.
❒ Je suis sortie après que la pluie a cessé de tomber.

Sujet n° 8

Concours d'adjoints administratifs du ministère de la défense, 1999

I. Vocabulaire

1 *Remplacez les points de suspension par le mot qui convient ;*

- Ce journal est un (...) ; il paraît chaque quinzaine : (bimensuel bimestriel).
- Dans le mot *anthropologue*, la syllabe dite antépénultième est la syllabe : (an-thro-po-lo).
- De nos jours on ne porte plus de robe de (brocard - brocart).
- Dans l'industrie de l'imprimerie on emploie des (topographes - typographes).
- Le temps se couvre, l'orage est (imminent - éminent).
- J'ai acheté ces livres par (suscription - souscription).

2 *Mettez l'article indéfini du genre qui convient.*

- interclasse
- urticaire
- autoroute
- échappatoire

3 *Choisissez dans cette liste le mot qui convient aux définitions suivantes : cacarder, cacaber, pseudonyme, synonymie, antonyme, décentralisation, déconcentration déconcertation, cancaner.*

- verbe indiquant le cri de l'oie :
- verbe indiquant le cri du canard :
- système d'organisation des structures de l'État dans lequel certains pouvoirs de décision sont donnés aux agents du pouvoir central répartis sur le territoire :
- alias :
- mot qui a le même sens qu'un autre mot :

II. Orthographe

Corrigez s'il y a lieu, les mots en caractères italiques.

- L'élève cite les *chef-lieu* et communes du département
- *Quelques* enfants jouaient dans la cour.

- *Quelques* soient leurs jeux, ils criaient.
- Nous avons parcouru *quatre-vingt-un milles* nautiques.
- *Quant* à moi, je ne sais qu'en penser.
- Le bon maître *convaint* ses élèves.
- Il veut nous en faire *acroire*.
- Il *interrompt* son parcours.
- Cette construction est renforcée d'un *était*.
- L'Islande est réputée pour ses *gésères*.
- Le chasseur a pris l'oiseau dans ses *raies*.

III. Grammaire

1 *Donnez le sujet réel du verbe donner : « Que sa santé se soit améliorée nous donne de l'espoir ».*

2 *Indiquez le mode puis le temps du verbe finir dans la phrase : « Quand il eut fini, il était midi ».*

3 *Indiquez le mode puis le temps du verbe partir dans la phrase : S'il l'avait voulu, il serait parti plus tôt.*

4 *Indiquez la nature de la subordonnée circonstancielle et le mode de son verbe dans la phrase : « Il n'a pas réussi quoiqu'il eût travaillé ».*

5 *Donnez le sujet réel du verbe impersonnel dans la phrase : « Qui a bu boira ».*

6 *Conjuguez le verbe entre parenthèses au futur antérieur : il ne (manque) de rien.*

7 *Conjuguez le verbe moudre à la 1re personne du singulier de l'imparfait de l'indicatif.*

8 *Conjuguez le verbe bouillir à la 1re personne du pluriel du présent du conditionnel.*

9 *Conjuguez le verbe résoudre à la 1re personne du singulier de l'imparfait de l'indicatif.*

10 *Rectifiez l'orthographe s'il y a lieu : Trouvé-je la solution ?*

Sujet n° 9

Concours externe et interne d'agent de constatation des douanes et droits indirects, 1999

1 *Quel est le pluriel de un coffre-fort ?*
- ❒ des coffres-forts
- ❒ des coffre-forts
- ❒ des coffre-fort
- ❒ des coffres-fort

2 *Une désaffection est-elle ?*
- ❒ un désaccord
- ❒ un délassement
- ❒ un désordre
- ❒ une perte de l'intérêt

3 *Que signifie l'expression passer sous les fourches Caudines ?*
❒ partir en vacances au sud de l'Italie
❒ subir des conditions humiliantes
❒ être interrogé avec empressement
❒ retirer les grains de blé de leur épi

4 *Parmi les phrases suivantes, une seule est à la voix passive, laquelle ?*
❒ Il a été vu devant le cinéma.
❒ Ils ont pris un verre.
❒ Ils vont partir à l'heure.
❒ Il était venu très tôt.

5 *Parmi les adverbes suivants, un seul est mal orthographié, lequel ?*
❒ assidûment
❒ hardiment
❒ conséquement
❒ savamment

6 *Parmi les propositions suivantes, une phrase est correctement orthographiée. Laquelle ?*
❒ Ils sont emmitouflés dans un uniforme molletonné jaune moutarde.
❒ Ils portent des chapeaux de fourrure, simples écrans face aux rafales de vent glacé qui soufflent de Mongolie.
❒ Nul combat, nul effraction, une sentinelle a bien tenté de leur adresser une vaine et cocasse semonce.
❒ Le visage austère, presque inexpressif, le pas discipliné, les soldats se répendent dans les rues de la cité.

7 *Le mot appréhender a plusieurs sens. L'une de ces propositions est fausse. Laquelle ?*
❒ craindre un examen
❒ comprendre, saisir un système philosophique
❒ détester une personne
❒ arrêter un malfaiteur

8 *Qu'est-ce qu'une harangue ?*
❒ un instrument de cuisine
❒ un poisson de l'Océan Atlantique
❒ une bande de terre entre deux mers
❒ un discours solennel

9 *Dans la liste d'expressions suivantes, une seule est un pléonasme. Laquelle ?*
❒ l'obscure clarté des étoiles
❒ prévoir à l'avance
❒ rouge comme une tomate
❒ nager comme un fer à repasser

10 *Conjuguez le verbe asseoir, à la 1re personne du pluriel du subjonctif présent.*
❒ que nous assayons
❒ que nous assayions
❒ que nous asseyons
❒ que nous asseyions

11 *Parmi les quatre verbes suivants, un seul est un verbe du deuxième groupe. Lequel ?*
❒ tenir ❒ devenir ❒ vouloir. ❒ finir

12 *Remplacez dans les quatre phrases les pointillés par : on ou on n'*
- (...) y voit plus beaucoup.
- (...) avait rien dit.
- (...) en avait vu quelques uns.
- (...) avait remarqué aucun signe.

13 *Quel est l'antonyme du mot affadir ?*
❒ pimenter ❒ enlaidir ❒ affaisser ❒ écœurer

14 *Que signifie le préface intra ?*
❒ auprès de ❒ à l'intérieur ❒ privé de ❒ vers

15 *Quelle est la définition du mot dramaturgie ?*
❒ art de la composition théâtrale
❒ tragédie dont le dénouement est heureux
❒ œuvre comique
❒ ensemble des règles fixant le déroulement des actes du culte

Sujet n°10

Concours d'adjoint administratif hospitalier, 1998

I. Orthographe

1 *Quelle est la phrase dans laquelle les deux mots en caractères italiques sont correctement orthographiés ?*
❒ *Quant* à vous, *quand* viendrez-vous ?
❒ *Quand* à vous, *quant* viendrez-vous ?
❒ *Quand* à vous, quand viendrez-vous ?
❒ *Quant* à vous, *quan*t viendrez-vous ?

2 *Quelle est la phrase dans laquelle les deux mots en caractères italiques sont correctement orthographiés ?*
❒ *Tous* les enfants sont *tout* étonnés.
❒ *Tout* les enfants sont *tous* étonnés.
❒ *Tout* les enfants sont *tout* étonnés.
❒ *Tous* les enfants sont *tous* étonnés

3 *Quelle est la phrase dans laquelle les deux mots en caractères italiques sont correctement orthographiés ?*
❒ *Quelle que* soit la raison évoquée, j'ai *quelques* doutes.
❒ *Quelque* soit la raison évoquée, j'ai *quelques* doutes.
❒ *Quel que* soit la raison évoquée, j'ai *quelques* doutes.
❒ *Quelle que* soit la raison évoquée, j'ai *quels que* doutes.

4 *Quelle est la forme correcte ?*

❒ Les lettres qu'ils se sont envoyé.
❒ Les lettres qu'ils se sont envoyer.
❒ Les lettres qu'ils se sont envoyées.
❒ Les lettres qu'ils se sont envoyés.

5 *Parmi ces phrases laquelle est correctement conjuguée ?*

❒ Avec la sécheresse qu'il y a eu, comment voulez-vous que les agriculteurs s'en sortiront ?
❒ Avec la sécheresse qu'il y a eu, comment voulez-vous que les agriculteurs s'en sortissent ?
❒ Avec la sécheresse qu'il y a eu, comment voulez-vous que les agriculteurs s'en sortiraient ?
❒ Avec la sécheresse qu'il y a eu, comment voulez-vous que les agriculteurs s'en sortent ?

6 *Dans la phrase : Les corneilles volent haut au-dessus du clocher du haut duquel on voit le haut pylône de télévision.*

❒ Le 1er *haut* est un adjectif qualificatif, le 2e *haut* est un adverbe et le 3e *haut* est un nom.
❒ Le 1er *haut* est un adverbe, le 2e *haut* est un nom et le 3e *haut* est un adjectif qualificatif.
❒ Le 1er *haut* est un adjectif qualificatif, le 2e *haut* est un nom et le 3e *haut* est un adverbe.

7 *Quelle est la phrase correctement orthographiée ?*

❒ Toi qui a voulu. ❒ Toi qui as voulu.

8 *Quelle est la phrase correctement orthographiée ?*

❒ Les objets que possède ce collectionneur.
❒ Les objets que possèdent ce collectionneur.

9 *Quelle est l'orthographe correcte du pluriel ?*

❒ gaz ❒ gazs ❒ agenda ❒ agendas

10 *Indiquez les noms qui sont du genre masculin :*

❒ épigramme ❒ escompte ❒ armistice ❒ escarre
❒ augure ❒ acné

11 *Parmi ces noms, lesquels restent invariables au pluriel ?*

❒ un casse-noix ❒ un point-virgule
❒ un garde-meuble ❒ un chasse-neige
❒ un rendez-vous ❒ un porte-plume

12 *Quelle est la forme correcte ?*

❒ quatre-vingt-trois ❒ quatre-vingt-trois
❒ quatre mille deux ❒ quatre mille deux
❒ l'an huit cents ❒ l'an huit cent

II. Vocabulaire

Choisissez parmi les 5 solutions proposées, celles qui correspondent à un synonyme ou à une définition exacte du mot.

13 *Précepte*
❒ enseignement ❒ précaution ❒ antérieur ❒ sermon
❒ règle

14 *Atermoiement*
❒ délai ❒ reflet ❒ pleurs ❒ chatouille
❒ rhume

15 *Imprescriptible*
❒ impraticable ❒ inattendu ❒ immuable ❒ impressionnable
❒ dangereux

16 *Palanquin*
❒ chaise ❒ palefrenier ❒ paresseux ❒ lit
❒ officier chinois

17 *Vade-mecum*
❒ agenda ❒ variante ❒ mouvement ❒ manuel
❒ guide

18 *Théorie*
❒ régime politique ❒ spéculation abstraite
❒ lexique ❒ doctrine
❒ exposé public

19 *Épinette*
❒ petite épine ❒ petit poisson ❒ arbuste
❒ clavecin ❒ pince

20 *Dithyrambique*
❒ despotique ❒ tragique ❒ élogieux
❒ autre réponse ❒ sonorité

21 *Suppléer*
❒ accepter ❒ implorer ❒ compléter
❒ remédier ❒ remplacer

22 *Perspective*
❒ manière de voir ❒ attente d'événements probables
❒ effet architectural ❒ orienté vers la recherche
❒ recherche méthodique

23 *Résolution*
❒ détermination d'une solution ❒ intensité du son
❒ décision volontaire ❒ motion d'une assemblée
❒ tourner autour

24 *Antagoniste*

❒ qui précède
❒ qui calme la douleur
❒ qui est du temps passé
❒ qui s'oppose
❒ qui disparaît

II. Corrigés

Les corrections sont commentées succinctement. Vous devez vous reporter à la méthode pour avoir des explications plus approfondies.

Corrigé n°1

I. Vocabulaire

Exercice n°1

Un domestique perçoit des gages, un militaire perçoit une solde, une personne exerçant une profession libérale perçoit des honoraires. Une rétribution est un terme général pour désigner toute somme allouée en échange d'un travail.

Exercice n°2

Le préfixe *déci* d'origine latine signifie la dixième partie de quelque chose, par exemple un décilitre (0,1 l). Le préfixe *déca* également d'origine latine signifie « dix », par exemple un décamètre (10 m).

Exercice n°3

Un ou une oasis, un éloge, des soldes privés (l'emploi du féminin est incorrect), des prémices (féminin).

II. Orthographe

« Sans bien **connaître**, le citoyen moyen constate que les nouvelles technologies sont en train de tout bouleverser : l'espace et le temps, l'environnement et les modes de vie. Même le cerveau de l'homme se trouve **modifié** par un tel **chambardement**.

La première angoisse exprimée se résume d'une phrase : « Et si demain la machine me **remplaçait** ? ». Elle ne vous remplacera pas, assurent les spécialistes. Elle vous libérera de **tâches** fatigantes, répétitives, déshumanisantes... On ne les croit qu'à moitié, les yeux fixés sur les courbes du chômage et sur **ces** millions d'employés qui **manient** des touches à longueur de journée. Libérés par la technique ou diminués par elle ?

Deuxième inquiétude : les technologies nouvelles vont faire éclater les entreprises, diminuer les relations sociales et isoler **davantage** les citoyens. Dans une société déjà malade d'individualisme, ne vont-elles pas accentuer un **repli** frileux sur soi ? Le travail électronique à domicile est très critiqué, même si certains le considèrent comme un moyen **intéressant** de favoriser la vie de famille ». (Robert Solé, *Le Monde,* mars 1984)

III. Grammaire

Exercice n°1

Les spectateurs sont **sortis** (accord du participe passé avec le sujet) lentement, encore **émus** (accord du participe passé avec le nom spectateurs) par la musique qu'ils avaient **entendue** (accord du participe passé avec le cod *qu'* mis pour *musique*).

Ces histoires, je les ai **entendu** raconter mille fois déjà (accord du participe passé suivi d'un verbe à l'infinitif)

Ils se sont **souhaité** bonne chance (accord du participe passé des verbes occasionnellement pronominaux, le cod *bonne chance* étant placé après le verbe, il n'y a pas d'accord).

Elles se sont *succédé* (accord du participe passé des verbes occasionnellement pronominaux, il n'y a pas de cod, donc pas d'accord).

Exercice n°2

Ces ouvriers ont fait un travail excellent (adjectif verbal).

Ses activités sportives la fatiguant trop (participe présent), elle devra les réduire.

Exercice n°3

verbe	présent	imparfait
paresser	je paresse, tu paresses, il paresse, nous paressons, vous paressez, ils paressent.	je paressais, tu paressais, il paressait, nous paressions, vous paressiez, ils paressaient
paraître	je parais, tu parais, il paraît, nous paraissons, vous paraissez, ils paraissent	je paraissais, tu paraissais, il paraissait, nous paraissions, vous paraissiez, ils paraissaient

Corrigé n°2

1. Chariot : tous les mots de cette famille s'écrivent avec deux *r* comme *charrette* ou *carrosse* sauf chariot.

2. amphithéâtre

3. concourir (mais on écrit *concu**rr**ent*)

4. colonnade (mais on écrit *colo**ne**l*)

5. ceindre (mots de la même famille : *ceinture, enceinte*)

6. persifler (mais on écrit *si**ff**ler et si**ff**lement*)

7. vermisseau (mais on écrit *vermi**c**elle*)

8. rationalité (mais on écrit *ratio**nn**el*)

9. enrubanner (mais on écrit *ruba**n**er*)

10. déshonorer (mais on écrit *ho**nn**eur*)

11. infamant (mais on écrit *inf**â**me*)

12. donation (mais on écrit *do**nn**er* ou *do**nn**eur*)

13. égoutier (mais on écrit *égou**tt**er* ou *égou**tt**oir*)

14. éperonner

15. intercalaire

16. Une décade est une période de dix jours.

17. Un dithyrambe est un éloge exagéré.

18. L'intrus est *probe*, c'est-à-dire honnête. Les autres termes évoquent une idée de ruse.

19. L'intrus est *potager*. Les autres termes représentent une plantation d'arbres (châtaignier, peuplier et hêtre).

20. L'intrus est *uni*. Les autres termes évoquent une idée de manque d'harmonie.

21. L'intrus est *différer*. Les autres termes signifient « qui se passe au même moment ».

22. Le synonyme de incommensurable est *innombrable*.

23. Le synonyme de comminatoire est *menaçant*.

24. Le verbe qui n'est pas au mode conditionnel est *tu cueilleras* (futur de l'indicatif).

25. Le verbe incorrectement conjugué à l'impératif est *profites de ta liberté* (les verbes du 1er groupe ne se terminent pas par *s* à la 2e personne du singulier).

26. Le verbe incorrectement conjugué au présent est *tu tors* (tu tords).

27. Nous acquerrons (futur simple).

28. J'achèterais.

29. Je vous invite à venir rapidement (je vous remercie, je vous saurai gré, je vous somme).

30. Les arbres que les pies ont pillés plient sous le poids des fruits. (accord du participe passé avec le cod *que* mis pour les *arbres*).

31. Bien des roi se sont succédé (accord du participe passé des verbes pronominaux : il n'y a pas de cod, *on succède à*).

32. Le jardin rafraîchit (rafraîchi : participe passé) par la pluie revit.

33. Je t'ai attendu pendant deux heures et demi (demie) (demi placé après le nom s'accorde en genre).

34. une écritoire

35. un tentacule

36. Le pronom indéfini *on* est le sujet du verbe *voir*.

37. Le riz est cuit à point.

38. Elle n'aime pas le champagne (elle n'aime pas quoi ?).

39. Ce sera amusant (dans les autres phrases, *ce* ou *cette* sont des adjectifs démonstratifs).

40. discipline

41. J'ai réussi et j'en suis fier (dans les autres phrases, *en* est une préposition).

42. Tes voisins et leurs amis, ils ont fait la fête (le pronom *ils* est inutile, il alourdit la phrase).

43. Vous médisez.

44. Il m'a fait un croche-pied, si bien que j'ai (je suis) tombé.

45. Arrête de t'agiter, tu es fatiguant (adjectif verbal : fatigant).

Corrigé n°3

1.

- Une période de dix années est une *décade*.
- Pour départager les équipes, il y eut *une prolongation* du match.

– On entend le *vrombissement* du moteur.
– C'est *sa faute,* il n'a pas fait attention.
– Il ne cesse de raconter la même histoire, il me *rebat* les oreilles (rebat et rabat sont des paronymes)
– Il aura les résultats *d'ici demain.*
– Le point de rencontre se situe à *l'aéroport.*
– Il est *contraint* d'aller travailler (contraint malgré est un pléonasme)..

2.

	futur simple	présent de l'indicatif
appeler	Il appellera	il appelle
asseoir	il assoira	il assoit
envoyer	il enverra	il envoie
revêtir	Il revêtira	Il revêt

3.
– C'est ce *pour quoi* il fait tant de mystère.
– Tu pars tôt ? *Pour quoi* faire ?
– *Pourquoi* ne vient-il pas ?
– Je ne sais pas *pourquoi* il est venu.
– *Pourquoi* être venu si tard ?

4.
Maître - maîtresse, vengeur - vengeresse, caduc - caduque, hébreu - hébraïque, tiers - tierce, malin - maligne, favori - favorite, évocateur - évocatrice.

5.
– Il est torturé par les remords.
– Avec le temps, les coupables seraient identifiés.
– Deux gendarmes l'emmenèrent.
– Certaines règles ont été rappelées par l'orateur au public.

6.
– Il faut que vous *payiez* (présent du subjonctif) vos dettes.
– Il faut que tu me croies (présent du subjonctif).
– L'agent parcourt de manière distraite son dossier bien que l'affaire *requière* (présent du subjonctif) une grande attention.
– Il se peut que le directeur *exclue* (présent du subjonctif) cette solution.

7. Les 8 fautes d'orthographe dans le texte sont les suivantes :

« La vie moderne tend à nous épargner l'effort intellectuel comme elle fait l'effort physique. Elle remplace par exemple l'imagination par les images, le **résonnement** par les symboles et les écritures, **où** par des mécaniques, et souvent pour rien. Elle nous offre toutes les facilités, tous les moyens **cours** d'arriver au but sans avoir fait le chemin :.. La nécessité de l'effort physique ayant **amoindri** par les machines, **l'atlétisme** est venu très heureusement **sauvé** et même **exhalter** l'être musculaire. Il faudrait peut-être songer à futilité de faire pour l'esprit ce qui a été fait pour le corps. Je n'ose vous dire que tout ce qui ne demande aucun effort n'est pas temps perdu. Mais il y a **quelque** atomes de vrai dans cette formule atroce ». Paul Valéry (*Regards sur le monde actuel*).

sauver	raisonnement
ou	amoindrie
athlétisme	quelques
courts	exalter

8.
- Chuchoter doucement : *susurrer.*
- S'adresser à quelqu'un avec brusquerie : *apostropher.*
- Manifester son mécontentement en parlant entre les dents : *maugréer.*
- Répondre par des accusations aux accusations : *récriminer.*

9.
- Il se *trouvera* (futur simple) encore des gens pour douter.
- Il était *arrivé* (plus-que-parfait) de grands changements à l'Est.
- Ces 20 % du bénéfice *se répartiront* (futur simple) de la façon suivante.
- Le défaut d'éducation *se révèle* (présent) par l'oubli des convenances.
- Il paraît que dimanche dernier 10 % de la population *assistaient* (imparfait) à la messe.

10.
- Coluche eût-il créé les restaurants du cœur sans un sentiment de *commisération*
- C'était un homme au caractère sombre, fuyant la société, c'était un *misanthrope*
- Faire un sacrifice volontaire de soi-même, de son intérêt, c'est un acte *d'abnégation.*
- Il manquait d'élégance ; de distinction, c'était un esprit terriblement *prosaïque.*

Corrigé n°4

1. ministérielle, occurrence, enorgueillir, hamac, intrinsèque, néanmoins, surréaliste, surimpression

2.
- Cette place-*là* est très ensoleillée.
- Retrouvez *la* rue où elle *l'a* connu.
- *La* terre est plus rouge qu'ailleurs.
- Elle *l'a* accompagnée pour *la* rassurer.
- Je *la* tiens avec force.

3. un armistice, une épithète, un en-tête, un tentacule, un équinoxe, un planisphère, une octave, une éphéméride, une alvéole

4. des pare-brise, des ex-voto, des coffres-forts, des trachées-artères, des en-têtes, des tire-bouchons, des garde-boue, des tire-laine

5.
- La vieille fenêtre avait été usée par les intempéries.
- La situation sera analysée par les directeurs.

6.
- Il regrette les affaires qu'il a *laissées* (accord du participe passé avec le cod *qu'* mis pour *affaires*) inachevées et celles qu'il a *laissé* péricliter (le participe passé du verbe *faire* suivi d'un verbe à l'infinitif est invariable).

– Il nous a tous *choqués* (accord du participe passé avec le cod *nous)*
– Ces livres nous ont *plu* (*nous* est le coi, il n'y a pas d'accord du participe passé), nous les relisons avec plaisir.

7. honnêteté, loyauté, pelletée, sécurité

8.
– J'ai *apuré* mon compte bancaire.
– Les étrangers ont *émigré* en France pour des raisons politiques.
– Il faut, pour bien *raisonner, partir* d'hypothèses *sensées.*
– Les textes romantiques sont *empreints de* mélancolie.
– Un vol par *effraction a* été commis.
– Le parlement s'est réuni au cours d'une *session extraordinaire.*
– Sa conduite aujourd'hui nous *afflige.*
– Ils ont eu *affaire non* pas au directeur mais à sa secrétaire.
– La photo *évoque* les souvenirs.

9. Un moratoire est la suspension des actions en justice ou des obligations de paiement.

10.
– Les enfants se sont habillés rapidement.
– Ceux qui mentent seront punis.
– Ce sont des choses qui arrivent.
– C'est vous qui avez téléphoné.
– Il s'agit de faire vite.

11. honorable, adverse, rigoureux, qualitatif

12. caduc-caduque, vieux-vieille, mou-molle, bénin-bénigne, tiers-tierce, frais-fraîche

13. Tout à l'heure, à travers champs, aller de pair, médire de votre ennemi, chercher ses lunettes, consentir des modifications.

14.
– *Quand* je vis qu'au-dehors il pleuvait, je pris mon parapluie.
– *Quant* à votre plan, nous allons y réfléchir.
– *Qu'en* concluez-vous ?
– J'ignore *quand* le soleil reviendra.

15.
– *Quels que* soient les résultats de l'équipe, nous n'oublierons pas son précédent échec.
– Mais qu'est-ce *qu'elle* attend pour venir ouvrir ?
– Veillez à ce *qu'elles* n'attendent pas trop longtemps.
– *Quelles que* puissent être ses paroles, personne ne le contredira.
– Je l'achète *quels qu'*en soient le prix et la couleur.
– Il a cinquante ans et *quelques.*

16.
– chanter faux : *détoner*
– le savoir, l'expérience : *l'acquis*
– un lieu de retraite : *repaire*

17.

- L'intrus est *exaspérer* qui suggère l'idée d'énervement, les autres verbes appartiennent au champ lexical de l'apaisement
- L'intrus est *brave* qui suggère l'idée de courage, les autres adjectifs appartiennent au champ lexical de la peur.
- L'intrus est *chef* qui suggère l'idée de commandement, les autres noms appartiennent au champ lexical de l'assujettissement.
- L'intrus est *connaissance* qui suggère l'idée de savoir, les autres noms appartiennent au champ lexical du secret.

18. Les synonymes de morigéner sont *réprimander, sermonner* et *gourmander*. Les synonymes de prétention sont *exigence, revendication, présomption, fatuité* et *vanité*.

19. Les antonymes de crépuscule sont *aube* et *aurore*. Les antonymes de valétudinaire sont *maladif* et *souffreteux*.

20.

- Incoercible signifie *qu'on ne peut contenir ou réprimer* : une colère incoercible.
- Dubitatif signifie *qui exprime le doute* : un ton dubitatif.
- Civilité signifie *courtoisie* : être reçu avec civilité.
- Leurre signifie *ce qui abuse ou trompe* : son amabilité n'est qu'un leurre.

21. truc-truquage, marquer-marquage, plastique-plastiquage, braque-braquage

22. Nous habitons deux rues adjacentes (contiguës). Pour l'été j'ai acheté une robe bleu indigo (bleu violet).

23. apercevoir-apercevant, acquérir-acquérant, résoudre-résolvant, savoir-sachant

24. Parmi les passants qui se hâtaient (description), il aperçut (narration) un homme en train de courir, et reconnut (narration) la personne à laquelle il venait (description) d'envoyer une sommation.

25.

- Ils avaient repéré les issues avant le hold-up.
- C'était un détail qui avait retenu mon attention.

26.

- Elle a travaillé jusqu'à cinq heures puis elle est allée au cinéma.
- La villa qu'ils ont louée est au bord de la mer.

27. différent - différemment, bruyant - bruyamment, excessif - excessivement, hardi - hardiment.

28.

- Agoniser quelqu'un d'injures : agonir quelqu'un d'injures.
- Je me suis en allé : je m'en suis allé.
- Hésiter entre deux alternatives : hésiter entre deux possibilités.
- L'information s'est avérée fausse : l'information s'est révélée fausse.
- Vous n'êtes pas sans ignorer : vous n'êtes pas sans savoir.
- Cette affaire ressort de la compétence de l' État : cette affaire est du ressort de la compétence de l' État.
- Il s'en est suivi un grand émoi : il s'est ensuivi un grand émoi.
- Je vous serais gré de bien vouloir : je vous saurais gré de bien vouloir.

29.

- L'ascèse est l'ensemble d'exercices physiques et moraux qui tendent à libérer l'esprit par le mépris du corps.
- Dilatoire signifie qui tend à retarder par des délais, à différer une décision.
- L'étymologie est l'origine ou la filiation d'un mot.
- Un euphémisme est une figure de style permettant l'atténuation d'une notion déplaisante (disparu est employé à la place de mort).
- L'altruisme est une disposition à s'intéresser aux autres.
- La coercition est une force qui contraint.

30. « Après avoir **marcher** quelque temps dans le sable avec **tous** le courage d'un **forças** qui s'évade, le soldat fut **forcer** de **s'arrêté**, le jour **finnissait**. Malgré la beauté du ciel pendant les nuits en Orient, il ne se sentit pas la force de continuer son chemin. Il avait **heureseument** pu **gagné** une **éminance** sur le haut de laquelle s'élançaient quelques palmiers, dont les **fueillages aperçues** depuis longtemps avaient **réveiller** dans son cœur les plus douces espérances. » (Honoré de Balzac, *Une Passion dans le désert*).

Marché (participe passé), tout (adjectif indéfini s'accordant avec le nom courage), forçats, forcé (participe passé), s'arsêter (verbe à l'infinitif après une préposition), finissait, heureusement, gagner (verbe à l'infinitif après un autre verbe), éminence, feuillages, aperçus (participe passé s'accordant avec le nom feuillages, réveillé (participe passé).

Corrigé n°5

1. Dans ce texte, il y a un participe passé mal accordé : *poussé*. Le participe passé employé avec l'auxiliaire avoir s'accorde avec le cod *les* placé avant le verbe. On écrira donc *poussés*

2. Dans ce texte, le participe passé mal accordé est *maîtrisé*. Le participe passé employé avec l'auxiliaire être s'accorde avec le sujet *toutes les conséquences*. On écrira *maîtrisées*.

3. L'affirmation inexacte est *mon peut être un pronom possessif*. *Mon* ne peut être qu'un adjectif possessif.

4. La phrase mal orthographiée est *la voiture que je lui ai offert*. Le participe passé employé avec l'auxiliaire avoir s'accorde avec le cod que mis pour *voiture*. Les participes passés des autres phrases suivent la règle des verbe pronominaux et celle de l'accord avec l'auxiliaire avoir.

5. La phrase incorrecte est *il renonçait à sortir car il neigea*. Il faut écrire *: il renonça à sortir car il neigeait* (action inachevée).

6. La série incorrecte est : magnifique, héroïque, publique (public), modique, prophétique, véridique.

7. « Le bruit sourd des sabots grossit, s'amplifia. Telle une horde immense qui remplissait tout l'horizon, des milliers de cavaliers s'étaient élancés et se précipitaient vers la petite position que nous tenions. Pour faire face à la marée humaine qui allait nous submerger, nous n'étions que **deux cents**, sans **compter** les femmes et les enfants. Nous avions peur. »

8. Le verbe est employé au passé simple dans la phrase suivante : « J'eus grand peine à dissuader mes amies ».

9. Pour respecter la concordance des temps, il faut employer la forme verbale suivante : « J'attendrai qu'ils **aient fini** de consulter l'ouvrage pour le remettre dans la bibliothèque ».

10. Le mot n'appartenant pas à la famille de *autre* est : altier (hautain).

11. Le titre convenant au texte est : Les Mariannes atypiques. En effet, la photographe marocaine propose des Mariannes qui ne correspondent pas aux critères de choix habituels (jeunesse, beauté, notoriété).

12. Le synonyme du verbe *rasséréner* est : rassurer.

13. Pour qu'il ait (verbe avoir au subjonctif présent) aujourd'hui ce poste à responsabilité.

14. La partie ajoutée à la fin d'un livre contenant des notes, etc., est un appendice.

15. Quant à cette idée, je la trouve originale.

16. La succession logique des paragraphes est c-b-a-d.

Corrigé n°6

1. Le mot mal orthographié est *réflection* (réflexion).

2. La phrase correcte est *Ils étaient deux mille sans compter les enfants.*

3. Le mot mal orthographié est *occurence* (occurrence).

4. Il y a *quelque* deux cents ans (quelque est un adverbe et signifie *environ*)

5. *Quels que* soient les résultats, elle aura appris *quelque* chose.

6. La phrase correctement orthographiée est *deux mille trois cent quatre-vingts euros* (mille et « trois cent suivi de dizaines et d'unités » sont invariables).

7. La phrase correctement orthographiée est *les notes que j'ai dû rédiger* (*dû* le participe passé employé avec l'auxiliaire *avoir* ne s'accorde pas avec le sujet, *rédiger* lorsque deux verbes se suivent le 2e est à l'infinitif).).

8. La phrase correctement orthographiée est *ils se sont lavé les mains après s'être ravitaillés* (accord du participe passé des verbes pronominaux).

9. La phrase correctement orthographiée est *quoique j'en aie* (présent du subjonctif) *envie, je m'abstiens de choisir la couleur bleu de nuit* (accord des adjectifs de couleur).

10. Le verbe mal orthographié est *je jèterai* (je jetterai).

11. La phrase correctement orthographiée est *si je le voyais* (imparfait), *je l'attraperais* (présent du conditionnel).

12. Le verbe résoudre à la 1re personne de l'imparfait s'écrit *nous résolvions.*

13. La phrase correctement orthographiée est *finis ton travail, rends-toi à la réunion et recueille quelques renseignements* (verbes conjugués au présent de l'impératif).

14. Le pluriel correct est *portes-fenêtres* (pluriel des noms composés).

Corrigé n°7

1. La figure de style employée est l'euphémisme (atténuation de la pensée pour masquer une idée désagréable).

2. L'expression *dès potron-minet* signifie *au point du jour.*

3. L'expression *l'alpha et l'oméga* signifie *le contenu intégral.*

4. L'expression *boire un verre* est *une métonymie* (figure de style).

5. L'expression *ainsi dit le renard, et flatteurs d'applaudir* est une *ellipse* (figure de style).

6. L'expression *renvoyer aux calendes grecques* signifie *ajourner à jamais.*

7. L'expression *d'une femme, il me souvient* est *une inversion* (figure de style).

8. L'expression *la quadrature du cercle* représente *un problème impossible à résoudre.*

9. *Alias* signifie *autrement appelé.*

10. *Sine die* signifie *sans fixer de date.*

11. *Moue* signifie *grimace.*

12. *Inconséquent* signifie agit à la légère.

13. *Acuité* signifie *intensité.*

14. *Sesterce* signifie *monnaie.*

15. *Hélicon* signifie *instrument de musique.*

16. *Muid* signifie *mesure.*

17. *Virtuel* signifie qui est *imaginaire.*

18. *Irrévocabilité* signifie qui est *définitif.*

19. *Ire* signifie *colère.*

20. *Moult* signifie *très.*

21. les arcs-en-ciel

22. les garde-boue

23. les sapeurs-pompiers

24. les abat-jour

25. les quatre cents coups

26. la cacophonie

27. des allégories

28. les embryons

29. un concurrent

30. des coffres-forts

31. une diatribe

32. dithyrambique

33. *Glabre* signifie *sans poil.*

34. Dans le mot *synonyme*, le substantif *syn* est un *préfixe.*

35. *Syn* signifie : avec.

36. Apocryphe signifie douteux.

37. Le verbe correctement écrit est *gésir.*

38. L'intrus est feta (fromage grec), les autres mots appartiennent à la famille de fête.

39. Le mot correctement orthographié est *passe-boules.*

40. *Tant va la cruche à l'eau* signifie *que tout finit par s'user.*

Grammaire

41. La forme correcte est *elle s'est coiffée.*

42. L'article indéfini est *des.*

43. Le pronom démonstratif est *celui.*

44. Le mot correctement orthographié est *quatre cents.*

45. La phrase incorrectement orthographiée est *elle sont toutes heureuses* (*tout* est un adverbe).

46. *Mon petit frère qui courait dans le jardin, est tombé en butant sur une pierre (qui* est un pronom relatif).

47. La phrase contenant un pronom relatif est *je regarde le paysage qui plaît à Paul.*

48. La phrase contenant un verbe transitif est *mon père lit le journal* (un verbe transitif admet un complément d'objet).

49. L'intrus est *il chante* (les autres verbes sont des verbes impersonnels).

50. L'intrus est *le paquet est lourd à porter* (*lourd* est un adjectif qualificatif, *aussi, beaucoup, autant* sont des adverbes).

51. La phrase ne contenant pas de préposition est *mais, elle l'a maladroitement renversé* (*mais* est une conjonction de coordination).

52. La phrase ne contenant pas de conjonction de coordination est *Georges en définitive est resté dehors* (*en définitive* est un adverbe).

53. La phrase incorrecte est : *Jean n'aime aller à l'étranger* (il manque l'adverbe de négation *pas* après le verbe).

54. La phrase ne contenant pas un attribut du sujet est : *Je crois ces précautions insuffisantes* (l'adjectif *insuffisantes* est attribut du cod précautions).

55. La phrase ne contenant pas de proposition subordonnée de condition est *Tu peux prendre ce livre à condition de me le rendre demain,* car le verbe rendre n'est pas conjugué il n'y a donc pas de proposition subordonnée circonstancielle.

56. La phrase ne contenant pas de proposition subordonnée de conséquence est *selon qu'il fera beau ou pas, je vous accompagnerai ou je resterai.*

57. La phrase contenant un gérondif est *le plombier siffle en travaillant* (un gérondif est un verbe au participe présent précédé de la préposition *en).*

58. La phrase contenant un participe passé incorrectement orthographié est *j'ai cueilli des fraises et j'en ai mangées* (lorsque le cod est *en*, le participe passé est invariable).

59. La phrase incorrectement orthographiée est *ils se sont nuis* (accord des verbes pronominaux, le verbe n'a pas de cod : *nuire à*).

60. La phrase ne respectant pas la concordance des temps est *je crains qu'il ne fût* (soit) *trop tard.*

Corrigé n°8

I. Vocabulaire

1.

- Ce journal est un *bimensuel* ; il paraît chaque quinzaine.
- Dans le mot *anthropologue*, la syllabe dite antépénultième est la syllabe *po* (placée avant l'avant-dernière syllabe)
- De nos jours on ne porte plus de robe de *brocard.*
- Dans l'industrie de l'imprimerie on emploie des *typographes.*
- Le temps se couvre, l'orage est *imminent.*
- J'ai acheté ces livres par *souscription.*

2. un interclasse, une urticaire, une autoroute, une échappatoire.

3.

- Le verbe indiquant le cri de l'oie est : *cacarder.*
- Le verbe indiquant le cri du canard est : *cancaner*

- Le système d'organisation des structures de l'État dans lequel certains pouvoirs de décision sont donnés aux agents du pouvoir central répartis sur le territoire est : la *déconcentration*.
- Un alias est un *pseudonyme*.
- Un mot qui a le même sens qu'un autre mot est *un synonyme*.

II. Orthographe

Les phrases corrigées sont les suivantes :

- L'élève cite les *chefs-lieux* et communes du département.
- *Quels que* soient leurs jeux, ils criaient.
- Le bon maître *convainc* ses élèves.
- Il veut nous *le* faire *croire*.
- Cette construction est renforcée d'un *étai*.
- L'Islande est réputée pour ses *geysers*.
- Le chasseur a pris l'oiseau dans ses *rets*.

III. Grammaire

1. Le sujet réel du verbe donner est que sa santé se soit améliorée.

2. Le verbe finir est conjugué au passé antérieur (temps) de l'indicatif (mode).

3. Le verbe partir est conjugué au passé 1re forme (temps) du conditionnel (mode).

4. La proposition quoiqu'il eût travaillé est une subordonnée circonstancielle de concession ou d'opposition. Le verbe est conjugué au plus-que-parfait du subjonctif

5. Le sujet réel du verbe impersonnel est qui a bu.

6. Il n'aura manqué de rien

7. Je moulais.

8. Nous bouillirions.

9. Je résolvais.

10. L'orthographe de Trouvé-je la solution ? est correcte.

Corrigé n°9

1. Le pluriel correct est *des coffres-forts*.

2. Une désaffection est *une perte d'intérêt*.

3. L'expression *passer sous les fourches Caudines* signifie *subir des conditions humiliantes*.

4. La phrase à la voix passive est *il a été vu très tôt devant le cinéma*.

5. L'adverbe mal orthographié est *conséquement* (conséquemment).

6. La phrase correctement orthographiée est *ils sont emmitouflés dans un uniforme molletonné jaune moutarde*.

7. Le sens incorrect de appréhender est *détester une personne*.

8. Une harangue est *un discours solennel*.

9. L'expression *prévoir à l'avance* est un pléonasme.

10. La forme correcte est *que nous nous asseyions*.

11. Le verbe du 2e groupe est *finir* (finissant).

12. *On n*'y voyait pas beaucoup. On en avait vu quelques uns. *On n*'avait rien dit, *On n*'avait remarqué aucun signe.

13. L'antonyme du mot *affadir* est *pimenter.*

14. Le préfixe *intra* signifie à *l'intérieur.*

15. Le mot dramaturgie signifie *l'art de la composition théâtrale.*

Corrigé n°10

I. Orthographe

1. La phrase correctement orthographiée est *quant à vous, quand viendrez-vous ?*

2. La phrase correctement orthographiée est *tous les enfants sont tout étonnés.*

3. La phrase correctement orthographiée est *quelle que soit la raison évoquée, j'ai quelques doutes.*

4. La phrase correctement orthographiée est *les lettres qu'ils se sont envoyées* (participe passé des verbes pronominaux).

5. La phrase correctement conjuguée est *avec la sécheresse qu'il y a eu comment voulez-vous que les agriculteurs s'en sortent ou s'en sortissent ?*

6. La proposition correcte est la deuxième.

7. La phrase correctement orthographiée est *toi qui as voulu.*

8. La phrase correctement orthographiée est *les objets que possède ce collectionneur.*

9. Les pluriels corrects sont des *gaz* et des *agendas.*

10. Les noms masculins sont un *augure*, un *armistice*, un *escompte.*

11. Les noms composés restant invariables au pluriel sont des *casse-noix, des rendez-vous*, des *chasse-neige.*

12. Les formes correctes sont *quatre-vingt-trois*, quatre mille deux, *l'an huit cent* (règle des pluriels des adjectifs numéraux).

II. Vocabulaire

13. Un précepte est un *enseignement* ou une *règle.*

14. Un atermoiement est un *délai.*

15. Imprescriptible signifie *immuable.*

16. Un palanquin est une *chaise.*

17. Un vade-mecum est un *manuel.*

18. Une théorie est une spéculation *abstraite.*

19. Une épinette est un *clavecin* ou un *arbuste* (épicéa).

20. Dithyrambique signifie *élogieux.*

21. Suppléer signifie *remplacer* ou *remédier.*

22. Une perspective est l'*attente d'événements probables* ou *une manière de voir*

23. Une résolution est une *décision volontaire* ou la *détermination d'une solution* ou la *motion d'une assemblée.*

24. L'adjectif antagoniste signifie qui *s'oppose à.*

2

Les questions de compréhension d'un texte[1]

Cette partie est composée de trois chapitres : la présentation de l'épreuve, la méthode et les sujets de concours récents corrigés.

1. Cette partie a été rédigée par Annie Delivré.

1 Présentation de l'épreuve

I. Le contenu de l'épreuve

L'épreuve comprend, tout d'abord, la réponse à des questions de vocabulaire, à partir d'un texte. Le candidat doit donc donner la signification générale d'un mot ou d'une expression et restituer ce sens dans le contexte. On peut demander aussi de trouver un synonyme ou un antonyme.

Ensuite des questions portant sur la compréhension du texte sont posées, comme chercher l'idée principale ou les idées essentielles, retrouver un sentiment ou le ton employé par l'auteur, proposer un titre. Dans certains sujets, la rédaction d'un développement personnel, appelé « essai » ou commentaire », peut être demandée. La longueur attendue est d'une trentaine de lignes au maximum. Cet exercice s'apparentant à une mini rédaction, vous trouverez dans la troisième partie de cet ouvrage, la méthode et les conseils pour vous aider.

Les textes proposés sont du niveau du BEP, avec une préférence pour les thèmes d'actualité et de société comme : les problèmes de l'emploi, la place de la femme, les nouvelles technologies, les médias, l'environnement, l'éducation, la violence, la santé... Des textes littéraires sont parfois proposés. Soyez cependant rassurés : on ne fera pas appel à vos connaissances littéraires, mais plutôt à votre capacité de comprendre la psychologie des personnages.

II. Les conseils pour réussir l'épreuve

Pour réussir les questions de vocabulaire et de compréhension d'un texte, vous devez lire régulièrement, en vous obligeant à chercher dans un dictionnaire les mots qui vous sont inconnus. Vous pouvez également écrire dans un répertoire ces mots inconnus et leur définition.

Intéressez-vous à l'actualité, prenez l'habitude de lire des journaux et des magazines consacrés aux problèmes de société comme l'éducation, l'emploi, etc. Cela vous permettra de développer plus aisément des arguments. En effet, les candidats ont souvent des difficultés à rédiger un commentaire argumentatif. Dans cet exercice, il est bien sûr important de savoir structurer une rédaction, mais il est primordial de savoir exprimer des idées.

2 La méthode

I. Les questions de vocabulaire

Les questions de vocabulaire se retrouvent dans l'épreuve de QCM et dans l'épreuve de compréhension de texte. Nous ferons, tout d'abord, un rappel sur la formation des mots, puis nous étudierons les différentes notions demandées (synonyme, antonyme, paronyme, homonyme, mots de la même famille, champ lexical).

A. La formation des mots

Le français est une langue vivante, elle fait partie des langues romanes. Elle évolue et de nombreux emprunts ont été faits aux autres langues vivantes (italienne, arabe, allemande, espagnole...) et aux langues anciennes (latine et grecque). Les mots sont formés d'un radical, d'un préfixe et/ou d'un suffixe. La connaissance de quelques éléments d'origine grecque et latine peut vous permettre de décomposer un mot et d'en comprendre le sens. Ainsi, le mot « circonlocution » qui semble très obscur est composé d'un préfixe « circon » signifiant *autour* (circulaire), d'un radical *locu* (parler) et d'un suffixe *tion* (résultat d'une action).

Ce mot signifie donc, littéralement : parler autour, c'est-à-dire parler de façon indirecte.

1) Quelques éléments d'origine latine

Si au Moyen Âge les moines copistes, notamment, ont francisé les mots écrits en latin classique et populaire, le latin reste une source constante et certains mots contemporains pour se créer utilisent des racines ou des éléments d'origine latine comme insecticide ou mammifère.

On retrouve aussi des mots qui n'ont pas subi de transformation comme aquarium ou curriculum vitæ.

Voici quelques éléments d'origine latine qui peuvent vous aider à retrouver le sens d'un mot.

Élément	Sens	Exemple	Élément	Sens	Exemple
agri	champ	agreste	*medius*	milieu	médiane
ambule	se déplacer	déambuler	*octo*	huit	octogonal
anté	avant	antérieur	*omnis*	tout	omnivore
aqua	eau	aqueduc	*pede*	pied	bipède
calor	chaleur	calorie	*post*	après	postérieur
capit	tête	capiteux	*pre*	avant	prévenir
civis	citoyen	civilité	*pro*	en avant	projeter
cide	qui tue	régicide	*loque*	qui parle	éloquence
dextera	main droite	dextérité	*magnus*	grand	magnifier
ego	moi	égoïsme	*quint*	cinq	quintuple
equi	égal	équité	*res*	chose	réalité
fère	qui porte	mammifère	*retro*	en arrière	rétrograde
frater	frère	fraternité	*sub*	sous	subordonner
fuge	qui fuit	transfuge	*supra*	au-dessus	suprême
igni	feu	ignifuger	*trans*	au-delà	transporter
labor	travail	laborieux	*virtus*	force	virtuosité
legis	loi	légiférer	*vore*	qui mange	carnivore

2) Quelques éléments d'origine grecque

Le grec, aussi à l'origine de nombreux mots, continue d'en fournir, essentiellement en technologie et en science comme dactylographie, téléscope ou philosophie.

Certains mots comme agora sont utilisés sans avoir été transformés. Il existe des mots appelés « hybrides » composés d'un élément grec et d'un élément latin comme télévision ou sociologie.

Voici quelques éléments d'origine grecque.

Élément	Sens	Exemple	Élément	Sens	Exemple
algie	douleur	névralgie	*hyper*	au-delà	hyperbole
archie	pouvoir	anarchie	*hypo*	sous	hypocrisie
anthropo	homme	anthropoïde	*litho*	pierre	lithographie
anti	contre	antivol	*lâtre*	qui adore	idolâtre
auto	soi-même	autogestion	*logie*	science	hydrologie
biblio	livre	bibliophile	*manie*	passion	mélomane
bio	vie	biologie	*onyme*	mot	homonyme
chrono	temps	chronologie	*ortho*	droit	orthographe
cratie	gouvernement	autocratie	*phile*	ami	hydrophile

démo	peuple	démocratie	*phobe*	ennemi	phobie
game	mariage	monogame	*phone*	voix	téléphone
gène	qui produit	générer	*poly*	nombreux	polygame
graphie	qui écrit	géographie	*pyro*	feu	pyromane
hémi	demi	hémicycle	*scope*	voir	télescope
hexa	six	hexagone	*théque*	armoire	bibliothèque
hydro	eau	hydrologie	*télé*	au loin	télévision

B. Rappel de quelques notions utiles

1) Comment trouver un synonyme ?

On appelle **synonyme** un mot de même classe grammaticale et de sens voisin. Ainsi, vous devrez tout d'abord, identifier la nature grammaticale du mot, puis chercher le synonyme : joie → allégresse, persister → perdurer, gentiment → aimablement, arrogant → méprisant. Vous rédigerez votre réponse ainsi : le synonyme du nom **allégresse** est joie.

Important : Le jour du concours, si on vous demande de trouver un synonyme, n'en donnez qu'un. En effet, de nombreux candidats en proposent souvent plusieurs. Si tous les synonymes sont exacts, les correcteurs accepteront la réponse, mais si un des mots proposés est erroné, votre réponse ne sera pas prise en compte.

2) Comment trouver un antonyme ?

On appelle **antonyme** un mot de même classe grammaticale et de sens contraire : joie → tristesse, persister → cesser, gentiment → méchamment, arrogant → modeste. Vous rédigerez votre réponse ainsi : l'antonyme de l'adverbe **gentiment** est méchamment.

Important : Certains mots sont appelés polysémiques, c'est-à-dire qu'ils ont des sens différents. Par exemple, le sens de l'adjectif qualificatif **vert** diffère dans ces expressions : du raisin vert, de la peinture verte, un vieillard encore vert. Selon le sens pris par un mot, les synonymes et les antonymes seront différents. Vous devez en tenir compte, si l'on demande un synonyme ou un antonyme respectant le contexte.

3) Comment trouver un homonyme ?

On appelle **homonymes** des mots qui se prononcent de la même façon, mais dont le sens est différent. Certains ont la même orthographe : une grande *vague* et une réponse *vague* ; d'autres homonymes s'écrivent différemment comme : un sot, un saut, un sceau, un seau.

4) Comment trouver un mot de la même famille ?

On appelle mots de la **même famille** des mots dérivés, formés à partir du même radical à l'aide d'un préfixe et/ou d'un suffixe, comme : *hôpital, hospitaliser, hospitalier.*

Remarque : Ne confondez pas mot de la même famille et synonyme ; c'est une erreur fréquente au concours.

5) Qu'appelle-t-on un paronyme ?

Des paronymes sont des mots différents, mais présentant une certaine ressemblance comme une *tête d'oreiller* à la place d'une *taie d'oreiller* ou la confusion entre *dénuement* et *dénouement.*

6) Qu'appelle-t-on un champ lexical ?

Le champ lexical est l'ensemble des mots évoquant la même notion. Par exemple, les mots : vieillard, sénilité, gérontologie, archaïque, ancestral, vétéran, octogénaire appartiennent au champ lexical de la vieillesse.

La notion de champ lexical se retrouve au concours, lorsqu'on demande de « chasser l'intrus », c'est-à-dire d'éliminer le mot n'évoquant pas la même notion.

7) Quelques figures de style

Le style est la façon originale dont chacun utilise la langue pour exprimer les nuances de sa pensée. La connaissance de quelques figures de style vous permettra de mieux comprendre les intentions de l'auteur.

Dans l'épreuve de QCM, on peut vous demander de reconnaître une figure de style.

Figures	Définitions	Exemples
antiphrase	procédé ironique consistant à dire le contraire de ce que l'on veut suggérer	« C'est parfait, ne vous gênez surtout pas ! »
antithèse	mise en relief de deux termes pour les opposer. Cela permet de saisir le contraste entre deux situations.	« Ton bras est invaincu, mais non pas invincible ».
ellipse	effet d'intensité crée par le sous-entendu.	« Chacun son tour » « Soudain, un terrible bruit ».
comparaison	rapprochement de deux termes par un mot de liaison (comme, tel, pareil à)	« Il est fort comme un Turc ».
euphémisme	atténuation de la pensée pour masquer un idée désagréable	« Il nous a quittés » ou « Il a vécu » (pour parler d'un homme qui vient de mourir).

gradation	succession de mots selon une progression croissante	« Va, cours, vole... »
hyperbole	exagération de la réalité par l'emploi de termes forts	« Nous ne nous étions pas vu depuis des siècles ! »
inversion	Permutation du verbe et du sujet pour mettre en valeur l'action évoquée par le verbe.	« Soudain apparurent, au détour du sentier, deux énormes sangliers. »
litote	atténuation de la pensée. Elle permet de dire peu pour suggérer plus.	« Les regards qu'il lançait à l'oiseau manquaient de tendresse ! »
métaphore	image permettant la comparaison sans mot de comparaison (comme, tel, pareil à)	« L'abîme de mon existence »
métonymie	Procédé de langage associant un concept par un concept qui lui est uni par une relation de cause, de conséquence ou de ressemblance.	« Nous buvons un verre ». « Une bouteille de Bourgogne ».
périphrase	remplacement d'un mot par un groupe de mots. Cela permet de mettre en relief un aspect particulier.	« La Ville éternelle » (pour Rome)
personnification	action d'attribuer à un animal ou à un objet un comportement humain	« Je sais que le mistral peut être un très cruel tyran ».

C. Comment expliquer un mot dans un texte ?

Dans l'épreuve de compréhension de texte, on vous demande de trouver le sens d'un mot et de restituer ce sens dans le contexte.

1) La méthode

Pour expliquer un mot, une préparation méthodique au brouillon permet de réussir cette question. Essayez de respecter les différentes étapes :

- repérez le mot dans le texte et lisez attentivement le passage ; dans les sujets de concours, les mots sont rarement soulignés, vous devez les retrouver ;
- décomposez ce mot, interrogez-vous sur le radical, le préfixe, le suffixe ;
- cherchez un synonyme ;

- demandez-vous si ce mot est employé au sens propre ou au sens figuré, si c'est une image.

Puis sur votre copie, l'explication se fait en deux temps :

- recopiez le mot et donnez le sens général ;
- expliquez, ensuite, le mot dans le contexte par une ou deux phrases simples.

Cette dernière étape permet au correcteur d'apprécier votre compréhension du texte.

2) Exemple

« Une des caractéristiques de l'époque récente, dans l'évolution qui remonte environ à la fin de la Première Guerre mondiale et qui s'est affirmée à la fin de la Seconde, c'est la tendance à **l'homogénéisation**, *à l'uniformisation de modes de vie. Elle s'observe notamment entre les divers pays, entre les villes et les campagnes, entre les catégories sociales ». (Jean Cazeneuve)*

Le mot **homogénéisation** est formé du préfixe *homo* (semblable), du radical *généi* (qui produit) et du suffixe *ation* (résultat de l'action). Ce mot signifie : cohérence entre différents éléments ; le synonyme est : uniformisation.

La réponse sera rédigée ainsi : l'homogénéisation signifie l'uniformisation, c'est-à-dire une ressemblance entre divers éléments.

L'auteur emploie ce mot pour montrer que, depuis la Première Guerre mondiale, les différences entre les habitants des pays se sont estompées, quelles que soient leurs origines sociales et géographiques.

D. Comment expliquer une expression dans un texte ?

On peut vous demander de trouver le sens d'une expression et de restituer ce sens dans le contexte. Cela permet d'évaluer si le candidat a compris le texte ou la pensée de l'auteur.

En effet, restituer une expression n'est pas toujours aisé, car les mots peuvent avoir un sens figuré ou bien l'auteur peut utiliser des figures de style notamment.

1) La méthode

Pour expliquer une expression, vous devez suivre la même méthode :

- repérez l'expression dans le texte ;
- observez si elle comprend des mots difficiles, des mots dont l'emploi est inhabituel, une figure de style ou si c'est un expression toute faite (sauter à la gorge, faire ses gammes, la tour d'ivoire, etc.) ;

– reformulez l'expression, sur votre copie, en expliquant le sens général ;
– expliquez-la, enfin, dans le contexte par une ou deux phrases simples.

2) Exemples

a) Premier exemple : l'explication d'un expression comportant un mot difficile

« La voiture a mis à la disposition de tous, une puissance démesurée. Il est très difficile de conserver la raison quand on dispose d'une telle puissance. L'homme qui, volontiers, s'effacerait devant une porte pour laisser passer son voisin, cet homme, s'il pilote une « quinze » chevaux, entend bien dépasser le modeste possesseur d'une voiture de « dix » chevaux. Il se sent supérieur par ces ***vertus mirifiques****, célébrées par les affiches et les prospectus ». (Georges Duhamel)*

Cette expression comporte un mot difficile : l'adjectif **mirifique**. Cet adjectif est de la même famille que le nom miroir (du latin *mirus* : merveilleux, étonnant) et signifie étonnant, mirobolant.

Ces vertus mirifiques sont ces qualités admirables, merveilleuses qui font rêver l'homme.

Dans le texte, l'homme est ébloui de pouvoir augmenter sa propre puissance par la force mécanique de sa voiture tant vantée par la publicité.

b) Deuxième exemple : l'explication d'une expression comportant l'emploi d'un mot de sens inhabituel

« C'est à table que se sont construites les cultures, affinées les idées, prises les décisions politiques, célébrées les alliances, depuis qu'existe l'histoire. Ôtez aux Grecs leurs banquets, à Rome ses festins, à la bourgeoisie ses cuisiniers, vous n'aurez qu'une ***histoire squelettique****. Le fait est que les peuples affamés n'ont pas d'histoire ». (Roger-Pol Droit)*

Dans ce passage, l'emploi de l'adjectif **squelettique** est inhabituel ; il qualifie, au sens propre, un homme ou un animal et signifie décharné, très maigre.

Appliqué, dans cette phrase, à l'histoire, il prend alors un sens figuré : celui de réduit à peu de choses. L'auteur a utilisé l'image du squelette pour marquer l'opposition avec les mots de festins et de banquets.

Une histoire squelettique est une histoire très réduite, maigre comme un corps décharné.

En utilisant cette image, l'auteur montre que sans leurs banquets les peuples auraient une histoire dénuée de sens, sans anecdotes, car c'est autour d'une table que les décisions se sont toujours prises.

c) Troisième exemple : l'explication d'une expression toute faite

« L'homme moderne fait preuve à l'égard de la nature d'une agressivité jamais démentie. Le promeneur du dimanche cueille des fleurs et arrache bulbes et racines sans aucune attention. Les fleurs des champs sont pour lui sans valeur. Personne n'agira de même à l'égard des fleurs achetées à l'étal des commerçants, car elles ont coûté quelque argent, donc un temps de travail. Les fleurs de la nature sont gratuites, et de ce fait méprisables par l'homme. Pourquoi ? Simplement parce que la vie sauvage n'est pas **cotée à la Bourse du profit** *». (Jean Dorst)*

Cotée à la bourse du profit est un expression toute faite Vous devez expliquer le sens général, puis justifiez son emploi dans le texte.

Cotée à la Bourse du profit signifie estimer quelque chose en fonction du bénéfice que l'on peut en retirer.

L'auteur montre que seul ce qui a une valeur marchande, est important pour l'homme. Il méprise tout ce qui est gratuit. Il ne respecte pas les fleurs sauvages car elles ne lui coûtent rien.

Pour ma tante, le stylo à bille ouvrait une ère de la décadence, l'abandon des pleins et des déliés et de là, elle le pressentait, des accords des participes passés et de la concordance des temps. Le stylo à bille, c'était **le cheval de Troie**, *une sorte de Babel où s'anéantiraient la langue et le monde ». (Jean Rouaud)*

Cette expression toute faite fait référence à un passage de l'*Iliade*. Pour mettre fin au siège de la ville de Troie, Ulysse persuada les Grecs de construire un colossal cheval de bois et de cacher des guerriers dans ses flancs. Le cheval fut introduit dans la ville et la nuit les guerriers grecs sortirent et ouvrirent toutes grandes les portes de la ville.

Le cheval de Troie : cette expression désigne un danger caché, une ruse.

Le stylo à bille, symbole du progrès, est pour la vieille dame, synonyme de grandes catastrophes, cachées sous des apparences anodines.

Selon elle, il annonce la décadence de la langue française et sera même fatal pour la civilisation.

d) Quatrième exemple : l'explication d'une expression comportant un figure de style

Vous devez identifier la figure de style employée par l'auteur, la nommer puis vous demander quelle était son intention en l'utilisant. Les figures de style permettent, en effet, à un auteur de préciser sa pensée.

« Le château semblait abandonné depuis longtemps. Les toits paraissait plier sous le poids des végétations qui y croissaient. Les murs, quoique construits de ces pierres schisteuses dont abonde le sol, offraient de nombreuses lézardes où **le lierre attachait ses griffes** *». (Honoré de Balzac)*

Le procédé de style employé par l'auteur est une métaphore (une image). Le lierre griffu est comparé à un fauve, il blesse les pierres sur lesquelles il enfonce ses griffes.

Le lierre attachait ses griffes : cette expression est une métaphore ; le lierre est comparé à un prédateur comme un chat ou un tigre qui enfonce ses griffes et détruit les pierres.

L'auteur utilise cette image pour insister sur l'état d'abandon du château devenu sauvage.

> *« Notre navire avait un nom : l'Amiral Bragueton.* **Il ne devait tenir sur ces eaux tièdes que grâce à sa peinture**. *Tant de couches accumulées par pelures avaient fini par lui constituer une sorte de seconde coque à l'Amiral Bragueton à la manière d'un oignon ». (Louis-Ferdinand Céline)*

La figure de style employée dans ce passage est l'antiphrase, c'est-à-dire l'ironie. Elle consiste à faire croire que les couches de peinture servent de joints et qu'ainsi le bateau est étanche. L'auteur compare les différentes couches à un oignon.

L'auteur insiste sur le fait que l'*Amiral Bragueton* est très vétuste, que plus rien ne tient, que c'est, en effet, une épave qui flotte miraculeusement sur les eaux.

II. Les questions sur le sens du texte

Lors de l'épreuve d'explication de texte, différentes questions sont posées permettant d'évaluer l'aptitude du candidat à comprendre un texte d'ordre général et à retranscrire des idées dans un français grammaticalement correct.

Vous devez savoir expliquer une phrase, rechercher les idées essentielles ou l'idée principale, étudier les sentiments ou le caractère d'un personnage, illustrer l'opinion de l'auteur par des expressions relevées dans le texte, retrouver le ton et donner un titre au texte.

A. Comment expliquer un phrase ?

1) La méthode

Les phrases choisies dans les sujets de concours contiennent des idées importantes. Il faut repérer les mots-clés, c'est-à-dire les mots importants sur lesquels vous vous appuierez.

Si la phrase ne contient pas de mots difficiles, vous devez expliquer l'idée exprimée par l'auteur, puis développer cette idée et montrer son importance dans le texte.

2) Exemples

a) Premier exemple

« À condition d'être perçues par la famille au moment où elles se manifestent, **les difficultés de l'adolescence peuvent être négociées sans dommages**. *La majorité des jeunes qui traversent une adolescence agitée ne sombrent pas dans la marginalité. Au contraire certains s'épanouissent au terme d'une adolescence qui aura connu des phases conflictuelles difficiles. Voilà ce qui devrait rassurer nombre de parents ». (Sylvie Kerviel)*

Les difficultés de l'adolescence peuvent être négociées sans dommages signifie que les problèmes des jeunes peuvent être discutés et surmontés sans conséquences graves. L'auteur pense que l'adolescence est une période délicate pour les jeunes. Bon nombre d'entre eux sont en conflit avec leur entourage Or si les parents sont à l'écoute de ces adolescents, de nombreux problèmes seront ainsi résolus.

b) Deuxième exemple

« Ce que l'Europe appelle crise, c'est un peu moins de privilèges, un peu moins d'argent, des vacances écourtées. Une sorte de migraine qui instaure insomnie et inquiétude.

Pendant ce temps-là, le corps du tiers monde est ravagé ; **la famine est installée aussi bien par le ciel que par les dictatures militaires**. *Il a la fièvre et assiste à la mort de ses enfants ». (Tahar Ben Jelloun)*

La famine est installée aussi bien par le ciel que par les dictatures militaires signifie que la famine dans les pays du tiers monde a deux origines : les conditions climatiques et les gouvernements autoritaires.

La situation géographique des pays du tiers monde favorise certes la famine et la misère. Mais les régimes politiques très souvent militaires privent les peuples de libertés et les maintiennent dans un sous-développement économique. Ces dictateurs dépensent à leur fins personnelles les aides internationales et les richesses de leurs pays.

B. Comment retrouver des expressions du texte ?

1) La méthode

La question posée peut être formulée ainsi : « Relevez dans le texte les mots et les expressions illustrant l'affirmation de l'auteur ». Vous lirez alors le texte attentivement, en surlignant les expressions trouvées. Puis, vous introduirez par une phrase, les expressions que vous mettrez entre guillemets.

2) Exemple

« Les héros Alcir et Becicio vivent au Brésil dans une favela.

Alcir et Benicio contemplent le boulot des architectes improvisés. Au fur et à mesure que le pont s'avance vers l'autre bord une favela émerge à sa racine, des **baraques sur pilotis**, *accotées contre les soubassements du pont. Le* **gros pan de béton** *qui amorce l'***ouvrage** *est enveloppé de* **masures** *comme d'arcs-boutants. Les favelados, d'instinct, se sont agglutinés à cet élément* **massif et sain**. *Le prolongement du pont est plutôt une passerelle de planches qui, de jalon en jalon, survole l'avachissement du fleuve Guandu, dans un parcours irrégulier. Le soir, quand les ouvriers quittent le chantier, les enfants des favelados galopent le long du réseau, au-dessus des boues. Bientôt, ils iront directement de l'autre côté où rien ne les attend. Ils rôderont par bandes, le long de la rive et pourront regarder, à loisir, leur favela exactement en face, ce recul leur fera mesurer la précarité de leur condition. Ils chercheront, dans le ramassis* **des taudis**, *leur propre* **baraque** *reconnaissable à tel détail,* **tôle rouillée de guingois, grand carton maculé, profil de planche**... *Quel* **fleuron de pourriture, ruine taillée, rafistolée ?**... *Ils reviendront. Ils s'attarderont à mi-chemin, au centre du pont, en liberté au-dessus du fleuve engourdi, ils lanceront des lignes pour prendre d'hypothétiques poissons survivant dans la vase. Ils bombarderont les rats et les crapauds. Leurs parents bientôt feront la même promenade sur cette passerelle où nulle voiture ne peut s'aventurer, seulement les vélos, les motos, les piétons. Au crépuscule, ainsi projetés sur l'ombre du fleuve,* **leur viendra peut-être un sentiment de voyage et d'affranchissement**. *Tous les ponts, même les plus misérables, élargissent le cœur, inspirent un* **sentiment d'infini.** *L'eau luira sous la lune, ils penseront à la source, à l'estuaire du Guandu, ce beau nom sourd et lourd. Ils* **seront moins malheureux**. **Le grand fossile du fleuve chuchotera son rêve de navigation et de découverte »**.
(Patrick Grainville, Colère*)*

Remarque : Les expressions à retrouver et les mots-clés sont en caractères gras afin que vous les repériez plus facilement.

Les questions posées sont les suivantes.

- Relevez les expressions qui caractérisent le pont et ses matériaux, puis les maisons de la favela et leur matériaux.
- Malgré la misère, il reste aux favelados quelques parcelles de liberté et d'espoir. Retrouvez dans le texte, deux expressions qui traduisent la liberté et deux expressions qui traduisent l'espoir.

Dans ce texte, les expressions désignant le pont et ses matériaux sont (« le gros pan de béton », « l'ouvrage », « cet élément massif et sain »).

Les maisons de la favela et leurs matériaux sont désignés par les expressions (« des baraques sur pilotis », « masures », « des taudis », « leur propre baraque », « tôle rouillée de guingois », « grand carton maculé », « profil de planche », « fleuron de pourriture, ruine taillée, rafistolée »).

Les expressions qui symbolisent la liberté sont « leur viendra peut-être un sentiment de voyage et d'affranchissement », « tous les ponts inspirent un sentiment d'infini »).

L'idée d'espoir est traduite par (« ils seront moins malheureux » « le grand fossile du fleuve chuchotera son rêve de navigation et de découverte »).

C. Comment retrouver un sentiment ?

1) La méthode

Un sentiment est un état de la vie affective comme la joie, la tristesse, le doute, la certitude, l'amour, la haine, l'ennui, la pitié, le mépris, la solitude, la nostalgie, l'orgueil, la jalousie, l'étonnement, la peur, le regret, etc.

Pour retrouver les sentiments de l'auteur ou de ses personnages, vous devez repérer, dans le texte, les expressions qui évoquent ce sentiment et le nommer. Vous justifierez votre réponse grâce aux expressions relevées.

L'étude des temps de conjugaison et des figures de style peuvent vous aider à préciser la pensée de l'auteur.

Votre réponse sera introduite par une phrase rappelant la question posée.

Important : Ne confondez pas un **sentiment** et une **sensation**. Une sensation est une impression produite par l'un des cinq sens et dépend de la réalité et de l'état physiologique comme la faim, le froid, la chaleur, la soif, la fatigue, la douleur, etc.

2) Exemple

« Sa pensée, sans but d'abord, vagabondait au hasard, comme sa levrette, qui faisait des cercles dans la campagne, jappait après les papillons jaunes, donnait la chasse aux musaraignes ou mordillait les coquelicots sur le bord d'une pièce de blé. Puis ses idées peu à peu se fixaient, et assise sur le gazon, qu'elle fouillait à petits coups avec le bout de son ombrelle, Emma se répétait :

–**Pourquoi, mon Dieu ! me suis-je mariée** *?*

Elle se demandait s'il n'y aurait pas eu moyen, *par d'autres combinaisons du hasard, de rencontrer un autre homme ; et* **elle cherchait à imaginer quels eussent été** *ces événements non survenus, cette vie différente, ce mari qu'elle ne connaissait pas. Tous, en effet, ne ressemblaient pas à celui-là.* **Il aurait pu être beau, spirituel, distingué, attirant,** *tels qu'ils étaient, sans doute, ceux qu'avaient épousés ses anciennes camarades du couvent. Que faisaient-elles maintenant ? À la ville, avec le bruit des rues, le bourdonnement des théâtres et les clartés du bal, elles avaient des existences où le cœur se dilate, où les sens s'épanouissent. Mais elle,* **sa vie était froide** *comme* **un grenier dont la lucarne est au nord,** *et* **l'ennui, araignée silencieuse, filait sa toile dans l'ombre à tous les coins de son cœur. Elle se rappelait** *les* *jours de distribution de prix, où elle montait sur l'estrade pour aller chercher ses petites couronnes. Avec ses cheveux en tresse, sa robe blanche et ses souliers de prunelle découverts, elle avait une façon gentille, et les messieurs, quand elle regagnait sa place, se penchaient pour lui faire des compliments ; la cour était pleine de calèches, on lui disait adieu par les portières, le maître de musique passait en saluant, avec sa boîte à violon.* **Comme c'était loin, tout cela ! comme c'était loin** *! » (Gustave Flaubert,* Madame Bovary*)*

Dans ce passage, Emma Bovary éprouve différents sentiments. Elle ressent, tout d'abord un sentiment de **regrets** : celui de la vie différente qu'elle aurait pu mener si elle n'avait pas épousé Monsieur Bovary. Elle s'interroge (« elle se demandait si... », « elle cherchait à imaginer quels... ») Ce sentiment d'une vie manquée, d'un retour en arrière impossible s'exprime par l'emploi du conditionnel passé (« il aurait pu être beau... », « s'il n'y aurait pas eu besoin... », « quels eussent été... »).

Elle **s'ennuie**, aussi, elle passe des journées monotones et interminables. L'auteur emploie l'imparfait pour insister sur la notion de durée et de répétition (« l'ennui...filait sa toile... », « sa vie était froide... »). Flaubert utilise deux figures de style pour renforcer cette impression d'ennui et d'abandon : une comparaison (« comme un grenier dont la lucarne est au nord ») et une métaphore (« araignée silencieuse »).

Enfin, elle éprouve de **la nostalgie** ; elle se souvient de son enfance (« elle se rappelait les jours de distribution des prix... », « comme c'était loin, tout cela »).

D. Comment étudier un caractère ?

Cette question n'est posée que très rarement, mais vous pouvez la rencontrer dans les textes littéraires.

1) La méthode

La question peut être libellée ainsi : « Que vous apprend ce texte sur le caractère du héros ? »

Vous devez repérer, paragraphe par paragraphe, les expressions qui illustrent ce caractère, et les relever si la question posée le précise. Votre réponse devra comporter un phrase introductive qui rappelle la question posée.

Puis vous rédigerez cette étude de caractère en justifiant vos affirmations par les expressions relevées dans le texte.

Les phrases seront complètes et reliées par des mots de liaison ; vous devez éviter les tirets et ne pas vous contenter d'une simple énumération.

2) Exemple

« M. Panard était ***un homme prudent*** *qui avait peur de tout dans la vie.* ***Il avait peur des tuiles, des chutes, des fiacres, des chemins de fer, de tous les accidents possibles, mais surtout des maladies****. Il avait compris, avec une extrême prévoyance, combien notre* ***existence est menacée*** *sans cesse par tout ce qui nous entoure.* ***La vue d'une marche le faisait penser aux entorses****, aux bras et aux jambes cassés, la vue d'une vitre aux affreuses blessures par le verre, la vue d'un chat, aux yeux crevés ; et il vivait avec* ***une prudence méticuleuse, une prudence réfléchie, patiente, complète****. Il disait à sa femme, une brave femme qui se prêtait à ses manies : « Songe, ma bonne, comme il faut peu de chose pour estropier ou pour détruire un homme. C'est effrayant d'y penser. On sort bien portant ; on traverse une rue, une voiture arrive et vous passe dessus ; ou bien on s'arrête cinq minutes sous une porte cochère à causer avec un ami ; et on ne sent pas un petit courant d'air qui vous glisse le long du dos et vous flanque une fluxion de poitrine. Et cela suffit. C'en est fait de vous ».*

Il s'intéressait d'une façon particulière à l'article Santé publique, *dans les journaux ; connaissait le* ***chiffre normal des morts*** *en temps ordinaire, suivant les saisons, la marche et les caprices des épidémies, leurs symptômes, leur durée probable, la manière de les prévenir, de les arrêter, de les soigner. Il possédait une bibliothèque médicale de tous les ouvrages relatifs aux traitements mis à la portée du public par les médecins vulgarisateurs et pratiques.*

Il avait cru à tous les systèmes qu'on suppose infaillibles, pendant six mois, contre tous les maux. Aujourd'hui, il était un peu revenu de sa confiance, et il pensait avec sagesse que le ***meilleur moyen d'éviter les maladies consiste à les fuir*** *». (Guy de Maupassant,* Voyage de santé*)*

La question posée est la suivante : « dégagez de ce texte, les principaux traits de caractère de M. Panard ».

M. Panard est « un homme prudent » et maniaque (« il vivait avec une prudence méticuleuse, une prudence réfléchie patiente, complète »). Il est aussi très peureux (« qui avait peur de tout, peur des tuiles (...) mais surtout des maladies », « notre existence est menacée »).

De plus, il a une imagination fertile (« la vue d'une marche le faisait penser, aux entorses... », « c'est effrayant d'y penser »).

Son humeur est morbide (« il connaissait le chiffre ordinaire des morts »). Enfin, M. Panard est un homme qui s'organise pour échapper aux maladies (« le meilleur moyen d'éviter les maladies, consiste à les fuir »).

E. Comment trouver le ton d'un texte ?

1) La méthode

Le ton du texte est la manière de s'exprimer dans un récit. Il traduit les intentions ou l'état d'esprit de l'auteur. Ce ton peut être ironique, amusé, humoristique, sérieux, étonné, pessimiste, amer, lyrique, tragique... Vous devez relever les expressions qui traduisent ce mode d'expression et étudier les figures de style employées par l'auteur. Ainsi, le procédé de l'antiphrase indique l'ironie. Vous justifierez votre réponse, si on vous le demande, par les expressions relevées dans le texte.

2) Exemple

> *« Le simoun, vent très chaud, se lève par bourrasques au sud du Maroc saharien. Il y produit des tourbillons compacts, brûlants, coupants, assourdissants, qui masquent le soleil et gercent le bédouin. Le simoun reconstruit le désert,* **exproprie les dunes, rhabille les oasis**, *le sable éparpillé va* **s'introduire profondément partout jusque sous l'ongle du bédouin, dans le turban du Touaregs et l'anus de son dromadaire.**
>
> *Le Touareg, bâché de bleu, se tient coi sur la bosse de sa bête. Près de lui, statufiés sous la tourmente,* **trois autres Touaregs attendent que ça se tasse**. *Le sable fait monter un socle, poussière de pierre autour des chevilles des animaux. Quand le plus jeune des Touaregs, affolé, crie qu'il s'enlise et que ça ne va plus du tout, ses aînés ne lui répondent pas.* **Sous leur housse, ils n'ont pas dû entendre la voix du débutant.** *C'est qu'autour d'eux la tempête grince énormément.*
>
> *Mieux instruits que le jeune méhariste, ses aînés savent que le phénomène arrive du cœur du continent, qu'un aquilon venu d'Afrique centrale déchire de temps en temps le grand désert du Nord dont il fait bouillir l'étendue stérile et transporte l'écume au-delà des mers. Se délestant à la surface des eaux, tel une montgolfière, des sacs de sable du Grand Erg, faisant frémir au passage le titane des Boeing, le désert vole vers l'Europe dont il va poudrer le Nord-Ouest,* **perfectionner le revêtement des plages** *et propulser des grains dans tous les engrenages.*
>
> *Croisant vers le nord,* **le tapis volant marocain** *touche Paris dans le milieu de la nuit, s'y dissémine uniformément sans omettre bien sûr le secteur Maroc,* **vers Stalingrad après la rue de Tanger** : **il recouvre la rue du Maroc, la place du Maroc et l'impasse du Maroc** *au bout de laquelle réside Louis Meyer, homme astigmate et polytechnicien, quarante-neuf ans jeudi dernier, spécialisé dans les moteurs en céramique. Homme infidèle et divorcé d'une femme, née Victoria Salvador le jour de l'invention du poste à transistors. Homme seul et surmené qui va se payer, pour son anniversaire, une petite semaine à la mer ».*
> *(Jean Echenoz)*

La description du simoun par Jean Echenoz est pleine d'humour. Il utilise une métaphore amusante (« tapis volant marocain »), un langage parfois familier (« attendant que cela se tasse »).

Ce vent de sable semble naturellement recouvrir le quartier marocain de Paris. L'auteur décrit les Touaregs pris dans la tempête d'une manière très cocasse (« sous leur housse, ils n'ont pas dû entendre la voix du débutant »).

De nombreuses expressions relevées dans le texte montrent bien ce ton humoristique (« il exproprie les dunes », « le sable va s'introduire profondément partout jusque sous l'ongle du bédouin, dans le turban du Touareg et l'anus de son dromadaire », « trois autres Touaregs attendent que cela se tasse », « perfectionner le revêtement des plages », « le tapis volant marocain », « le secteur Maroc, vers Stalingrad... », « il recouvre la rue du Maroc, la place du Maroc et l'impasse du Maroc »).

F. Comment retrouver les idées essentielles et l'idée principale ?

Les questions peuvent être formulées ainsi :

- « Dégagez l'idée principale de ce texte ».
- « Quelles sont les idées essentielles de ce texte ».
- « Dégagez les différentes parties de ce texte et résumez chacune par une phrase ».

Ces questions permettent d'apprécier la faculté qu'a le candidat de comprendre les intentions de l'auteur et de les restituer de manière cohérente et synthétique.

1) La méthode

Essayez de respecter, pour réussir ces questions, les différentes étapes proposées.

- Repérez le nom de l'auteur, de l'ouvrage, la date de parution, le nom du journal...Tous ces renseignements vous seront précieux.
- Dégagez le thème de ce texte (la violence, l'emploi, la publicité...).
- Lisez attentivement le texte, une lecture superficielle ne permet pas de saisir le sens général. Pour vous aider, vous pouvez repérer les difficultés en les soulignant, préciser les mots difficiles et reformuler ce qui vous semble complexe.
- Retrouvez les différentes parties du texte en vous aidant des liens logiques (tout d'abord, ensuite, enfin, mais, cependant, etc.). Cela vous permettra de suivre l'argumentation de l'auteur. **Chaque partie comprend une idée, un fait, ou une opinion.**
- Surlignez, dans chaque partie, les mots-clés. Ce sont les mots importants du paragraphe, ils portent le sens du texte.
- Étudiez les éventuelles figures de style.
- Dégagez, enfin, l'idée essentielle contenue dans chaque paragraphe.
- Distinguez parmi les idées essentielles, si cela est demandé, l'idée principale. Elle constitue la thèse de l'auteur, c'est-à-dire ce qu'il pense sur le thème.

2) Exemple

a) Premier exemple

Le jeune homme

« À ceci d'abord, nous reconnaîtrons le **jeune homme : l'indétermination**. *Il est d'une force vierge qu'aucune spécialité ne confisque ; il ne* **renonce à rien** *;* **toutes les routes l'appellent**. *C'est le temps de la débauche et de la sainteté, le temps de la tristesse et de la joie, de la moquerie et de l'admiration, de l'ambition et du sacrifice, de l'avidité et du renoncement ». (François Mauriac)*

Afin de dégager l'idée principale de ce paragraphe, il faut déterminer le thème : le jeune homme, et les mots-clés (en caractères gras), puis construire avec ces mots-clés, une phrase qui résumera l'opinion de l'auteur.

François Mauriac constate, dans ce paragraphe, l'indétermination du jeune homme. Beaucoup de possibilités s'offrent à lui, mais il veut pouvoir choisir sans renoncer à rien. Pour insister sur cette indécision, l'auteur utilise le procédé de l'antithèse, c'est-à-dire l'opposition entre les termes (débauche et sainteté, moquerie et admiration...).

b) Deuxième exemple

« La Renaissance nous a donné la civilisation du livre, de la « chose » chiffrée et donc déchiffrable. La chose imprimée représente une collaboration essentielle entre l'auteur et le lecteur. Il semble que notre culture actuelle repose sur cette collaboration active et efficace des esprits. Notre individualisme n'a-t-il pas ici trouvé ses sources vives ? Cette civilisation du livre dont nous sommes nourris depuis cinq siècles montre bien là son pouvoir.

À ce mouvement de l'homme vers la connaissance se substitue aujourd'hui un mouvement de la connaissance vers l'homme. Sous des formes différentes, le monde a trouvé le moyen de se révéler, de s'exposer aux yeux de tous. L'homme est en train d'apprendre passivement à connaître l'univers. Il s'informe moins qu'il ne reçoit l'information par la radio ; par le cinéma, par la télévision enfin, le monde entier vient à lui, livre ses derniers secrets, s'impose.

Nous n'avons pas le droit de dénigrer la télévision qu'on peut considérer comme l'instrument le plus puissant d'une nouvelle forme de culture : par la nature même de son pouvoir, elle contribuera peut-être à transformer notre civilisation.

Il serait insensé de négliger, dans le domaine de l'information, la venue sur le petit écran, de l'image même de l'éwénement. Voici que pour la première fois il est possible, grâce à l'image, d'informer directement, sans faire appel à la chose imprimée. Bientôt le monde entier s'exprimera en montrant son visage et trouvera dans ce face à face quotidien des forces inconnues qui exciteront singulièrement les consciences ». (André Brincourt)

La question posée est : « distinguez les différentes parties de ce texte, en indiquant clairement pour chacune d'elles, quelle est l'idée principale ».

Ce texte est composé de quatre parties. L'auteur n'a pas utilisé de mots de liaison, les différentes parties sont en effet juxtaposées.

La première partie va jusqu'au mot « pouvoir ». L'auteur insiste sur l'importance de l'écrit dans notre culture. En effet, depuis cinq siècles, l'homme s'est civilisé grâce aux livres.

La deuxième partie va jusqu'au mot « s'impose ». L'auteur remarque que contrairement à ce qui se passait auparavant, l'homme ne fait plus l'effort de s'informer, il préfère recevoir passivement l'information. Grâce à l'image, le monde s'offre à lui.

La troisième partie va jusqu'au mot « civilisation ». L'auteur ne blâme pas la télévision, il affirme que grâce à sa puissance, elle peut transformer notre civilisation.

En effet, dans la dernière partie, l'auteur montre la place de l'image dans notre civilisation. Elle remplace progressivement l'écrit, ce qui sera, selon lui, bénéfique pour l'éveil des consciences.

G. Comment donner un titre ?

1) La méthode

Cette question permet de vérifier si le candidat comprend le texte et s'il est capable en quelques mots de le résumer. Pour trouver un titre, vous devez vous poser deux questions : « quel est le thème ? » et « quelle est la thèse ? » Puis, vous chercherez une formule en dix mots maximum qui répond à ces deux questions, en respectant le ton du texte.

Important : Vous devez absolument éviter les jeux de mots et les expressions familières dans le titre, même si le ton du texte est humoristique.

2) Exemple

Reprenons le texte précédent. Le thème est : la place de l'écrit et de l'image dans la civilisation de l'homme. La thèse est : avec le livre, l'homme allait vers la connaissance. Depuis l'apparition de l'image et plus particulièrement de la télévision, la connaissance va vers l'homme.

Les titres proposés sont : « La télévision : nouvel outil pour civiliser l'homme ? » ou « Grâce à l'image, le monde s'offre à nous ».

III. Les exercices d'application corrigés

Les exercices proposés vous permettront de mettre en application les différents thèmes abordés précédemment. Vous trouverez deux types d'exercices : tout d'abord des exercices se présentant sous la forme de QCM, puis des exercices de compréhension à partir d'un texte composé soit d'un texte littéraire, soit d'un texte extrait d'un article de journal et de questions. Les sujets proposés aux différents concours sont plus souvent des textes journalistiques, mais il est souhaitable que vous étudiiez des textes littéraires car d'une part, vous pouvez les rencontrer au concours et d'autre part le style est plus intéressant. Après avoir effectué ces exercices, vous pourrez consulter les corrigés situés après les énoncés.

A. Énoncés

1 *Cochez le synonyme du mot proposé.*

1. dépréciatif
❐ vilain ❐ inoffensif ❐ péjoratif ❐ méchant

2. pragmatique
❐ incommode ❐ fantaisiste ❐ concret ❐ rêveur

3. étique
❐ maigre ❐ moral ❐ alcoolique ❐ racial

4. obsolète
❐ habituel ❐ actuel ❐ périmé ❐ périodique

5. cupide
❐ généreux ❐ avide ❐ désintéressé ❐ abondant

6. dispendieux
❐ disponible ❐ onéreux ❐ dépensier ❐ insouciant

7. supputer
❐ refuser ❐ trafiquer ❐ évaluer ❐ accepter

8. éluder
❐ esquiver ❐ comprendre ❐ résoudre ❐ interdire

9. loquace
❐ muet ❐ coléreux ❐ bavard ❐ lâche

10. hégémonie
❐ déclin ❐ domination ❐ civilisation ❐ succès

2 *Dans chaque liste barrez l'intrus, c'est-à-dire le mot n'appartenant pas à la même famille.*

1. plantaire - plantureux - plantation - implantation
2. intermédiaire - médiation - immédiat - médiateur
3. décence - indécent - descemment - descente
4. science - sciemment - scientifique - scientiste
5. temporaire - temps - température - intemporel
6. successoral - succès - succéder - successif
7. jeûne - juvénile - jouvence jeunesse
8. doctorat - doctoral - docteur - doctrinal
9. usité - usine - usage - usufruit
10. altruisme - alter ego - altier - altruisme

3 *Dans chaque liste barrez l'intrus, c'est-à-dire le mot dont le sens diffère.*

1. croyant - mystique - athée - dévot
2. satire - diatribe - louange - pamphlet
3. fougue - passion - véhémence - froideur
4. recrudescence - pléthore - pénurie - foison
5. rétrocéder - offrir - remettre - donner
6. lucidité - entendement - résonner - sagace
7. sénile - gériatrie - puéril - antédiluvien
8. rupin - indigent - nanti - opulent
9. célérité - diligent - tergiverser - effréné
10. nécropole - rescapé - linceul - macabre

4 *Cochez l'antonyme du mot proposé.*

1. précaire
❒ instable ❒ éphémère ❒ stable ❒ précis

2. équivoque
❒ clair ❒ obscur ❒ ambigu ❒ instable

3. frugal
❒ brut ❒ fruité ❒ simple ❒ copieux

4. parcimonie
❒ avarice ❒ pingrerie ❒ économie ❒ prodigalité

5. circonspection
❒ témérité ❒ prudence ❒ précaution ❒ réflexion

6. pénurie
❒ abondance ❒ rareté ❒ défaut ❒ difficulté

7. fustiger
❒ soutenir ❒ féliciter ❒ blâmer ❒ détruire

8. achopper
❒ avancer ❒ trébucher ❒ soutenir ❒ buter

9. sciemment
❒ calmement ❒ savamment ❒ volontairement ❒ involontairement

10. disculper
❒ innocenter ❒ justifier ❒ libérer ❒ inculper

5 *Rédigez une phrase simple pour chaque paronyme. Par exemple, pour les paronymes satyre et satire : cet homme est un dangereux satyre et Proust a fait la satire de la vie mondaine.*

1. abjurer - adjurer
2. alternance - alternative
3. censé - sensé
4. désintérêt - désintéressement
5. éminent - imminent
6. exaucer - exhausser
7. importun - opportun
8. intègre - intégral
9. perpétrer - perpétuer
10. recouvrer - recouvrir

6 *Cochez la définition exacte du mot proposé.*

1. Une rémission est-elle ?
❒ une accalmie, une atténuation momentanée d'une maladie
❒ une aggravation
❒ un oubli, une absence, un trou de mémoire

2. La prophylaxie est-elle ?
❒ la prédiction d'événements futurs
❒ l'ensemble des mesures destinées à empêcher l'apparition ou la propagation des maladies
❒ l'action d'étudier minutieusement et avec méthode

3. Une proscription est-elle ?
❒ un ordre formel et détaillé
❒ une ordonnance médicale
❒ un bannissement

4. L'inanition est-elle ?
❒ le fait de paraître sans vie
❒ la privation totale ou partielle d'aliments
❒ l'état de ce qui est vain

5. Un placebo est-il ?
❒ une substance inactive substituée à un médicament pour étudier l'action réelle de ce dernier
❒ une mine d'or ou de diamants
❒ un courtisan ou une personne complaisante

6. Un insulaire est-il ?
❒ une personne aimant vivre seule
❒ une personne qui s'est révoltée
❒ une personne habitant sur une île

7. Duper quelqu'un est-ce ?
❒ le tromper
❒ le stimuler
❒ le recruter

8. Le don d'ubiquité est-il ?
❒ assimiler très vite des informations
❒ se trouver à deux endroits simultanément
❒ savoir mettre tout le monde à l'aise

9. Un dilemme est-il ?
❒ un préjugé
❒ un choix auquel on ne peut échapper
❒ une alternance

10. L'anorexie est-elle ?
❒ un astre du système solaire
❒ la perte de l'appétit
❒ un trouble de la parole

7

« Avec la neige, la vie de la forêt s'était tue ; les bêtes, plus prévoyantes que les hommes, avaient depuis longtemps gagné tanières et terriers. Ils semblaient les seuls survivants sur le dos du monde : lui, le cavalier et son cheval.

Parfois la neige, entraînée par son poids, tombait par paquets, dénudant les branches des mélèzes et des cèdres ; le vert des aiguilles était comme une insolence sur ce blanc douloureux. Le chemin suivi par le cheval était de plus en plus escarpé, et Julien commençait à peiner et à souffler dans les pentes.

À un moment, il vit trembler sur la ligne des crêtes devant lui, à une demie-lieue à peu près, une ombre qui tachait la neige dans l'éclairage rasant. C'était l'autre qui passait un petit col. Julien se jeta sous le couvert, attendant que le Noir eût basculé de l'autre côté pour repartir. Ainsi il était tout proche, il fallait foncer. Le froid lui grignotait les oreilles et le nez ; mais une joie, forte et tenace comme un feu, brûlait au-dedans de lui.

Déjà, ils n'avançaient plus que dans des vallées étroites, resserrées, où le soleil entrait à peine. Vers quatre heures, l'ombre était presque complète. Il fut gagné par le gel ; mais rien n'aurait pu le ralentir à présent. Il se demandait comment il tuerait le Noir, si celui-ci gagnait le premier endroit habité ; sa vengeance était une affaire personnelle, sans compter qu'il n'avait aucune preuve en-dehors de sa certitude ; et Julien n'avait pas envie de finir ses jours au bagne ; tout cela se mêlait sur ses lèvres avec les halètements de l'effort.

Soudain, comme la route surplombait une courbe, un peu plus bas, il vit un cheval attaché à un tronc abattu et à côté, assis sur un rocher, le Noir qui se réchauffait à grand renfort de moulinets des bras.

Julien s'arrêta, s'efforçant de calmer le galop de son cœur. Il posa son baluchon à terre et desserra les lanières du fusil ; l'arme bien graissée lui parut chaude ; mais autour d'eux, peu à peu, les mâchoires d'un immense étau glacé se refermaient. L'univers entier, ciel, nuages et soleil compris, se cristallisait comme la neige déjà amoncelée sur les pentes. Le paysage s'accordait au drame de julien, qui dut rappeler à lui toutes ses bonnes raisons. Il posa le canon sur son paquetage et, respirant aussi calmement qu'il le pouvait, ajusta l'homme ». (Jean-Louis Magnon, Le Vaste Monde*)*

Questions

1. Donnez un titre au texte.

2. Expliquez les images suivantes : « le froid lui grignotait les oreilles » ; « le galop de son cœur ».

3. Indiquez les sentiments qui animent Julien pendant sa marche. Justifiez chacun d'entre eux par un exemple tiré du texte.

4. Les éléments naturels extérieurs sont-ils favorables ou défavorables à Julien ? Justifiez votre réponse en quelques lignes. Que constatez-vous ?

8

« L'absence a des effets singuliers. J'en fis l'épreuve pendant cette première année d'éloignement qui me sépara de M. Dominique, sans qu'aucun souvenir direct parût nous rappeler l'un à l'autre. L'absence unit et désunit, elle rapproche aussi bien qu'elle divise, elle fait se souvenir, elle fait oublier ; elle relâche certains liens très solides, elle les tend et les éprouve au point de les briser ; il y a des liaisons soi-disant indestructibles dans lesquelles elle fait d'irrémédiables avaries ; elle accumule des mondes d'indifférences sur des promesses de souvenirs éternels. Et puis d'un germe imperceptible, d'un lien inaperçu, d'un « adieu, monsieur », qui ne devait pas avoir de lendemain, elle compose, avec des riens, en les tissant je ne sais comment, une de ces trames vigoureuses sur lesquelles deux amitiés viriles peuvent très bien se reposer pour le reste de leur vie, car ces attaches-là sont de toute durée. Les chaînes composées de la sorte à notre insu, avec la substance la plus pure et la plus vivace de nos sentiments, par cette mystérieuse ouvrière, sont comme un insaisissable rayon qui va de l'un à l'autre et ne craignent plus rien, ni des distances, ni du temps. Le temps les fortifie, la distance peut les prolonger indéfiniment sans les rompre... Une année se passe. On s'est quitté sans se dire au revoir ; on se retrouve, et pendant ce temps l'amitié a fait en nous de tels progrès que toutes les barrières sont tombées, toutes les précautions ont disparu. Ce long intervalle de douze mois, grand espace de vie et d'oubli, n'a pas contenu un seul jour inutile, et ces douze mois de silence vous ont donné tout à coup le besoin mutuel des confidences, avec le droit plus surprenant encore de vous confier ». (Eugène Fromentin, Dominique*)*

Questions

1. Expliquez l'expression : « un germe imperceptible ».

2. Expliquez la phrase : « il y a des liaisons soi-disant indestructibles dans lesquelles elle fait d'irrémédiables avaries ».

3. D'après l'auteur, quelles sont les deux conséquences de l'absence. Vous rédigerez votre réponse sans recopier le texte.

4. L'auteur utilise deux procédés de style pour mettre en valeur cette double conséquence. Après les avoir nommés, expliquez-les.

9

« Dans l'après-midi elles sortaient ensemble, menaient la vie des femmes. Ah ! cette vie était extraordinaire ! Elles allaient dans des « thés », elles mangeaient des gâteaux qu'elles choisissaient délicatement, d'un petit air gourmand : éclairs au chocolat, babas et tartes.

Tout autour c'était une volière pépiante, chaude et gaiement éclairée et ornée. Elles restaient là, assises, serrées autour de leurs petites tables et parlaient.

Il y avait autour d'elles un courant d'excitation, d'animation, une légère inquiétude pleine de joie, le souvenir d'un choix difficile, dont on doutait encore un peu (se combinerait-il avec l'ensemble bleu et gris ? mais si pourtant, il serait admirable), la perspective de cette métamorphose, de ce rehaussement subit de leur personnalité, de cet éclat. Elles, elles, elles, toujours elles, voraces, pépiantes et délicates.

Leurs visages étaient comme raidis par une sorte de tension intérieure, leurs yeux indifférents glissaient sur l'aspect, sur le masque des choses, le soupesaient un seul instant (était-ce joli ou laid ?), puis le laissaient retomber. Et les fards leur donnaient un éclat dur, une fraîcheur sans vie.

Elles allaient dans des thés. Elles restaient là, assises pendant des heures, pendant que des après-midi entières s'écoulaient ». (Nathalie Sarraute, Tropismes*)*

Questions

1. Expliquez les expression suivantes : « c'était une volière pépiante » « ce rehaussement subit de leur personnalité ».

2. Donnez un titre à ce texte.

3. Quel est le ton employé par l'auteur ? Justifiez votre réponse.

4. Que veut montrer Nathalie Sarraute dans ce texte ? Justifiez votre réponse.

10

« Le problème de la tolérance ne date pas d'aujourd'hui. Mais, en raison notamment du phénomène de mondialisation, la question prend une actualité particulière : les occasions de confrontation entre groupes, entreprises, États, civilisations sont plus nombreuses que jamais. On assiste à une interaction de plus en plus grande, et l'apprentissage de la tolérance se fait par la nécessité de vivre ensemble. Mais ce

processus d'apprentissage prend du temps : la tolérance ne se décrète pas, elle ne dépend pas de l'existence d'institutions.

En effet, la tolérance est une attitude, une disposition, qui est encouragée ou contrariée par l'éducation et la culture. Elle a deux composantes. La première, morale, consiste à admettre que celui qui est face à soi est son égal, à reconnaître les autres et à les accepter pour eux-mêmes. La seconde est intellectuelle : il s'agit d'accepter d'apprendre des autres, de reconnaître que les différentes cultures décrivent autant d'expériences fondamentales. De ce point de vue, il n'y a pas de tolérance sans curiosité.

La tolérance est une **éthique**. *Comme telle, elle relève d'un travail de chacun sur lui-même, et des sociétés sur elles-mêmes. Il n'y a donc aucun déterminisme, aucune solution définitive. La menace est permanente, et aucune société ne peut prétendre échapper à l'éruption soudaine de l'intolérance. La vraie question est de savoir comment construire une société de tolérance, comment réduire les risques d'intolérance.*

Cela suppose d'abord de donner à la tolérance les conditions favorables à son épanouissement, et renvoie donc au problème du développement. En effet, la tolérance exige l'existence de conditions économiques permettant à chacun **d'être affranchi** *des problèmes de subsistance au jour le jour. Elle est liée à un certain niveau de développement : quand un peuple, ou un groupe, se trouve dans la* **précarité** *matérielle, il n'a guère la possibilité d'être tolérant. L'état de besoin engendre un type de cohésion qui suscite plutôt le rejet des autres, parce qu'un groupe humain qui sent sa survie en jeu a une tolérance à l'agression limitée. Encourager la tolérance, c'est d'abord aider au développement économique.*

Il faut également accepter les valeurs des autres cultures. Le système du droit international, la déclaration universelle des droits de l'homme, le système de valeurs sur lequel se fonde la hiérarchie des normes, ont été élaborés dans des pays occidentaux, avec leurs critères, leur vocabulaire, leurs références culturelles. Les autres continents n'y ont pas été associés. La tolérance est d'envisager avec sympathie ceux qui estiment que les grands principes universels peuvent être interprétés de différentes manières et que l'interprétation occidentale n'en est qu'une parmi d'autres. On ne peut demander à des peuples qui sont nos égaux non seulement de se plier à un code à l'élaboration duquel ils n'ont pas participé, mais également d'accepter notre interprétation comme étant la seule. C'est ainsi qu'en matière de droits de l'homme, le monde occidental impose en permanence sa propre vision. Pourtant, l'hindouisme et le bouddhisme représentent des sommets dans le domaine de la réalisation intellectuelle, de la pensée, de la sagesse, comparables à ceux que nous avons atteints en Occident. Mais nous avons tendance à les mépriser par ignorance. S'il doit y avoir un « choc des civilisations », c'est sur le terrain des valeurs qu'il risque de se situer ». (Thierry de Montbrial)

Questions

1. Précisez le sens des mots ou expressions en caractères gras dans le texte.

2. Expliquez pourquoi le problème de la tolérance est particulièrement sensible aujourd'hui.

3. « Il n'y a pas de tolérance sans curiosité ». Comment comprenez-vous cette phrase ? Vous paraît-elle justifiée ?

4. Quelles raisons l'auteur avance-t-il pour affirmer qu'il n'y a pas de solution définitive au problème de l'intolérance ?

5. Quelles sont, d'après l'auteur, les deux conditions indispensables au développement de la tolérance ?

B. Corrigés

Corrigé n°1

1. péjoratif	2. concret	3. maigre
4. périmé	5. avide	6. onéreux
7. évaluer	8. esquiver	9. bavard
10. domination		

Corrigé n°2

1. plantureux	2. immédiat	3. descente
4. sciemment	5. température	6. succès
7. jeûne	8. doctrinal	9. usine
10. altier		

Corrigé n°3

1. athée	2. louange	3. froideur
4. pénurie	5. rétrocéder	6. résonner
7. puéril	8. indigent	9. tergiverser
10. rescapé		

Corrigé n°4

1. stable	2. clair	3. copieux
4. prodigalité	5. témérité	6. abondance
7. féliciter	8. avancer	9. involontairement
10. inculper		

Corrigé n°5

1. Henri IV a abjuré en l'église Saint-Denis (renoncé officiellement à sa religion). Nous l'adjurons de dire la vérité (supplions).

2. Cette salle de cinéma passe ces deux films en alternance (l'un après l'autre). Dans cette alternative, il faut choisir (situation dans lequel il n'y a deux possibilités).

3. C'est une personne très sensée (pleine de bon sens). Il n'est pas censé nous accompagner (supposé).

4. Son désintérêt pour les questions politiques est évident (manque d'intérêt). Elle agit avec beaucoup de désintéressement (sans intérêt personnel).

5. Richelieu était un personnage éminent (supérieur). Le départ du train est imminent (très proche).

6. Ses vœux ont été exaucés (réalisés). Il faudrait exhausser le podium pour que les spectateurs voient mieux (rehausser).

7. Les voisins sont très importuns (indiscrets, gêneurs). Elle attendit le moment opportun pour lui faire connaître sa décision (favorable).

8. Cet homme est très intègre (honnête). La banque exigeait le remboursement intégral de la dette (complet).

9. Un crime a été perpétré (commis). En Bretagne, on aime perpétuer les traditions (continuer).

10. Après son séjour en montagne, cet enfant a recouvré la santé (retrouvé). En Alsace, les toits des maisons sont recouverts de tuiles (garnis).

Corrigés n°6

1. une accalmie, une atténuation momentanée d'une maladie

2. l'ensemble des mesures destinées à empêcher l'apparition ou la propagation des maladies

3. un bannissement

4. la privation totale ou partielle d'aliments

5. une substance inactive substituée à un médicament pour étudier l'action réelle de ce dernier

6. une personne habitant sur une île

7. le tromper

8. se trouver à deux endroits simultanément

9. un choix auquel on ne peut échapper

10. la perte de l'appétit

Corrigé n°7

1. Dans ce texte, un homme qui désire se venger poursuit sa proie dans la neige. Le titre doit faire apparaître ce thème. Titres possibles : « Une vengeance toute proche », « Poursuite d'un homme dans la neige », « Désir de vengeance ».

2.

le froid lui grignotait les oreilles : grignoter signifie manger en rongeant comme une souris, l'auteur emploie une métaphore.

Dans le texte, cette expression signifie qu'un froid vif le gagnait progressivement, suggérant une sensation de morsure à petites dents.

le galop de son cœur : le galop est l'allure la plus rapide d'un cheval. C'est aussi une métaphore.

Dans le texte, cette expression signifie que sous l'effet de l'excitation, les battements du cœur de Julien s'accéléraient à un rythme aussi rapide qu'un cheval au galop.

3. Au cours de sa poursuite, Julien éprouve différents sentiments. Il ressent, tout d'abord de la **solitude** (« ils semblaient les seuls survivants sur le dos du monde »), puis de la **joie** (« une joie forte et tenace comme un feu brûlait au-dedans de lui »), ensuite un **désir de vengeance** (« sa vengeance était une affaire personnelle »). De plus, il éprouve de la **détermination** (« sa certitude, ses bonnes raisons ») mais aussi, du **doute** (« il n'avait aucune preuve »). Enfin, lorsque sa vengeance est toute proche, il ressent de la **peur** (« Julien n'avait pas envie de finir ses jours au bagne ») et de l'**excitation** (« le galop de son cœur », « respirant aussi calmement qu'il le pouvait »).

Les sentiments du héros sont contradictoires. D'une part il est sûr de vouloir se venger, mais il doute cependant. D'autre part, il semble heureux, or il ressent de la crainte.

Si Julien avait rencontré sa proie rapidement, il l'aurait certainement tuée. Mais la marche difficile et la fatigue lui ont permis de réfléchir sur les conséquences de son acte.

4. Les éléments naturels sont à la fois favorables et défavorables à Julien. D'une part, ils sont défavorables car le chemin est de plus en plus escarpé, Julien s'essouffle, la neige rend pénible sa marche, le froid le gagne et il est ralenti par le rétrécissement de la vallée et la tombée de la nuit. D'autre part ces éléments lui semblent favorables. En effet, la neige rend sa marche silencieuse, il peut se cacher sans difficulté et enfin, il n'y aura pas de témoins, car le lieu est désert.

Corrigé n°8

1. un germe imperceptible : le mot **germe** est employé au sens figuré et signifie l'élément qui permet le développement de quelque chose. L'adjectif **imperceptible** a le sens de difficile à percevoir. Pour l'auteur, l'absence peut être le facteur presque invisible qui fait naître un amitié solide. Progressivement, grâce au temps et à la distance, les liens amicaux se renforcent. Et un jour, on ressent le besoin de se revoir pour se confier.

2. il y a des liaisons soi-disant indestructibles dans lesquelles elle fait d'irrémédiables avaries. L'auteur compare une liaison amoureuse à un bateau (métaphore) dont la coque subirait des avaries c'est-à-dire des dommages qui provoqueraient son naufrage. Pour lui, aucune liaison amoureuse, même celles que l'on croyait éternelles, ne résiste à l'absence.

3. D'après l'auteur, l'absence a deux conséquences. D'une part, la séparation éloigne physiquement les gens et l'oubli s'installe progressivement. Mais, d'autre part, elle renforce les liens amicaux qui s'intensifient avec le temps et la distance.

4. L'auteur utilise deux procédés de style pour mettre en valeur cette double conséquence. Il utilise, tout d'abord, l'antithèse qui accentue les effets contradictoires de l'absence : (« l'absence unit et désunit », « elle fait se souvenir, elle fait oublier »). Il emploie aussi une métaphore pour désigner l'absence (« cette mystérieuse ouvrière »), qui met en valeur son caractère énigmatique et renforce cette contradiction.

Corrigé n°9

1.

c'était une volière pépiante : pépiante signifie poussant de petits cris, gazouillant comme les oiseaux. Les femmes sont semblables à de jeunes oiseaux. En utilisant cette métaphore, l'auteur compare le salon de thé à une grande cage pleine du bavardage incessant des femmes.

le rehaussement subit de leur personnalité : signifie la mise en valeur soudaine de leur personnalité. Nathalie Sarraute utilise cette expression pour montrer que ces femmes, entourées de leurs amies, se sentent soudain plus importantes. Grâce à leurs conversations mondaines, elles ont l'impression enfin d'exister.

2. Ce texte décrit les après-midi oisives et mondaines de certaines femmes bourgeoises. Le titre proposé est : « Scène de la vie mondaine ».

3. Le ton du texte est satirique. En effet, dans ce court texte, Nathalie Sarraute se moque de ces femmes qui ont comme seule occupation, des bavardages sans intérêt. Elle emploie des figures de style comme la métaphore de la volière et le procédé d'antiphrase (« ah ! cette vie était extraordinaire ! ») qui accentuent le vide de leur existence.

4. Dans ce texte, Nathalie Sarraute dénonce l'oisiveté de ces femmes bourgeoises, leur frivolité et le vide de leur existence (« elles menaient la vie des femmes »). Cette vie consiste à fréquenter les salons de thé et à y bavarder en dégustant des gâteaux. Elles ont toutes les mêmes occupations stériles. La métaphore de la volière, peu flatteuse, montre qu'elles n'ont pas plus de cervelle que des oiseaux. Leurs paroles révèlent la futilité de leurs préoccupations : les vêtements et les accessoires (« se combinerait-il avec l'ensemble bleu ou gris... »). De plus, elles ne s'intéressent qu'à elles-mêmes (« leurs yeux indifférents glissaient sur le masque des choses »). Seules les apparences comptent.

Enfin, l'emploi de l'imparfait de répétition montre la force de l'habitude qui jour après jour les ramène au même endroit pour les mêmes bavardages insignifiants et mondains.

L'auteur nous invite à nous demander quel est l'intérêt de la vie que ces femmes mènent. Vaut-elle la peine d'être vécue ?

Corrigé n°10

1. Sens des mots en caractères gras

éthique : ce nom désigne l'ensemble des conceptions morales de quelqu'un. Selon l'auteur la tolérance dépend des conceptions morales de chacun, elle n'est pas innée mais est le résultat d'une éducation.

être affranchi : ce verbe signifie être libéré comme l'était un esclave. L'auteur affirme qu'il ne peut y avoir de tolérance que si les conditions économiques sont satisfaisantes. En effet, un individu ne peut se préoccuper des problèmes de morale que si ses besoins primaires, de nourriture notamment, sont satisfaits.

la précarité : ce nom signifie l'état de ce qui est incertain, éphémère. L'auteur pense que les peuples dont la situation économique est fragile, ne peuvent pas être tolérants. C'est donc en les aidant matériellement que les pays occidentaux leur apprendront la tolérance. Mais, ils ne doivent pas imposer artificiellement à ces peuples, des valeurs qui leur étaient jusqu'alors inconnues.

2. La tolérance n'est pas un problème récent. Mais avec la mondialisation, ce problème est devenu plus aigu. Auparavant, les pays vivaient en autarcie, les frontières étaient peu perméables.

Puis, les pays se sont ouverts, les échanges de biens et de personnes se sont accélérés, multipliant les occasions de rencontrer d'autres peuples et surtout de vivre avec. Et c'est là que réside, pour l'auteur, toute la difficulté : celle d'accepter l'autre.

3. il n'y a pas de tolérance sans curiosité : la curiosité est le désir de connaître des choses et des gens nouveaux.

L'auteur affirme que l'on ne peut être tolérant si l'on vit replié sur soi-même, l'intolérance est le rejet et la négation de l'autre. C'est en désirant connaître les autres, leur mode de vie, leur culture, que l'homme deviendra tolérant.

4. Pour l'auteur, l'homme n'est pas prédisposé naturellement à la tolérance ; il a toujours été animé par l'instinct de survie, c'est-à-dire par la loi du plus fort.

La culture et l'éducation ont permis à l'homme de se civiliser, c'est-à-dire de vaincre ses instincts primaires. Mais rien n'est acquis, l'homme peut retourner à la barbarie, au moindre événement, comme l'ont montré les divers affrontements ethniques qui ont agité l'Europe, ces dernières années.

5. La tolérance, pour l'auteur, dépend de deux facteurs. Tout d'abord, la satisfaction des besoins primaires, en effet, un homme qui a faim ne se préoccupe pas des problèmes de morale. Il faut donc aider les pays peu développés économiquement.

Ensuite, les pays occidentaux doivent accepter les autres cultures et ne doivent pas croire à la prééminence de la culture occidentale. Chaque pays a, en effet, ses propres valeurs qu'il faut accepter et respecter.

C'est, effectivement, en réunissant ces deux conditions que la tolérance pourra gagner du terrain dans le monde.

3 Sujets de concours corrigés

I. Énoncés

Sujet n°1

Concours d'adjoint administratif territorial, Centre de gestion de Seine-et-Marne, 1999 (durée : 1h30)

Le droit à l'enfance

« Ce siècle finissant reste cruel à trop d'enfants. Les souffrances que le monde adulte inflige aux plus jeunes résultent pour une bonne part, de l'exploitation qu'ils subissent au travail. La planète compte deux cent cinquante millions de « travailleurs » âgés de cinq à quatorze ans, un chiffre qui ne cesse de gonfler.

Certes, une minorité d'entre eux, employés à des tâches modestes mais acceptables, trouvent confiance et fierté en contribuant à augmenter le maigre pécule familial. Mais la grande majorité vit un calvaire, d'un bout à l'autre du Tiers-monde. Enfants mal nourris, malades, battus, endettés, humiliés, ces petits forçats modernes, qui souffrent dans leur chair et dans leur âme, ont peu de chances de briser leur servitude. Enchaînés, parfois jusqu'à l'épuisement, à d'ingrates besognes, ils n'ont jamais mis les pieds dans une école et n'imaginent même pas pouvoir vivre sous d'autres horizons. Beaucoup ignorent jusqu'à leur âge.

S'ils peinent au labeur à l'âge des jeux et des rires, c'est avant tout pour survivre, car le fléau dont ils sont acteurs et victimes provient d'abord de la misère qui les accable. La malnutrition, l'analphabétisme, la surpopulation, le sous-emploi, l'endettement des familles et des États, l'exode rural massif qui pousse vers la ville des mères abandonnées avec leurs bambins : toutes ces plaies du sous-développement expliquent et aggravent le drame du travail des enfants.

Mais l'extrême pauvreté ne justifie pas tout et n'excuse jamais l'état de quasi-esclavage trop souvent imposé à la main d'œuvre enfantine. L'appât du gain, la cruauté, les intérêts de classe ou de caste, les préjugés ancestraux perpétuent, voire renforcent ce phénomène. Des gouvernements bafouent leurs propres lois. Des employeurs sans scrupules exploitent impunément une main d'œuvre nombreuse, docile et bon marché. Des parents criblés de dettes ou simplement avides s'impatientent d'investir dans leur progéniture. Dans de nombreuses sociétés, l'enfant n'est pas perçu comme un être spécifique, fragile et dépendant, encore moins comme un détenteur de droits, mais comme un capital qu'il convient de rentabiliser au plus vite.

Comment combattre cette calamité ? D'abord en en parlant publiquement et au plus haut niveau. C'est l'objet de la conférence internationale qui se tiendra à Oslo du 27 au 30 octobre. Ensuite, en faisant pression sur les États pour les inciter à respecter la Convention sur les droits de l'enfant que presque tous ont signée. Surtout, en aidant les acteurs sociaux à trouver peu à peu des modes d'organisation du travail qui éloignent les enfants des tâches les plus dangereuses, et des formules éducatives qui leur offrent un enseignement à temps partiel sans les priver totalement de ressources.

Aucune société moderne ne peut garder sa dignité si elle se montre incapable de protéger ses enfants contre ce mal extrême, si elle ne leur accorde pas le droit à l'étude et au rêve ». (D'après un éditorial du *Monde* 1997)

I. Grammaire (8 points)

1 *Analyse grammaticale des mots suivants (4 points) :*

- « ce siècle reste **cruel** » ;
- « les souffrances **que** le monde adulte inflige » ;
- « ces petits **forçats** » ;
- « des parents criblés de dettes ou **simplement** avides ».

2 *Analyse logique de la phrase suivante (3 points) : « S'ils peinent au labeur à l'âge des jeux et des rires c'est avant tout pour survivre car le fléau dont ils sont acteurs et victimes provient d'abord de la misère qui les accable ».*

3 *Mettez à la voix active la phrase suivante (1 point) : « Dans de nombreuses sociétés l'enfant n'est pas perçu comme un être spécifique ».*

II. Compréhension (12 points)

1 *Expliquez les expressions suivantes :*

- « ces petits forçats modernes » ;
- « l'enfant n'est pas perçu comme un être spécifique mais comme un capital ».

2 *L'auteur distingue deux catégories d'enfants qui travaillent. Qu'est ce qui les différencie ?*

3 *Commentaire : « Aucune société moderne ne peut garder sa dignité si elle se montre incapable de protéger ses enfants ». Pensez-vous qu'en France ou dans les pays occidentaux ce droit à l'enfance est toujours respecté ?*

Sujet n°2

Concours externe d'adjoint administratif du ministère de la défense, 1999 (durée : 1h30)

« Les Américains ont deux marottes : Dieu et le dollar, qui, tous deux, communient d'ailleurs sur chaque billet vert. À partir du 4 janvier 1999, les Européens, avec l'euro, graphiquement représenté par l'epsilon grec, symbole des débuts de la civilisation européenne, traversé de deux traits parallèles préfigurant la stabilité escomptée de la monnaie unique, s'efforceront eux aussi de concilier spiritualité et mercantilisme.

Jusqu'à présent, l'Amérique était seule à pouvoir compter sur des acheteurs en nombre et à domicile : ses 268 millions d'habitants rodés à la production en masse des articles qui leur sont vendus dans des magasins reproduits à l'identique sur son vaste territoire. Dorénavant, l'Europe alignera davantage de divisions que les États-Unis aux avant-postes de son marché unique : 290 millions de consommateurs à Onze, 380 millions à Quinze lorsque Britanniques, Suédois, Danois et Grecs, encore à l'écart de la monnaie unique, auront rejoint leurs euro-compagnons.

Pour tous ceux que le commerce et le marketing intéressent — et ils sont nombreux —, la cible est gigantesque : unique et unifiée par la grâce de l'euro et par la transparence des prix qui en résulte. Faut-il en conclure à la génération spontanée d'un nouveau modèle d'euro-consommateur, résigné à l'uniformité marchande de l'emballage comme du contenu et décidé à renier ses racines, locales ou culturelles ? Rien n'est moins sûr. Car si on n'a jamais autant parlé de l'euro, de l'Europe élargie, de l'abolition des frontières de toute nature, jamais dans le même temps, les rayons de « *produits du terroir* » n'auront occupé autant de place sur les gondoles des supermarchés, et jamais les ouvrages vantant les mérites méconnus des Cévennes ou de la Forêt Noire n'auront connu autant de succès en librairie.

Les spécialistes de la grande distribution, en contact direct avec le grand public, ont bien compris qu'il leur faudra pratiquer longtemps sans doute le grand écart entre ces deux signaux apparemment contradictoires que leur adressent leurs clients, l'aspiration à un espace européen global et le maintien d'un ancrage de proximité. Ils savent aussi que c'est sur eux et sur les épaules des consommateurs que repose une partie du succès de l'euro, en tout cas sa popularité.

À en croire le dernier baromètre *Promodes-Louis Harris*, celle-ci est en bonne voie. À la fin novembre, à un mois du lancement officiel de la monnaie unique, 52 % des Européens interrogés (sur un échantillon de 2 500 personnes sondées en France, en Allemagne, en Belgique, en Espagne, en Italie et au Portugal) s'estimaient suffisamment informés sur les changements que l'euro va entraîner dans leur vie quotidienne (ils n'étaient que 39 % au mois d'avril) et 59 % d'entre eux considéraient que l'arrivée de la monnaie unique n'aurait pas d'effet contraignant dans leur vie quotidienne (53 % en avril).

Ces indications sont plutôt rassurantes pour tous ceux qui craignaient les effets psychologiques dissuasifs du passage à la nouvelle monnaie et la perte de référentiel qu'elle implique. Mais les données ressortant de l'indicateur européen de la consommation établi par *Sofinco/Ipsos* sont plus nuancées. Calculés à partir d'un panel de 6 500 personnes issues des mêmes pays (et représentant plus de 85 % des consommateurs de l'Union européenne), des résultats indiquaient, début décembre, qu'optimistes et pessimistes étaient renvoyés dos à dos, 37 % des sondés considérant que l'instauration de la monnaie unique comporte plus d'avantages que d'inconvénients et 38 % le contraire.

Une série d'incertitudes que les professionnels sont tenus d'intégrer dans leurs stratégies commerciales. « *L'Europe ne rendra pas le consommateur plus homogène ; c'est même l'inverse qui devrait se produire* », reconnaît Franck Riboud, PDG de Danone, le numéro un français de l'agroalimentaire. « *L'uniformisation des produits n'existe pas. Le goût d'un yaourt est différent d'un pays à l'autre. En Allemagne, par exemple, la cuillère doit tenir verticalement dans le yaourt car les Allemands préfèrent les produits crémeux et riches. Dans le sud de l'Europe, la demande est inverse : le yaourt doit être fluide et léger* », indique-t-il.

« *En Europe, nous sommes déjà dans l'ère du micro-marketing. Nous devons faire preuve d'une compréhension de plus en plus fine, pertinente et locale des consommateurs. L'Europe va renforcer cet aspect régionaliste, tout au moins dans nos industries de grande consommation* » ajoute-t-il, expliquant comment, lors du lancement d'un nouveau produit à l'échelle européenne, tout l'effort de commercialisation doit être orienté en fonction des critères propres à chaque pays en ce qui concerne le goût, le prix, la stratégie commerciale et la campagne publicitaire ». (Serge Marti, *Le Monde,* 1998)

I. Compréhension du texte

1. *Retrouvez dans le texte les principaux éléments reflétant l'antinomie entre « l'aspiration à un espace européen global et le maintien d'un ancrage de proximité ».*

2. *En quoi le passage à la monnaie unique peut-il impliquer une perte de référentiel ?*

3. *Comment expliquez-vous cette phrase : « l'Europe ne rendra pas le consommateur plus homogène ».*

II. Développement personnel

Quels sont, selon vous, les principaux avantages et inconvénients du passage à la monnaie unique ? Répondez dans un développement argumenté d'environ 30 lignes.

Sujet n° 3

Concours interne d'adjoint administratif hospitalier de l'assistance publique hôpitaux de Paris, 1998 (durée : 1h30)

Santé et précarité

« La précarité est devenue un thème sensible, en particulier à travers les enjeux de Santé publique qu'elle impliquait. Les questions éthiques concernant les problèmes de précarité, nous confrontent à l'ensemble des enjeux de notre système de santé et, au-delà de notre système de protection sociale.

Ce dernier s'affiche comme universel, et il est pourtant parsemé de béances qui laissent exposées au risque de nombreuses personnes fragilisées par le monde d'aujourd'hui. Il affiche le rôle éminent de l'hôpital dans l'accès de chacun aux meilleurs soins possibles et pourtant les coûts d'exploitation des hôpitaux sont tels que des logiques gestionnaires ; parfois rigides aboutissent à la fermeture des portes aux plus démunis. Refoulés, ils ont recours aux associations *caritatives,* plus charitables.

Il affiche une déontologie médicale *sans faille,* mais celle-ci a souvent le plus grand mal à se frayer un passage entre les dédales administratifs et le maquis des lois et autres circulaires, entre les impératifs qui apparaissent souvent contradictoires avec ses propres exigences et des contraintes budgétaires chaque jour plus pesantes.

Quelles sont les priorités de moyens ? Mais il convient aussi de s'interroger sur ce qu'est le soin.

Est-ce que la prise en compte médicale des détresses humaines peut se substituer aux *carences* de la réponse politique ? Les communautés soignantes et les institutions de soins sont investies d'une responsabilité humaine, sociale et morale sans précédent, non seulement dans le domaine de la performance technique, mais maintenant également dans le domaine de la cohésion et du lien social.

Il faut que les institutions de soin et en particulier les hôpitaux soient capables, collectivement, de déterminer leurs responsabilités et leurs limites. Elles en sont encore aux balbutiements, plus préoccupées dans leur conduite d'évitement, de préciser leurs limites que d'assumer réellement leurs responsabilités. Comme on ne peut pas « tout faire » (et qui le leur demande donc ?), alors ne faisons rien, ou pas grand-chose ! Ou acceptons les initiatives, mais « à la marge », comme autant d'initiatives individuelles, émanant des « belles âmes » ou ceux qui se veulent tels, mais ne correspondant à aucun enjeu stratégique au niveau de l'institution. Enjeu éthique, certes — pourquoi pas ? —, c'est-à-dire enjeu éthéré, spéculatif, enjeu sans véritable enjeu. Et pourtant, il ne faut pas se laisser enfermer par ces *dilemmes* produits par les pesanteurs institutionnelles. Car il est vrai que des personnes en situation de précarité, y compris qui s'adressent à l'hôpital, ne posent pas réellement de problèmes de santé, mais elles sont en demande de reconnaissance, d'écoute et de dignité. La réponse du soignant dépasse alors sa stricte compétence professionnelle et relève plutôt de son humanité. Certains diraient de sa responsabilité de citoyen. Qui bien évidemment ne peut disparaître avec le port de la blouse blanche. Une nouvelle dimension de la pratique soignante est en train de voir le jour, celle qui relie le médical et le social, la technique et l'humain ». (Docteur Jacques Lebas, « Santé et précarité »)

I. Vocabulaire

Expliquez dans leur contexte, le sens des mots et expressions suivants en caractères italiques dans le texte : caritatives, sans faille, carences, dilemmes (4 points).

II. Compréhension

1 *Selon l'auteur, quelle est la principale demande des personnes en situation de précarité qui s'adressent à l'hôpital ? (2 points)*

2 *D'après l'auteur, quels sont les principaux obstacles à la prise en charge des plus démunis par les hôpitaux ? (4 points)*

3 *Selon vous, comment les hôpitaux peuvent-ils s'organiser pour accueillir et soigner les personnes en situation de précarité ? Cette tâche relève-t-elle vraiment de leur mission ou doivent-ils la laisser à d'autres ? (réponse en 15 à 20 lignes maximum) (10 points)*

Sujet n°4

Concours d'adjoint administratif du ministère de l'équipement, du logement, des transports et de la direction générale de l'aviation civile, 1999 (durée : 1h30)

Bio, c'est bon !

« La majorité du territoire français est vide. Ne vivent plus à la campagne, aujourd'hui, qu'un cinquième des Français, et encore ceux-ci dépendent-ils de moins en moins des activités agricoles. À l'heure des grands échanges continentaux, cette « France du vide », enkystée entre les voies de circulation rapide, les grandes cultures industrielles et les zones urbaines et périurbaines, constitue la source d'un déséquilibre **majeur**. Une nouvelle « fracture » envahit le paysage français, territoriale celle-là.

Les héroïques survivants d'une planète engloutie refont cependant surface. **Contribution** de la tradition à la modernité, des solutions s'amorcent pour que la campagne redevienne un lieu de vie et de travail. L'essor de l'agriculture biologique, ce mode cultural qui **bannit** le recours aux engrais et aux pesticides chimiques, est à cet égard exemplaire. De plus en plus de producteurs, transformateurs et distributeurs de la filière agroalimentaire — un des **fleurons** de notre économie — ont décidé de miser sur ce type d'agriculture qu'on croyait condamné à la marginalité. Les **ténors** de l'agriculture productiviste n'avaient-ils pas couvert de **sarcasmes** ce mode de production « soixante-huitard » ? Voilà que, brusquement, ils s'y convertissent, avec les encouragements du gouvernement, qui a annoncé un plan de relance de ce secteur.

Il y a une bonne raison à cela : le marché des produits « bio » explose, au point qu'en France l'offre ne parvient pas à satisfaire la demande. Le marché européen, estimé à 150 milliards de francs, donne de quoi réfléchir.

Et il est en progression constante. Car la consommation « bio », loin d'être une mode passagère, symbolise un changement culturel profond : « vache

folle » aidant, l'aliment « bio » est de plus en plus associé par le consommateur à la forme et à la santé. Il devient ce que les américains appellent des *functionnal fonds.* La qualité du produit l'emporte désormais sur la quantité à bas prix. Encore que la formation des prix, en la matière, dépende largement des conditions de distribution. Or les grands distributeurs s'emparent à leur tour du **phénomène** « bio », ouvrant de plus en plus de rayons dans leurs grandes surfaces, ce qui pousse les prix à la baisse et encourage la consommation. »
(Extrait de l'Éditorial du *Monde* du 7 mai 1998)

I. Vocabulaire

1 *Expliquez, en respectant leur sens dans le texte, les mots suivants (en gras dans le texte) : ténor, bannit, fleuron.*

2 *Cultural/culturel : expliquez ces deux mots issus de la même racine.*

3 *Donnez deux synonymes pour chacun des mots suivants (en gras dans le texte). Puis proposez un mot de la même famille (même radical) : majeur, contribution, sarcasmes.*

II. Compréhension

1 *L'auteur fait allusion dans le premier paragraphe à une « nouvelle fracture territoriale celle-là ». À quel autre type de fracture, fréquemment évoquée par la presse, cela vous fait-il penser ?*

2 *Pourquoi l'auteur emploie-t-il le terme de phénomène « bio « ? (en gras dans le texte).*
(Le candidat répondra en 5 à 10 lignes maximum).

3 *En quoi l'agriculture biologique s'oppose-t-elle fondamentalement à l'agriculture productiviste et intensive ? Quels avantages présente-t-elle à votre avis ? (Le candidat répondra en une dizaine de lignes.)..*

Sujet n°5

Concours d'agent de recouvrement du Trésor, 1998 (durée : 1h30)

L'intégration réussie

« Même si, en matière d'école, le discours critique domine très largement, il ne faut pas perdre de vue que le système scolaire a connu une massification considérable sans se désagréger. Le nombre de bacheliers a doublé en vingt ans sans que le niveau ait connu la chute souvent annoncée. Tous les nouveaux lycéens ne sont pas des perdants et il faut aussi apprendre à lire les taux d'échecs comme des taux de succès. Par exemple, si les enfants issus de l'immigration ont souvent une scolarité plus difficile que celle de leurs camarades d'origine française, il n'empêche que beaucoup d'entre eux réussissent à l'école et accèdent à des emplois qualifiés. Il convient aussi d'insister sur le fait que le succès scolaire reste relatif et que, la jeune fille d'origine populaire et étrangère titulaire d'un BTS. a accompli un parcours considérable par rapport à sa mère sans emploi et sans qualification, même si les normes du jugement professoral considèrent ce parcours comme médiocre. Les statistiques montrent aussi que les filles ont en général gagné beaucoup en termes de qualifications scolaires.

En fait, bien des nouveaux lycéens et étudiants ont considérablement accru leur niveau de formation scolaire en accédant aux baccalauréats professionnels et aux DEUG. de masse. Malgré les difficultés de l'emploi, le chômage et surtout la longue période de précarité et d'incertitude qui précède l'entrée dans une vie active stable, on ne doit pas conclure à l'échec de la massification scolaire pour tous les nouveaux publics. Il est vrai que ces publics ont des parcours chaotiques, éloignés des normes de la voie royale, celle des bacs scientifiques et des classes préparatoires. Ces élèves sont plus âgés, ils s'autorisent des tâtonnements, des essais et des erreurs, notamment dans les premiers cycles universitaires, ils entreprennent des formations multiples afin d'enrichir leur palmarès. Parfois ils abandonnent puis reprennent leurs études.

Ces manquements au modèle d'excellence, si fortement intériorisé par les enseignants, sont probablement le prix d'une massification réussie. » (François Dubet)

I. Vocabulaire

1 *Expliquez les mots suivants : précarité, chaotique, manquement*

2 *Donnez deux synonymes de : médiocre.*

3 *Donnez deux antonymes (mots contraires) de : considérable.*

4 *Donnez cinq mots de la famille de : scolaire.*

5 *Expliquez les expressions suivantes*

- le discours critique domine très largement
- il faut apprendre à lire les taux d'échecs comme des taux de succès
- éloignés des normes de la voie royale

II. Commentaire

Selon vous, peut-on réussir sa vie professionnelle sans être diplômé ?

Sujet n°6

Concours externe et interne d'agent de constatation des douanes et des droits indirects, 1999 (durée : 2h)

« Astérix parodie tout ce que les petits Français apprennent à l'école concernant les vertus de leurs ancêtres, de sorte qu'ensuite ils ne pourront jamais plus les prendre au sérieux. Il est fier d'être logique et cartésien comme il convient à un Français – « ce qu'il y a de bien, chez nous, c'est qu'on est plein d'idées », dit-il, – mais Obélix, son meilleur ami, est innocent, bête, querelleur et essentiellement préoccupé de nourriture. Ainsi, les Français sont présentés comme ayant au moins un caractère double. Et ce qu'ils détestent plus encore que les étrangers, ce sont ceux de leurs compatriotes qui sont de pompeux hypocrites, les imitateurs complaisants des modes étrangères, les héros populaires et les pseudo-penseurs. L'orgueil que le Français tire de son indépendance se traduit par une extrême susceptibilité ; on l'érige en vertu, mais la conclusion est : « Tous les hommes sont fous. » Placés dans une situation difficile, ils se demandent : « Qu'est-ce qu'on fait ? » Réponse : « De la soupe ! » — et de se perdre en discussions sur le choix du menu.

Astérix se classe bon premier parmi les livres les mieux vendus en France : c'est à deux millions d'exemplaires qu'on tire chacun de ses albums, dont plus de vingt sont déjà parus. Il démontre que toutes les prétendues qualités françaises sont soit tournées en ridicule par les Français eux-mêmes, soit contrebalancées par le défaut correspondant. Ce qui aide à comprendre pourquoi Astérix est traduit en vingt-deux langues. L'Allemagne, censée incarner des qualités totalement différentes, est de loin le pays où il est le plus populaire. On y vend presque autant d'exemplaires qu'en France. Les Allemands rient infiniment plus des plaisanteries françaises que les Anglais ou les Américains. Pas tous les Allemands, loin de là, mais de part et d'autre du Rhin, il est évident qu'on partage souvent le même sens de la plaisanterie. Ce n'est certes pas un hasard si, d'après les sondages d'opinion, les Allemands sont le peuple pour qui les Français se sentent le plus d'amitié. Malgré leurs dissensions politiques, il existe entre eux une relation amour-haine qui les rapproche bien davantage que ne le veulent les poncifs nationaux.

Le succès d'Astérix s'explique également par le fait qu'il s'inscrit dans une longue tradition ; le terrain était préparé ; le personnage cadrait parfaitement avec les préjugés qu'on nourrit d'ordinaire à l'égard de la France, et il y avait depuis longtemps des Français qui aimaient se voir de la même façon qu'Astérix. Au XVIIIe siècle, l'Encyclopédie posait que chaque nation a son caractère propre, et que celui de la France était d'être « léger », c'est-à-dire de ne pas prendre trop au sérieux ni soi-même ni les autres. À cette qualité, elle opposait la jalousie des Italiens, l'orgueil des Écossais, l'ivrognerie des Allemands, la paresse des Irlandais et la malhonnêteté des Grecs. Un siècle plus tard, des professeurs continuaient à voir le trait dominant des Français dans leur faculté de s'amuser, à la fois intellectuellement et sensuellement, de jouer avec les idées, de mener une conversation brillante, élégante et spirituelle, de recourir à l'art pour chasser la tristesse, de le mettre au service de la vie sous toutes ses formes, de la sexualité aux jardins, car être français, c'était avant tout être artificiel. Ce qui, croyaient-ils, faisait d'eux l'opposé des Anglais, puritains et snobs, et des Américains, pratiques et insatiables. Mais entre eux, les Français n'étaient pas d'accord : les qualités qu'ils s'attribuaient, ils étaient loin de les reconnaître à la majorité ; ils avaient eux aussi leur lot de rabat-joie, de raseurs, d'esprits cupides et mesquins. La façon dont ils définissaient leur caractère ne correspondait pas à ce qu'ils étaient dans la réalité, mais à ce qu'ils désiraient être (sinon tous, du moins les plus spirituels d'entre eux). Être français était un idéal, une aspiration. Il serait faux de vouloir concilier les opinions les plus diverses en concluant que les Français sont simplement paradoxaux, contradictoires, parfois sérieux et parfois moqueurs, parfois unis et parfois divisés, et qu'en mêlant le tout on obtient un Français. Pour faire un Français, on a proposé plusieurs recettes, bien différentes, mais aujourd'hui, aucune n'est suffisante ». (Théodore Zeldin)

I. Vocabulaire

Expliquez les mots et expressions suivants : pseudo-penseurs, cartésiens, préjugés, relation amour-haine.

II. Compréhension

1 *Pour quelles raisons le personnage d'Astérix a-t-il autant de succès ?*

2 *Quels sont, d'après l'auteur, les principaux traits de caractère des Français ?*

3 *Êtes-vous d'accord avec le principe que posait l'Encyclopédie : « chaque nation a son caractère propre » ?*

III. Grammaire

1 *Mettez à l'imparfait de l'indicatif la phrase suivante :*
« Ce n'est certes pas un hasard si, d'après les sondages d'opinion, les Allemands sont le peuple pour qui les Français se sentent le plus d'amitié ».

2 *Analysez grammaticalement les mots en caractères gras dans la phrase suivante*
« Il serait faux de vouloir concilier les opinions les plus diverses en concluant que les Français sont **simplement** paradoxaux, **contradictoires**, parfois sérieux et parfois moqueurs, parfois unis et parfois divisés et qu'en mêlant le tout **on** obtient **un Français.** »

Sujet n°7

Concours externe d'agent du recouvrement du Trésor, 1999 (durée : 1h30)

L'impact de la violence télévisée

« Depuis les années 1930, période où on a commencé à se préoccuper de l'impact des films de cinéma aux États-Unis, plusieurs milliers d'études sur les relations entre médias et violence ont été réalisées.

Les analyses de contenu ont pour but de mesurer le degré de violence diffusé par les médias, par exemple pour vérifier s'il y a une plus grande complaisance des médias à l'égard de la violence dans le temps ou encore pour montrer que certains médias ou pays sont plus friands de violence que d'autres. Aux États-Unis, l'indice de violence construit annuellement par l'*Access School of Communication* montre ainsi, que chaque semaine, 150 actes de violences sont diffusés aux heures de grande écoute par les trois grands réseaux américains (un niveau d'ailleurs stable depuis le début des années 1970). En France, on ne dispose pas d'indicateurs équivalents, mais des mesures ponctuelles ont pu indiquer qu'un adolescent de 16 ans avait vu au moins 18 000 meurtres à la télévision.

Ce type d'enquêtes pose d'évidents problèmes méthodologiques : la définition de ce qui est violent varie selon l'observateur, au cours du temps ou selon les cultures nationales. Faut-il, par exemple, comptabiliser les dessins animés comme émissions violentes ? De plus, la violence d'une émission tient parfois moins aux actes de violence proprement dits (meurtres, coup de feu, bagarres...) qu'au caractère perturbant de certaines situations. Par ailleurs, la connaissance de la violence offerte ne dit rien sur la façon dont la violence est perçue et consommée.

Les études sur le rôle des médias dans les processus de l'agressivité sont généralement conduites en laboratoire par des psychologues. Elles consistent à exposer des individus — le plus souvent des enfants ou des adolescents — à des images de violence, puis à observer leurs comportements immédiatement après. Ce comportement est comparé à un groupe de contrôle qui, lui, n'a pas été exposé à des images violentes. Dans la plupart des cas, on constate une augmentation de l'agressivité (par exemple, de la propension d'un enfant à se battre avec d'autres). La principale critique faite à ce type d'études tient à leur caractère artificiel : les conditions de laboratoire isolent les individus de leur contexte social habituel et ne reproduisent pas les conditions réelles de leur vie.

Les enquêtes visent à mettre en œuvre les comportements violents de certains individus ou leurs attitudes (sentiment d'insécurité, vision négative du monde...) et leur écoute de la télévision. Ces enquêtes qui s'appuient sur des questionnaires ou des observations et sont menées par des sociologues présentent l'avantage, par rapport aux expériences en laboratoire, de prendre en compte les effets des médias sur une plus longue durée (parfois plusieurs années) et dans des contextes sociaux très divers. En revanche, elles se heurtent à la difficulté d'isoler l'effet des médias par rapport à celui d'autres facteurs sociaux (l'éducation ou l'influence de l'entourage, par exemple).

Des conclusions équivoques :

Pour des raisons qui sont souvent méthodologiques, les recherches sur les effets de la violence télévisée n'aboutissent pas à une réponse univoque sur la question de savoir si la violence montrée ou diffusée par la télévision entraîne une augmentation de la violence dans la société. On peut dénombrer sept théories ou interprétations à ce sujet. À un extrême, la célèbre (quoique très controversée et jamais vérifiée empiriquement) théorie de la catharsis, qui suggère que la violence montrée sur les écrans tend à empêcher les individus à passer à l'acte. À l'autre extrême, des théories proposées récemment par des psycho-sociologues qui considèrent que les médias proposent aux individus des répertoires de comportements pouvant être activés dans d'autres circonstances. »

(Extraits de *Regards sur l'actualité*, juillet-août 1998, Documentation française)

I. Vocabulaire

1 *Expliquer les mots suivants : complaisance, médias.*

2 *Donner deux synonymes de enquête.*

3 *Donner deux antonymes (mots contraires) de équivalent.*

4 *Expliquer les expressions suivantes :*

- la définition de ce qui est violent varie selon l'observateur, au cours du temps ou selon les cultures nationales
- réponse univoque

II. Grammaire

Mettre à l'imparfait de l'indicatif puis au passé composé la phrase suivante :

« les conditions de laboratoire isolent les individus de leur contexte social habituel et ne reproduisent pas les conditions réelles de leur vie ».

III. Développement personnel

Selon vous, quel peut être le rôle de la télévision ?

Sujet n°8

Concours d'adjoint administratif de la police nationale, 1999 (durée : 1h30)

La force de la parenté

« La maisonnée bourgeoise ou paysanne demeure un modèle pour les Français. Famille indivise qui se perpétue dans la même maison, sur le même domaine, de génération en génération, dans une imperturbable stabilité. Communauté nombreuse où chacun a sa tâche et sa place, et où tous respectent le patriarche qui dit la tradition, transmet le savoir et qui préside au haut bout de la table rassemblée de ses enfants, petits-enfants et domestiques : par rapport à ce modèle. toute autre structure familiale ne serait que décadence. Pourtant, il est angélique de prétendre que cette communauté était idyllique et que chacun y cultivait les meilleurs sentiments. François Mauriac. quant à lui, n'y voyait qu'un nœud de vipères. Récemment. les historiens nous ont appris que ce modèle n'est qu'un mythe qui a été construit à la fin du XIXe siècle par des idéologues catholiques conservateurs à la suite de Le Play. En fait, même dans les villages paysans ces maisonnées étaient très minoritaires, surtout au nord de la France, sauf chez les nobles, les bourgeois et les gros paysans disposant d'un important domaine. Célibataires, concubins, veufs et veuves étaient très nombreux, et la majorité des ménages étaient de type conjugal ou nucléaire, pour la simple raison qu'ils n'avaient d'autre ressource que le travail de leurs bras. Il faut nous dégager de ce trompe-l'œil historique pour regarder la réalité actuelle avec des yeux neufs à l'aide des données réunies par les démographes et les historiens. En français, le mot « famille » a une double signification qui entraîne beaucoup de confusion. Dune part il veut dire le foyer, les parents et les enfants qui vivent ensemble dans la même maison ; dans le langage des statisticiens, c'est le ménage. D'autre part, il désigne la parentèle, c'est-à-dire l'ensemble des « apparentés » ascendants, descendants, alliés et collatéraux avec lesquels on entretient des relations, ou plus largement ceux dont on connaît le lien qui vous unit à eux. Notre civilisation a donné une prééminence au groupe domestique sur la parentèle, alors que les sociétés nomades et féodales font l'inverse. Sans doute est-ce dû à l'importance de la paysannerie et de la bourgeoisie qui, toutes deux, font du groupe domestique la cellule de production en confondant entreprise, patrimoine et « famille ». La féodalité était construite comme un réseau de parenté et, aujourd'hui encore, dans l'aristocratie, celle-ci a plus d'importance que dans le reste de la population. La parentèle est en passe de devenir une structure fondamentale de nos sociétés occidentales par suite de la disparition de l'entreprise familiale et par la place prépondérante que prend le patrimoine culturel, individuel par essence, qui s'hérite et circule dans la parentèle comme le sang dans les artères. Toutes les civilisations, sauf la nôtre, ont pris garde de distinguer ces deux réalités et de leur donner des noms différents. Le mariage, l'alliance disent les ethnologues est le procédé par lequel s'unissent un homme et une femme et, à travers eux, deux lignages différents. Le lignage est l'ensemble des parents qui se reconnaissent un ancêtre commun. À l'inverse, du point de vue d'un individu, *ego,* sa parentèle réunit deux « lignages » celui de son père et celui de sa mère. Depuis un siècle que les ethnologues étudient les structures de parenté à travers le monde, ils ont montré l'extraordinaire variété d'agencements possibles et les jeux infinis auxquels ils permettent de se livrer. La France fournit un merveilleux terrain d'analyses comparatives parce que les principes du droit romain ont dû y cohabiter avec ceux du droit franc et du droit normand tout en respectant les structures de parenté et de groupes domestiques de chaque région, dont l'ancienneté défie la recherche historique. Le Code civil a surimposé une règle commune issue de la vision que les juristes napoléoniens avaient du droit romain. en grande partie modifiée par le droit canon. Récemment ethnologues, historiens et juristes ont accumulé des recherches sans pour autant démêler complètement l'écheveau ». (Henri Mendras, *La Seconde Révolution française)*

I. Vocabulaire

1 *Quelle est la signification du mot famille en français ? (1 point)*

2 *Expliquez les expressions et mots suivants : patriarche, angélique, idyllique, mythe, trompe-l'œil, regarder la réalité actuelle avec des yeux neufs, concubin, parentèle. (8 points)*

II. Compréhension

1 *Quelle est l'attitude des sociétés nomades et féodales à l'égard de la famille ? (1 point)*

2 *Quel est l'objet de l'étude des ethnologues ? (2 points)*

3 *Quelles sont les sources du droit de la famille ? (1 point)*

4 *Quelle définition le texte donne-t-il du mariage ? (1 point)*

5 *Quelle est l'évolution actuelle du mariage et de la famille en France ? (6 points)*

II. Corrigés

Corrigé n°1

I. Grammaire

1. Analyse grammaticale : **cruel :** adjectif qualificatif, masculin singulier, attribut du sujet *siècle ;* **que :** pronom relatif, ayant comme antécédent *souffrances,* complément d'objet direct du verbe *infliger ;* **forçats :** nom commun, masculin pluriel, sujet du verbe *avoir ;* **simplement :** adverbe de manière, invariable, modifie l'adjectif *avide.*

2. Analyse logique : dans cette phrase, on repère cinq verbes conjugués, il y a, donc, cinq propositions :

[**S'ils peinent au labeur à l'âge des jeux et des rires**] : proposition subordonnée conjonctive introduite par la conjonction de subordination *s',* complément circonstanciel de condition du verbe *être* ; [**c'est avant tout pour survivre**] : proposition principale ; [**car le fléau provient d'abord de la misère**] : proposition principale ; [**dont ils sont acteurs et victimes**] : proposition subordonnée relative, introduite par le pronom relatif *dont,* complément de l'antécédent *fléau ;* [**qui les accable**] : proposition subordonnée relative, introduite par le pronom relatif *qui,* complément de l'antécédent *misère.*

3. La phrase devient à la voix active : « Dans de nombreuses sociétés, on ne perçoit pas l'enfant comme un être spécifique ».

II. Compréhension

1.

ces petits forçats modernes : les forçats étaient le nom que l'on donnait aux bagnards et aux galériens. Dans le texte, ce terme désigne les enfants vivant comme des esclaves et obligés de travailler très dur. L'adjectif « moderne » vient renforcer l'anachronisme de cette situation.

l'enfant n'est pas perçu comme un être spécifique mais comme un capital : un être spécifique est un être particulier avec ses besoins et ses désirs. Un capital est un somme que l'on place pour en retirer un bénéfice. En employant cette expression, l'auteur affirme que dans certains pays en voie de développement, l'enfant n'est pas considéré comme un être à part que l'on doit protéger et respecter, mais comme un placement qui, par son travail, doit rapporter de l'argent à sa famille.

2. Dans cet article du *Monde,* l'auteur différencie, en effet, deux catégories d'enfants.

La première catégorie comprend les enfants travaillant volontairement pour aider leur familles. Ces enfants ne sont pas malheureux, ils sont même fiers de participer à la survie de leur famille en effectuant des tâches supportables pour leur âge.

En revanche, la deuxième catégorie est constituée d'enfants que l'on oblige à travailler. Ces enfants vivent dans des conditions déplorables, effectuent des tâches inhumaines, contraints par des parents et des employeurs peu scrupuleux.

3. Commentaire

De nombreuses voix s'élèvent pour dénoncer les conditions inhumaines de beaucoup d'enfants du Tiers-monde contraints à travailler de longues heures pour un salaire misérable. Mais qu'en est-il en dans les pays occidentaux ? Le droit à l'enfance est-il toujours respecté ?

Certes, la France et les pays occidentaux, se sont engagés à respecter la Convention des droits de l'enfant. Il est interdit de faire travailler un enfant de moins de seize ans ; les employeurs qui passeraient outre paieraient de fortes amendes.

De même, le droit à l'éducation est inscrit dans la Constitution et les familles sont soumises à l'obligation scolaire sous peine de perdre certaines aides sociales.

De plus, les parents sont obligés de subvenir aux besoins éducatifs et financiers de leurs enfants. Récemment, d'ailleurs, une mère a été condamnée pour défaut d'éducation car elle n'avait pu empêcher ses enfants de commettre des délits.

Enfin, les familles occidentales ont 1,5 enfant, en moyenne ; l'enfant, de par sa rareté, est considéré comme un bien précieux que l'on doit protéger. Certains enfants font même l'objet d'un véritable culte de la part de leur parents, prêts à débourser en vêtements et en loisirs, une véritable fortune. Les entreprises l'ont, d'ailleurs bien compris en proposant sans cesse de nouveaux produits tant vantés par la publicité.

Ainsi, les enfants occidentaux semblent respectés par des familles conscientes que l'enfance est un moment privilégié déterminant pour leur vie future.

Cependant, la crise économique sévit depuis quelques années et le respect des enfants est de plus en plus menacé.

En effet, de plus en plus d'enfants sont obligés de travailler clandestinement pour aider leur famille, souvent sans emploi. Ainsi, en Grande- Bretagne, des enfants dès huit ou dix ans, livrent les courses, distribuent des journaux et même, travaillent dans des ateliers clandestins.

On assiste, aussi, depuis quelques années, à une recrudescence alarmante de la maltraitance et des violences sexuelles. Les conditions économiques précaires dans lesquelles vivent les familles, mais aussi la perte des certaines valeurs morales, expliquent ce phénomène.

Les journaux dénoncent très souvent des cas de violence envers des enfants. Et l'on ne peut que s'en féliciter, car les pays occidentaux, souvent, prêts à montrer du doigt les pays en voie de développement, doivent admettre que leurs enfants ne sont pas toujours respectés.

Pour essayer de lutter contre ce problème, le gouvernement a mis en service des numéros d'appel où les enfants peuvent parler de leurs difficultés.

Les adultes doivent comprendre, pour conclure, que l'enfance est une période primordiale qu'il faut absolument respecter. Les pays occidentaux doivent arrêter de se voiler la face, cet irrespect de l'enfant existe bel et bien et il est grand temps de réagir.

Corrigé n°2

I. Compréhension du texte

1. Le texte contient des éléments reflétant l'antinomie entre l'aspiration à un espace européen et le maintien d'un ancrage de proximité. Tout d'abord, l'auteur explique que les Européens parlent volontiers d'abolition des frontières, d'Europe élargie, de monnaie unique, mais sont très attachés à leurs racines (« jamais les rayons de produits du terroir n'auront occupé autant de place », « jamais les ouvrages vantant les mérites des Cévennes et de la Forêt noire n'auront connu autant de succès en librairie »). Ensuite, l'Europe va renforcer l'aspect régionaliste et la grande distribution devra s'adapter en développant le micro-marketing car chaque pays tient à ses traditions.

2. L'Europe appelée « vieux continent » est constituée de pays dont les identités culturelles se sont forgées au cours des siècles. Les Français, les Anglais, les Italiens... tiennent à ces particularismes, de plus la monnaie est pour eux le reflet de la puissance de leur économie. En adoptant une monnaie unique, les Européens ont l'impression de se noyer dans une entité un peu floue où ils perdront leur pouvoir, leurs repères historiques et culturels.

3. Les États-Unis sont un pays neuf dont l'histoire date de moins de trois cents ans. Même si ce pays est constitué d'États, les Américains ont les mêmes goûts, les mêmes besoins. En effet, les enfants du Texas et ceux de l'Ohio mangent les mêmes céréales à leur petit déjeuner. Mais en Europe, il existe une grande hétérogénéité dans les comportements alimentaires notamment. Un Suédois et un Portugais ne consomment pas les mêmes produits et n'attendent pas d'un produit, des qualités identiques. L'auteur prend l'exemple du yaourt qui doit être fluide en Espagne et dense en Allemagne.

Les firmes agroalimentaires devront tenir compte de la diversité des consommateurs et devront s'adapter à ces micro-marchés en proposant des produits très ciblés et respectueux des traditions.

II. Développement personnel

Le 1er janvier 1999, le lancement de l'euro a constitué un événement historique. En effet, la monnaie est un élément important de la souveraineté de chaque nation. En adoptant le principe d'une monnaie unique, les pays européens ont renoncé à émettre leur propre monnaie. Cela ne s'est pas fait sans d'âpres débats qui s'étendaient bien au-delà des clivages politiques traditionnels.

Pour les partisans de la monnaie unique, l'euro permettra tout d'abord à l'économie européenne de s'affranchir de la puissance américaine et de gagner ainsi en crédibilité au niveau mondial. De plus, avec ses 380 millions de consommateurs, l'Europe deviendra le plus grand marché du monde. Autre argument important, l'euro deviendra à l'instar du dollar et du yen une monnaie de réserve et de transaction. Par ailleurs, en rendant les prix plus lisibles, les consommateurs pourront faire jouer la concurrence pour l'achat d'une voiture par exemple, entre les différents pays. Enfin, une monnaie unique est un facteur de stabilité sociale et de paix.

Cependant, de nombreuses voix se sont élevées pour critiquer le passage à la monnaie unique. Tout d'abord, l'adoption de l'euro oblige les pays à respecter les critères de convergence rendant nécessaire la mise en place de mesures budgétaires souvent contraignantes. De plus, l'euro impose un abandon de souveraineté puisque bon nombre de décisions seront prises par des organismes supranationaux. Enfin certains estiment que l'adoption était prématurée car il n'existe pas d'harmonisation des systèmes juridiques, fiscaux et sociaux.

Après deux années de fonctionnement, un premier bilan peut être tiré. Si l'Européen moyen est resté indifférent, attendant le 1er janvier 2002 et la mise en circulation des pièces et des billets, pour se rendre compte des incidences sur sa vie quotidienne, l'euro est devenu au niveau macroéconomique une réalité, car il a apporté une prospérité et une plus grande stabilité. Mais les pays européens devront être vigilants afin que l'adhésion des pays émergents comme la Turquie ou la Hongrie ne viennent pas déstabiliser une union encore fragile.

Corrigé n°3

I. Vocabulaire

caritative : ce mot signifie *inspiré par la charité, par la solidarité.* Selon l'auteur l'hôpital, soumis à une logique économique, n'est pas en mesure d'accueillir les plus démunis qui ont alors comme recours des associations comme le Secours populaire ou Emmaüs, pour trouver de la solidarité et de la chaleur humaine.

sans faille : cette expression signifie *sans faute, sans faiblesse, scrupuleusement*. On ne peut, d'après l'auteur, accuser le système de protection sociale de ne pas observer à la lettre l'ensemble de règles et de devoirs qui incombent au corps médical.

carence : ce mot signifie un manque, une impuissance. L'auteur se demande si c'est à l'hôpital de pallier l'impuissance de l'État dans la prise en charge des détresse humaines.

dilemme : c'est une situation problématique présentant des issues apparemment inconciliables. Pour l'auteur, les lenteurs administratives placent souvent l'hôpital face à des problèmes dont les solutions ne sont pas satisfaisantes et guère conciliables.

II. Compréhension

1. D'après l'auteur, les personnes en situation précaire s'adressant à l'hôpital n'ont pas de réels problèmes médicaux, elles cherchent un lieu où l'on puisse les écouter, les comprendre et les respecter.

2. Selon le Docteur Jacques Lebas, différents obstacles existent dans le refus de prise en charge des détresses humaines. Il existe tout d'abord des raisons économiques. En effet, des coûts de fonctionnement exorbitants conjugués à une logique de gestion rigide excluent les plus démunis de l'hôpital. Ensuite, d'autres obstacles sont plus « philosophiques », en effet certains s'interrogent sur le rôle de l'hôpital et préfèrent se consacrer aux soins plutôt qu'à la préservation du lien social.

3. L'hôpital était au Moyen Âge un lieu d'accueil pour les malades, mais aussi pour les pauvres. D'ailleurs son étymologie signifie *recevoir l'étranger*. L'hôpital moderne semble avoir oublié cette mission. Mais dans une société où la précarité ne cesse d'augmenter l'hôpital peut-il jouer un rôle dans le maintien de la cohésion sociale ou doit-il laisser cette mission aux associations caritatives ?

Depuis quelques années, la montée du chômage, la désagrégation de la famille ont provoqué un accroissement du nombre des exclus. Ces exclus ont souvent besoin, tout d'abord, d'être soignés. Les pathologies ne sont pas toujours importantes, elles relèvent plutôt de maladies banales comme des infections de la peau, des bronchites, etc. mais qui faute de soins s'aggravent. Mais ces personnes ont également besoin d'être écoutées, de retrouver des repères. On peut très bien imaginer au sein de l'hôpital ou en ambulatoire à l'instar du Samu social, des lieux d'écoute et de premiers soins.

Cependant certains estiment que soigner les corps est leur mission principale et que la prise en charge des détresses humaines doit être réalisée par les associations charitables.

Il est vrai qu'avec les progrès de la recherche et de la technique médicales, il peut être tentant d'aller toujours plus loin et ne de voir que ce seul rôle, mais dans un pays économiquement privilégié comme la France, les pouvoirs publics ne doivent pas oublier que l'hôpital doit remplir deux missions essentielles : soigner toujours plus efficacement en appliquant des techniques innovantes et de nouveaux médicaments, et être un acteur de la cohésion sociale en accueillant les plus démunis.

Corrigé n°4

I. Vocabulaire

1.

ténor : ce nom désigne un personnage en vue dans l'activité qu'il exerce. En employant ce terme l'auteur désigne les représentants du syndicat agricole notamment adepte de l'agriculture productiviste. Ces représentants n'ont pas de mots assez forts pour se moquer de l'agriculture biologique.

banni : ce mot signifie rejeté, proscrit. Les agriculteurs biologiques respectent la nature et rejettent toute utilisation d'engrais et de pesticides.

fleuron : ce mot désigne l'avantage le plus précieux. Le secteur de l'agroalimentaire est très florissant et permet à la France d'être un des premiers exportateurs mondiaux de produits agricoles.

2. cultural et culturel ont le même radical *cult* que l'on retrouve dans le verbe *cultiver.* L'adjectif *cultural* de rapporte à la culture de la terre : le désherbage est une technique culturale. L'adjectif culturel se rapporte à la culture de l'esprit : la visite d'un musée est une activité culturelle.

3. Les synonymes de majeur sont *considérable* et *important.* Le nom *majorité* appartient à la même famille.

Les synonymes de contribution sont *apport* et *participation.* Le nom *contribuable* appartient à la même famille.

Les synonymes de sarcasme sont *raillerie* et *moquerie.* L'adjectif *sarcastique* appartient à la même famille.

II Compréhension

1. Dans le premier paragraphe, l'auteur fait ironiquement allusion à la fracture territoriale. Cela rappelle l'expression « fracture sociale » thème important de la dernière campagne présidentielle. D'après l'auteur, une fracture territoriale éloignerait de plus en plus de citadins des préoccupations du monde rural.

2. L'auteur parle de phénomène « bio », car la consommation de produits biologiques est devenue un véritable fait de société. Auparavant, ces produits ne se trouvaient que dans des magasins diététiques et étaient réservés aux personnes très soucieuses de leur santé et aux survivants des mouvements communautaires. Mais les scandales de la « vache folle » et du « veau aux hormones » ont provoqué chez les consommateurs une véritable panique, certainement exagérée

3. L'agriculture productiviste et intensive a permis de nourrir à un moindre coût la population française et de permettre à la France d'être un des premiers exportateurs de produits agricoles. Cette recherche des prix bas a permis à beaucoup de consommer des produits qui étaient autrefois réservés aux plus aisés, mais cela s'est accompagné d'une baisse de la qualité des produits et même de la mise sur le marché de produits dangereux voire mortels pour la santé. De plus, l'agriculture intensive nécessite l'emploi à doses massives de pesticides et d'engrais. Ces produits ne sont pas éliminés et se retrouvent dans les différents maillons de la chaîne alimentaire provoquant la disparition de certaines espèces animales. Enfin, les engrais non utilisés par les plantes migrent vers les nappes phréatiques rendant comme en Bretagne l'eau impropre à la consommation.

Face à ces dérives dangereuses, des voix se sont élevées pour prôner un retour à une agriculture plus respectueuse de la nature et de la santé de l'homme.

En effet, l'agriculture biologique se défend d'employer à hautes doses, engrais chimiques et pesticides. Les agriculteurs biologiques fertilisent les sols grâce à des engrais naturels (algues, fumier, etc.) et par la rotation des cultures.

Les avantages de l'agriculture biologique sont indéniables. Les produits sont de meilleure qualité pour le consommateur. Cela a permis de redécouvrir certaines espèces oubliées car non rentables pour l'agriculture productiviste. Mais avant toute chose, le choix de l'agriculture biologique est un état d'esprit, presque une philosophie. C'est le désir de transmettre aux générations futures, une terre où l'homme et la nature seront respectés.

Différents sondages ont montré que les consommateurs avaient enfin pris conscience de ce problème et étaient prêts à changer leurs habitudes alimentaires en préférant des produits de qualité, même si le prix est plus élevé.

Cela devrait réconforter les agriculteurs qui ont choisi l'agriculture biologique depuis de nombreuses années, malgré les critiques et les moqueries des partisans de l'agriculture productiviste.

Corrigé n°5

I. Vocabulaire

1.

précarité : ce mot désigne un état d'incertitude, d'instabilité. Selon l'auteur, la vie professionnelle est généralement précédée d'une période de grande instabilité caractérisée par « des petits boulots » ou des contrats à durée déterminée. Cependant cette situation instable ne doit pas être considérée comme un échec par les jeunes issus des bacs professionnels et des DEUG de masse.

chaotique : ce mot signifie qui a un aspect désordonné, confus. Dans le texte, les nouveaux étudiants issus de la massification scolaire ont connu des parcours désordonnés, pleins d'embûches avant d'avoir un travail stable.

manquement : ce mot désigne le fait de manquer à un devoir. Selon l'auteur, bien que les enseignants estiment que ces parcours tortueux ne respectent pas les critères classiques de la réussite scolaire, ces derniers sont certainement la preuve d'une massification réussie.

2. Les synonymes de « médiocres » sont *piètre* et *quelconque.*

3. Les antonymes de « considérable » sont *faible et mineur.*

4. Les mots de la famille de « scolaire » sont *école, scolariser, scolarisation, déscolariser* et *scolarité.*

5.

le discours critique domine très largement : cette expression signifie que les discours défavorables sont majoritaires. Il est vrai que les problèmes de l'école suscitent bien des débats. Les arguments avancés dénoncent très souvent les carences de l'Éducation Nationale.

il faut apprendre à lire les taux d'échecs comme des taux de succès : cette expression paradoxale montre que François Dubet interprète autrement les résultats scolaires. En effet, certains résultats peu glorieux aux yeux des défenseurs des parcours classiques doivent être considérés comme des succès, car ils sont la preuve de l'ascension sociale des jeunes issus de l'immigration et des milieux défavorisés. Pour l'auteur, l'école républicaine a permis la démocratisation de l'enseignement.

éloignés de la voie royale : la voie royale est celle qu'empruntent les élèves en choisissant les bacs scientifiques et les classes préparatoires et qui mène aux écoles prestigieuses. Pour l'auteur, même si ces élèves issus de la massification scolaire n'accèdent pas aux filières prestigieuses, ils arrivent néanmoins, à une situation stable, après de nombreux détours.

II. Commentaire

Depuis les lois scolaires de Jules Ferry instituant un enseignement laïc, gratuit et obligatoire, l'école n'a eu de cesse de jouer un rôle dans la mobilité sociale des individus. En effet, seule institution à délivrer un diplôme, elle a permis à de nombreux élèves d'entrer, grâce à leur mérite, dans le monde du travail. Mais aujourd'hui, un nombre important de diplômés sont sans emploi, le diplôme ne semble pas toujours être le garant d'un emploi stable et bien rémunéré. Une question vient alors à l'esprit : peut-on réussir sa vie professionnelle sans être diplômé ?

Certes, les diplômes sont pour les Français très importants car ils sanctionnent une scolarité fondée sur l'acquisition de connaissances. Les différentes réformes visant à modifier les programmes, celui du baccalauréat notamment, ont soulevé de telles protestations qu'elles ont été abandonnées avant d'avoir été même appliquées. Cela montre l'attachement viscéral des Français aux diplômes.

Il est vrai que les diplômes sont indispensables pour accéder à certaines professions comme les métiers de la santé ou l'enseignement et pour se présenter à beaucoup de concours administratifs.

Dans les années 60, quand l'économie française était florissante, les entreprises avait des besoins considérables de main-d'œuvre pas ou peu diplômée. Et beaucoup ont pu s'intégrer sans difficulté dans le monde du travail. Mais, à partir des années 70, les différentes crises économiques ont entraîné un chômage de masse et les diplômes étaient le sésame permettant d'ouvrir les portes du monde du travail. D'ailleurs près de 75 % des jeunes sans diplômes sont au chômage.

Cependant, face à des jeunes qui ont poursuivi une longue scolarité et ne trouvent pas d'emploi, il est légitime de se demander si les diplômes sont les seuls garants d'une vie professionnelle réussie.

En effet les exemples de jeunes possédant une licence ou une maîtrise qui sont inscrits à L'ANPE ne manquent pas. S'ils ont un niveau de connaissances leur permettant un emploi intéressant, certaines qualités indispensables comme l'esprit d'initiative, l'opiniâtreté, un sens aigu des relations humaines leur fait certainement défaut. En revanche, nous avons tous à l'esprit l'ascension sociale d'hommes peu diplômés dans le monde politique ou médiatique comme Bernard Tapie ou Pierre Bérégovoy. De plus, l'arrivée des nouvelles technologies et l'explosion des *start-up* ont permis à des jeunes débrouillards et passionnées de trouver leur voie sans être titulaires d'un titre d'ingénieur.

Si les diplômes restent importants pour gagner la confiance des employeurs, ils ne sont en aucun cas l'assurance d'une vie professionnelle réussie qui, elle, nécessite bien des aptitudes et des qualités personnelles.

Corrigé n°6

I. Vocabulaire

pseudo-penseurs : ce terme désigne les faux intellectuels, ceux qui semblent avoir un avis sur tout. Les Français, nous dit l'auteurs détestent ces prétendus intellectuels qui quel que soit le sujet abordé se croient obligés de faire part de leur opinion et leur théorie.

cartésiens : cet adjectif a pour origine le philosophe Descartes qui a écrit le *Discours de la méthode* et signifie clair, logique, rationnel. C'est, en effet, un des traits de caractère que les étrangers attribuent aux Français.

préjugés : les préjugés sont des idées préconçues, des a priori. L'auteur montre que le succès des albums d'Astérix s'explique par le fait que les personnages correspondent parfaitement aux idées que les étrangers se font de Français.

relation amour-haine : c'est une relation paradoxale fondée sur l'attirance et la répulsion. L'auteur montre que les Français et les Allemands sont liés par cette relation paradoxale qui s'explique par la proximité des deux pays, le même sens de l'humour, mais aussi par les nombreux conflits qui les ont opposés.

II. Compréhension

1. Le personnage d'Astérix connaît un succès considérable aussi bien en France que dans le monde entier pour deux raisons principales. D'une part, dans les albums d'Astérix, les prétendues qualités françaises sont tournées en ridicules et souvent contrebalancées par leur défaut correspondant. D'autre part, les personnages de cette bande dessinée correspondent parfaitement à l'image que se font les étrangers des Français, ce qui explique leur succès dans de nombreux pays.

2. D'après l'auteur, les principaux traits de caractère des Français sont les suivants : ils sont logiques et possèdent un esprit cartésien De plus, les Français sont susceptibles. Ils rejettent aussi les hypocrites et les pseudo-intellectuels. Enfin, ils sont légers et artificiels et aiment s'amuser intellectuellement et sensuellement.

3. « Chaque nation a son caractère propre », lit-on dans l'Encyclopédie. Cette affirmation est en partie vraie. En effet, les êtres humains sont façonnés par leur éducation qui est elle-même influencée par des principes, des habitudes et des références propres à chaque pays. Cependant ce propos doit être nuancé, car toute généralisation est quelque peu simpliste et ne fait qu'alimenter les préjugés et les attitudes xénophobes.

III. Grammaire

1. Ce n'était pas le hasard, si d'après les sondages d'opinion, les Allemands étaient le peuple pour qui les Français se sentaient le plus d'amitié.

2. Analyse grammaticale

- **simplement** : adverbe de manière, invariable, modifie l'adjectif *paradoxaux*.
- **contradictoires** : adjectif qualificatif, masculin pluriel, attribut du sujet *Français*.
- **on** : pronom indéfini, neutre, sujet du verbe *obtenir*.
- **un** : article indéfini, masculin singulier, détermine le nom *Français*.
- **Français** : nom propre, masculin singulier, cod du verbe *obtenir*.

Corrigé n°7

I. Vocabulaire

1.

complaisance : ce nom désigne le sentiment permettant de trouver une satisfaction par vanité ou par faiblesse. L'auteur explique que des études ont été réalisées, démontrant que les médias de certains pays, comme les États-Unis diffusaient plus d'images violentes pour attirer le plus grand nombre de spectateurs et faire ainsi exploser les taux d'audience.

médias : les médias sont les supports de diffusion massive de l'information : la presse, la télévision ; les journaux et le cinéma. L'auteur met en évidence le rôle des médias dans la diffusion des images violentes.

2. Les synonymes du nom *enquête* sont : investigations et recherches.

3. Les antonymes de l'adjectif *équivalent* sont : similaire et comparable.

4.

la définition de ce qui est violent varie selon l'observateur, au cours du temps ou selon les cultures nationales : en utilisant cette expression, l'auteur explique que la perception de la violence est personnelle. Le seuil de tolérance varie d'un individu à l'autre. De plus ce seuil n'est pas figé, il évolue selon les périodes. Certaines périodes de l'histoire ont été plus violentes que d'autres (guerres, révolutions) abaissant ainsi ce seuil de tolérance. Enfin, chaque individu est empreint de la culture de son pays et on constate qu'à travers le monde, des peuples vivent continuellement des situations violentes ce qui peut rendre certaines situations parfaitement tolérables et presque banales.

réponse univoque : cette expression signifie être *susceptible d'une seule interprétation*. En employant cette expression, l'auteur montre que les recherches sur l'impact de la violence télévisée sur les téléspectateurs n'ont pas une réponse unanime, cela dépend, en effet, de la méthodologie utilisée par les chercheurs.

III. Grammaire

Phrase à l'imparfait : « les conditions de laboratoire isolaient les individus de leur contexte social habituel et ne reproduisaient pas les conditions réelles de leur vie ».

Phrase au passé composé : « les conditions de laboratoire ont isolé les individus de leur contexte social habituel et n'ont pas reproduit les conditions réelles de leur vie ».

III. Développement personnel

La télévision est présente dans chaque foyer, c'est devenu le premier loisir des Français, même s'il est de bon ton d'affirmer pouvoir s'en passer, les mesures d'audience prouvent qu'il n'en est rien. Louée par certains, décriée par d'autres, nous devons nous interroger sur le rôle joué par la télévision.

Il est vrai que la télévision suscite, depuis son apparition, de très vives critiques. Beaucoup lui reprochent de rendre le téléspectateur passif. En effet, il ne fait plus l'effort de s'informer comme en lisant ou en visitant des musées, il subit ce qu'on lui propose.

De plus, la télévision est le loisir solitaire par excellence, elle a changé les soirées familiales. Chacun s'enferme devant son écran, sans rechercher la communication avec les autres. Ainsi, de nombreuses familles dînent en regardant la télévision, tout dialogue étant, alors, interdit.

En outre, par la médiocrité de certaines émissions, elle est accusée d'abêtir l'homme. Les thèmes et les arguments proposés dans les débats dits de « société » sont souvent simplistes et le langage de certains animateurs est peu évolué. Les producteurs de ces émissions se défendent en affirmant que les téléspectateurs ont la télévision qu'il méritent, Or, rien n'est plus faux ! Il existe, au contraire, une forte demande pour des émissions de qualité.

Ses détracteurs lui reprochent également de faire des drames humains, comme les guerres, la famine ou les catastrophes naturelles, un véritable spectacle que l'on regarde, souvent d'un œil indifférent. Cela développe un certain voyeurisme chez le téléspectateur.

Enfin, par la dureté des images, elle peut fasciner les jeunes les plus fragiles qui s'identifient aux « héros » des séries télévisées, exacerbant ainsi leur violence. De nombreux faits divers l'ont malheureusement prouvé récemment.

Cependant, la télévision peut être un formidable outil d'information. En effet, il suffit d'appuyer sur le bouton du récepteur pour voir des images du monde entier. Ainsi, les journaux télévisés, les magazines d'informations nous renseignent en temps réel, sur les événements se produisant, même dans des régions très éloignées.

De plus la télévision est un instrument de culture et d'éducation. Elle permet ainsi aux hommes, à une époque où les connaissances sont de plus en plus complexes, d'accéder plus aisément au savoir. Par exemple, certaines émissions scientifiques vulgarisent les nouvelles technologies, le fonctionnement des nouveaux moyens de communication n'a plus de secrets pour le grand public.

Enfin, la télévision est un moyen de distraction peu onéreux, elle permet, par les films et les émissions de variétés qu'elle propose de se détendre sans avoir à sortir de chez soi. Car de nombreuses familles modestes renoncent souvent à aller au cinéma ou au théâtre, estimant le prix des places trop élevé.

Nous voyons, pour conclure, que les critiques sont fondées, mais la télévision peut être aussi un moyen très puissant d'éducation et d'information, notamment pour les moins privilégiés. Or, le souci de plaire au plus grand nombre joint à des enjeux financiers, conduit les producteurs, à proposer des émissions médiocres Un effort doit donc être fait pour que la télévision devienne synonyme de progrès pour tous.

Corrigé n°8

I. Vocabulaire

1. En français, le mot « famille » a un double sens, source de bien des confusions. Il désigne d'une part le foyer, c'est-à-dire le groupe domestique composé des parents et des enfants. D'autre part, ce mot désigne aussi la parentèle, c'est-à-dire l'ensemble des apparentés (descendants, ascendants, collatéraux, etc.)

2.

patriarche : ce nom désigne un homme menant une vie simple entouré d'une famille nombreuse. Dans le texte, c'est le pilier de la famille traditionnelle, celui qui dispense le savoir et que tous respectent.

angélique : cet adjectif signifie *digne d'un ange*. Il évoque la perfection et l'innocence d'un ange. Pour l'auteur, il serait naïf de croire que la famille traditionnelle était parfaite. Ce serait refuser de voir la réalité en face.

idyllique : cet adjectif signifie *merveilleux, rêvé*. L'auteur affirme que la famille traditionnelle était loin d'être parfaite, de nombreux conflits existaient.

mythe : un mythe est au sens propre un récit fabuleux. C'est aussi la représentation idéalisée d'un fait. Des historiens affirment que le modèle de la famille traditionnelle si parfaite n'a jamais existé. Il a été inventé par des moralistes catholiques pour servir de référence.

trompe-l'œil : au sens propre un trompe-l'œil est un procédé artistique visant à créer l'illusion du relief en utilisant la perspective. Pour l'auteur, nous devons balayer ce modèle de la famille patriarcale inventé par les idéologues chrétiens pour étudier objectivement les caractéristiques de la famille.

regarder la réalité avec des yeux neufs : cette expression signifie se débarrasser des idées obsolètes et préconçues et étudier sans être influencé par les théories passées, les caractéristiques de la famille.

concubins : ce nom désigne un couple vivant ensemble sans être marié. D'après l'auteur, le mariage n'était pas le seul modèle de référence. D'autres formes de vie commune existaient comme le concubinage.

parentèle : ce terme désigne l'ensemble des apparentés, c'est-à-dire les ascendants, les descendants, les collatéraux (frères, sœurs, etc.) avec lesquels nous avons des relations.

II. Compréhension

1. Les sociétés nomades et féodales privilégient la parentèle au groupe domestique.

2. Les ethnologues, spécialistes de l'étude des groupes humains, s'intéressent aux structures de la parenté à travers le monde, depuis un siècle.

3. En France, le principales sources du droit de la famille sont le droit romain, le droit franc et le droit normand.

4. Le mariage est défini par l'auteur comme le procédé par lequel s'unissent un homme et une femme entraînant l'alliance de deux lignées : celle de père et celle de la mère.

5. La famille a subi depuis ces trois dernières décennies de profondes mutations. Composée d'êtres humains, elle a constamment évolué, mais, la crise de « mai 68 » a accéléré cette évolution. Avec la montée de l'individualisme, l'affirmation du « je » contre le « nous », le rejet du collectif, les Français ont refusé les contraintes imposées par la conjugalité et l'ingérence de l'État dans leur vie privée. Cela s'est traduit par une recrudescence des divorces et l'explosion de l'union libre et des naissances hors-mariage. Le mariage n'est plus, désormais, la seule forme d'union pour un couple.

D'ailleurs, les pouvoirs publics ont dû s'adapter à ces changements et ont mis en place de nouveaux statuts comme le pacs. De plus, ils ont réformé le droit de la famille pour tenir compte de ces évolutions.

Cependant, la famille reste une valeur chère au cœur des Français et joue un rôle important comme rempart contre l'exclusion.

Si la famille traditionnelle dont rêvent encore certains nostalgiques n'est plus majoritaire, de nouvelles formes de vie en commun apparaissent et prouvent que la famille est toujours bien vivante.

3

L'épreuve de rédaction[1]

La rédaction fait partie des épreuves d'admissibilité de certains concours de la fonction publique d'État et de la Ville de Paris. Selon le libellé des concours, elle est destinée à évaluer la capacité du candidat à s'exprimer par écrit, ainsi que sa maîtrise de l'orthographe.

Le chapitre 1 étudie les différentes étapes pour réaliser cette épreuve, avec des exemples détaillés et le chapitre 2 propose des sujets de concours corrigés.

Pour ce qui est de la ponctuation et de l'orthographe, vous vous reporterez à la première partie de l'ouvrage dans laquelle sont proposés des rappels sur les principales règles d'orthographe grammaticale et non grammaticale ainsi que des exercices d'entraînement.

Il peut vous être également utile de consulter dans la deuxième partie de l'ouvrage les éléments de vocabulaire.

Quant à l'esprit de cette épreuve, cultivez-le en lisant des journaux, des revues ou des livres ayant trait à des sujets d'actualité ou touchant le domaine du concours que vous préparez.

1. Cette partie a été rédigée par Catherine Chapelle.

1 La méthode de l'épreuve

L'épreuve de rédaction sur un sujet d'ordre général est un exercice qui fait appel à des qualités de réflexion, d'organisation des idées et d'expression écrite. Les sujets proposés ont souvent un rapport avec le domaine de compétence du futur agent. Il importe avant tout de suivre une démarche rigoureuse afin d'éviter le hors-sujet et la dispersion des idées.

I. Lecture et analyse du sujet

Le sujet se présente le plus souvent sous la forme d'une question à laquelle on vous demande de répondre, d'une citation ou d'un court texte que vous devez commenter. Il faut tout d'abord le lire soigneusement au moins deux fois pour bien s'en imprégner puis se poser la question : de quoi s'agit-il ? La réponse vous donnera le thème abordé. Ensuite, vous chercherez les mots-clés et les définirez, ce qui vous permettra de bien cerner le problème posé.

Une fois le sens du sujet trouvé, vous déterminerez la nature de la réponse à rédiger : discussion sur une question posée, commentaire général ou personnel d'une affirmation, analyse d'un problème donné.

Voici trois exemples de sujets dont nous ferons le corrigé détaillé après avoir terminé l'étude des différentes étapes de la méthode.

- « *Éducation libérale, éducation autoritaire, la question est à la mode. Qu'en pensez-vous ?* »
De quoi s'agit-il ? De l'éducation.
Les mots-clés sont éducation, libérale et autoritaire. L'éducation est la façon d'assurer la formation et le développement d'un être humain. Les deux adjectifs utilisés sont des contraires : le premier qualifie une éducation respectueuse de l'indépendance de l'enfant, le deuxième une éducation fondée sur l'obéissance, où la contradiction est impossible.
La nature de la réponse à rédiger est une discussion sur ces deux types d'éducation et vous devrez, après avoir en avoir examiné les aspects essentiels, donner votre avis personnel.

■ « *Comme l'affirmait l'entomologiste Fabre, "souvent la nature apparaît à la fois bonne et mauvaise". À travers votre propre expérience ou à l'aide d'exemples rapportés, décrivez successivement, en les commentant, les aspects bienfaisants et les effets néfastes de la nature.* »
De quoi s'agit-il ? De la nature.
Les mots-clés sont nature, bonne, mauvaise, aspects bienfaisants, effets néfastes. La nature a ici le sens de tout ce qui existe sur terre et qui n'est pas l'œuvre de l'homme. Les adjectifs utilisés sont en opposition pour qualifier d'une part la vision de la nature par l'homme, d'autre part les caractères et l'influence de cette dernière.
La nature de la réponse à rédiger est un commentaire dans lequel vous devrez décrire puis expliquer les deux points abordés soit de façon personnelle, soit en vous référant à des lectures.

■ « *Le besoin de sécurité dans notre société.* »
De quoi s'agit-il ? De la sécurité.
Les mots-clés sont besoin, sécurité, société. Le besoin correspond à une sensation qui semble nécessaire à l'homme pour vivre, ici celle de ne pas avoir à craindre pour sa vie, sa famille, ses biens, dans la communauté à laquelle il appartient. La nature de la réponse à donner est une analyse de ce besoin.

II. Recherche des idées

Lorsque le candidat a bien cerné le sujet, il lui faut alors trouver les idées qui lui permettront de développer la ou les réponses à ce qui lui est demandé.

Soit le candidat a beaucoup voire trop d'idées et, dans ce cas, le problème sera de les ordonner en les classant par thème et en éliminant les moins intéressantes ou celles sans rapport avec le sujet, après les avoir notées comme elles viennent.

Soit il n'en a aucune *a priori*. Dans ce cas il peut utiliser la méthode du questionnement systématique ou la méthode de recherche thématique.

Remarque : Quelle que soit la méthode utilisée, quand vous avez trouvé une idée cherchez son contraire ce qui vous donnera un argument pour la thèse opposée. Exemple : le progrès technique améliore la santé des êtres humains grâce aux découvertes médicales **mais** il provoque de nombreux problèmes de santé à cause de la pollution.

A. Méthode du questionnement systématique

Elle consiste à répondre aux questions suivantes : quoi ? qui ? où ? quand ? comment ? pourquoi ? combien ? dans quel but ? avec quels résultats ?

Remarque : Il n'y a pas obligatoirement de réponse à chaque question. Cela varie en fonction du sujet traité.

Appliquons cette méthode à un sujet dont le thème est la violence dans le football :

- Qui ? Les joueurs, les supporters, les spectateurs.
- Où ? Sur le terrain, dans les tribunes, à l'extérieur du stade.
- Quand ? Pendant les entraînements, pendant et après les matchs.
- Comment ? Par des actes de violence physique, verbale.
- Pourquoi ? Parce que c'est un sport d'une part très physique, où l'on affronte une équipe dans le but de marquer des points, d'autre part très spectaculaire, ce qui suscite des passions, des débordements et l'exacerbation du sentiment national.
- Dans quel but ? Se défouler, exprimer ses frustrations.
- Avec quels résultats ? Discréditer le football, offrir un exemple néfaste pour la jeunesse, détruire l'idéal de fraternité des sports d'équipe.

B. Méthode de recherche thématique

Elle consiste à considérer les différents aspects du sujet : historique, géographique, économique, technique, politique, social, psychologique, moral, etc.

Prenons par exemple un sujet traitant du respect des droits de l'enfant. Vous l'examinerez sous les aspects suivants :

- historique : le problème des droits de l'enfant est récent (deuxième moitié du XIXe siècle pour la réglementation du travail des enfants et l'instruction obligatoire en France, 1959 pour l'adoption par l'ONU de la première déclaration des droits de l'enfant) ;
- géographique : ce problème touche tous les pays et de manière cruciale ceux du tiers-monde ;
- économique : la mise en œuvre du respect des droits de l'enfant exige des moyens financiers considérables et touche de nombreux secteurs de l'économie (industrie, commerce...) ;

- technique : les nouvelles technologies (Internet) doivent prendre en compte les droits de l'enfant ;
- politique : les États ont pour rôle de légiférer dans le souci de protéger les enfants ;
- social : tous les domaines de la société sont concernés par les droits de l'enfant (éducation, travail, santé, loisirs...) ;
- pychologique : la santé psychique de l'enfant est un gage de formation d'un adulte équilibré ;
- moral : l'enfant est l'avenir de l'homme et le plus fragile des êtres vivants. Il est donc de la responsabilité de l'adulte d'assurer la protection et l'accomplissement de cet enfant.

III. Élaboration du plan

C'est une étape indispensable qui facilite l'écriture et renforce la cohérence des idées exprimées. Toute rédaction doit comporter trois parties : une introduction, un développement et une conclusion.

Nous aborderons l'introduction et la conclusion dans le paragraphe suivant. Pour l'instant, nous allons étudier comment structurer le développement.

Trois types de plan sont utiles à connaître et peuvent être utilisés voire combinés selon le genre du sujet : le plan de discussion, le plan de commentaire et le plan analytique.

A. Le plan de discussion

Lorsque le sujet se présente sous forme d'un problème à résoudre ou suscite une réponse contradictoire, le recours à ce modèle de plan permet d'exprimer son opinion de manière nuancée. Le développement se divise alors en deux ou trois parties.

1) Première partie

Celle-ci va soutenir le point de vue choisi dans la discussion en fournissant des arguments et des exemples. Les arguments sont en quelque sorte les réponses que vous devriez formuler si, dans une conversation, à la suite d'une affirmation, votre interlocuteur vous posait la question : pourquoi ? Les exemples serviront à illustrer vos arguments et leur donneront plus de poids.

Il importe de bien distinguer argument et exemple. Très souvent les candidats confondent le second avec le premier. Les arguments sont les preuves que vous apportez pour démontrer la justesse de votre opinion et sont par conséquent de portée générale. Par exemple, vous êtes favorable à une éducation libérale : votre argument sera qu'elle développe l'autonomie et votre exemple que les enfants à qui on laisse une certaine liberté d'action se débrouillent mieux lorsqu'ils ont un problème à résoudre.

2) Deuxième partie

Elle va développer les arguments opposés à la thèse soutenue dans la première partie. Il ne s'agit pas de systématiquement contrer tous les arguments de la première partie mais de les nuancer en montrant les restrictions que l'on peut formuler. Par exemple, à l'argument énoncé ci-dessus, on peut répondre que trop d'autonomie peut engendrer un comportement égoïste voire asocial.

3) Troisième partie

Cette partie est la synthèse des deux autres. Elle donne une vision plus juste de votre point de vue, à la lumière des contradictions examinées dans la deuxième partie.

Remarque : Les trois parties doivent être à peu près équilibrées. Si la troisième partie s'avère trop courte, vous pouvez la supprimer et exprimer votre thèse finale dans la conclusion.

B. Le plan de commentaire

Ce modèle de plan peut s'utiliser lorsque le sujet se présente sous la forme d'une opinion ou d'une remarque que l'on vous demande de commenter. Le développement aura deux parties.

1) Première partie

Elle fournit une explication du sujet en définissant les termes et en étudiant chaque aspect de ceux-ci pour en montrer la justesse grâce à des exemples.

2) Deuxième partie

Elle apporte un éclairage général ou personnel en élargissant les idées exprimées par le sujet c'est-à-dire en approfondissant chaque aspect.

C. Le plan analytique

C'est un plan à utiliser lorsque le sujet est posé sous la forme d'un problème auquel il vous est demandé de réfléchir.

On peut articuler dans ce cas le développement en trois parties : constat du problème - causes - conséquences, ou : constat du problème - causes - solutions.

IV. Rédaction

Il faut distinguer trois étapes : introduction et conclusion qu'il convient de rédiger immédiatement après avoir terminé l'élaboration du plan, développement que l'on rédige directement au propre.

A. Rédaction de l'introduction

L'introduction est indispensable. Il est désagréable d'entrer dans le vif du sujet sans savoir exactement de quoi il s'agit. Elle doit être soignée car elle détermine souvent l'impression générale du correcteur sur la copie.

Elle a pour but de présenter le sujet et d'annoncer le plan suivi dans le développement.

1) Présentation du sujet

Elle se fait en deux étapes.

La première consiste en une mise en situation du sujet dans un contexte général ou historique.

La deuxième consiste à définir le sujet qui va être traité en précisant le problème qui peut en découler. Si le sujet comporte une citation, vous pouvez la reprendre entre guillemets. Si le problème a été énoncé sous forme de question, vous pouvez la reprendre ou la reformuler. Parfois la mise en situation suffit.

2) Annonce du plan

Celle-ci permet au correcteur de suivre la démarche de votre pensée. Vous pouvez la faire de différentes manières, soit sous forme énumérative à condition d'éviter les formules lourdes du style : premièrement..., deuxièmement... etc. ; soit sous forme d'une ou plusieurs questions.

Remarques :

• Les erreurs à éviter sont, d'une part de rédiger une introduction trop longue où l'annonce du plan consiste déjà en un mini-développement, d'autre part d'y formuler la conclusion ce qui ôte tout intérêt au développement, enfin d'annoncer un plan qui ne sera pas suivi.

• Du point de vue de la longueur, l'introduction doit être équilibrée avec la conclusion et représenter environ un dixième de la rédaction.

B. Rédaction de la conclusion

Comme pour l'introduction, son absence ou son insuffisance laisse le correcteur sur une impression négative. En effet, sans être un résumé du développement, la conclusion doit apporter une réponse synthétique aux aspects du sujet que vous avez traités et éventuellement proposer un élargissement ouvrant la perspective d'un nouveau débat.

Remarque : On veillera à ne pas se contredire par rapport au développement et à ne pas introduire de nouvelles idées.

En résumé, il faut se souvenir qu'une introduction et une conclusion correctes rendront plus indulgent le correcteur vis-à-vis d'un développement maladroit. En outre, la démarche de rédiger introduction et conclusion immédiatement après l'élaboration du plan offre l'avantage de voir si l'ensemble est cohérent.

C. Rédaction du développement

1) Démarche

Le développement doit être écrit directement sur la copie en suivant le plan élaboré au brouillon.

Chaque partie peut se subdiviser en plusieurs paragraphes, deux à quatre en général, contenant chacun l'idée développée et le ou les exemples correspondants.

Pour assurer le passage d'une partie à l'autre, une phrase de transition est utile car elle établit une continuité dans le déroulement de la pensée.

Il est indispensable d'utiliser des connecteurs logiques pour articuler les idées entre elles. En effet, très souvent, le développement se présente comme un empilement d'idées à la manière d'un catalogue, sans ligne conductrice. Or, le correcteur doit pouvoir suivre toutes les étapes du cheminement de votre pensée, faute de quoi il sera incapable de juger de votre capacité de réflexion.

2) Disposition pratique

Votre copie doit être la plus aérée possible. Vous devez donc sauter une ligne entre introduction, développement et conclusion et aller à la ligne à la fin de chaque paragraphe. Vous ferez de même pour chaque partie du développement. Veillez également à la propreté de la copie (vous pouvez utiliser des stylos à encre effaçable).

3) Connecteurs logiques

Ils assurent les liens logiques entre les idées et sont de nature diverse (conjonctions de coordination, adverbes, conjonctions de subordination, locutions). Ils se répartissent en fonction de la nuance qu'ils indiquent.

Objectifs	Connecteurs logiques
Addition d'idées	Et, aussi, de plus, en outre, également, encore, par ailleurs
Succession d'idées	Tout d'abord, en premier lieu, premièrement, ensuite, puis, en second lieu, enfin, en dernier lieu
Corrélation d'idées	D'une part...d'autre part, non seulement... mais encore
Explication	Ainsi, aussi, c'est-à-dire, d'ailleurs, en effet
Adhésion	Certes, sans doute, assurément, bien sûr
Hypothèse	Si, à condition que, pour peu que, à moins que
Restriction	Mais, cependant, néanmoins, pourtant, toutefois
Opposition	En revanche, au contraire, en dépit de, malgré, bien que, quoique, or, par contre
Comparaison	Comme, comme si, de même que
Expression de la cause	Car, en effet, effectivement, en fait, parce que, puisque, étant donné que
Expression de la conséquence	Ainsi, alors, donc, c'est pourquoi, par suite, dans ces conditions, en conséquence, par conséquent, de sorte que
Conclusion	En bref, en somme, au total, en définitive, finalement, pour finir, en conclusion, pour conclure, pour résumer

D. Expression écrite

Une syntaxe et une orthographe correctes ainsi que le respect des règles grammaticales sont des éléments qui interviennent dans la notation. De même, la ponctuation doit être mise à bon escient car elle est la respiration de la phrase et permet une lecture plus aisée. Par ailleurs, une phrase doit contenir un verbe conjugué : ne l'interrompez donc pas avant d'en avoir utilisé un. Revoyez la construction des verbes (utilisation des prépositions et des pronoms relatifs adéquats : à, de, pour, que, auquel, duquel, dont,...).

Soyez simples, précis et concis dans l'expression. N'utilisez que les mots dont vous connaissez avec certitude le sens. Évitez les mots pompeux, le jargon, les expressions familières, le langage parlé. Variez votre vocabulaire en cherchant des synonymes pour éviter trop de répétitions. En particulier, trouvez, si vous le pouvez, d'autres verbes plus précis que les trois verbes passe-partout de la langue française : avoir, être, faire.

Enfin, si vous devez exprimer des idées personnelles, faites-le avec mesure mais avec sincérité : l'essentiel est que vous les ayez solidement argumentées. Le correcteur appréciera même s'il ne les partage pas.

V. Gestion du temps

Le temps est un facteur important dans toute épreuve de concours et vous devez veiller à ne pas en perdre dans les différentes étapes. Il est évident que les éléments horaires fournis dans le tableau qui suit ne sont que des indications et que vous pouvez les adapter en fonction de vos qualités propres. Si vous avez des facilités d'écriture, vous vous consacrerez plus longtemps à la recherche d'idées et au plan. Dans le cas contraire, vous garderez plus de temps pour rédiger, sachant qu'une rédaction non terminée est pénalisée.

La durée de l'épreuve est le plus souvent de 2 heures. Dans ce cas la répartition de votre temps sera la suivante :

Étapes	Durée	Observations
Lecture et analyse du sujet	15 min	Étape primordiale pour ne pas se tromper de sujet : bien relever les mots-clés et les définir
Recherche idées	20 min	Recherche spontanée ou par les méthodes étudiées
Élaboration du plan	15 min	Classer les idées selon le plan adopté et noter les exemples pour illustrer les idées
Rédaction de l'introduction et de la conclusion	20 min	Rédaction au brouillon en respectant les consignes
Rédaction finale	40 min	Recopier l'introduction, rédiger le développement en suivant le plan puis recopier la conclusion
Relecture	10 min	Vérifier l'orthographe et la syntaxe

VI. Exemples détaillés

Nous traiterons successivement les trois sujets donnés en exemples dans le I, et dont l'analyse a été faite.

Sujet n°1

« Éducation autoritaire, éducation libérale, la question est à la mode. Qu'en pensez-vous ? »

1) Recherche d'idées

On peut utiliser la méthode du questionnement.

Où s'exerce l'éducation ? Au sein de la famille et dans les lieux où peut éventuellement s'exercer une action éducative comme l'école, les centres de loisirs, sportifs...

Comment peut-elle s'exercer ? De façon autoritaire, en imposant des règles strictes, en punissant pour leur non-respect, en limitant la liberté ; de façon libérale, sans contraintes, sans punitions, avec une grande liberté d'action.

Avec quels résultats ? Dans le premier cas on obtient un enfant docile, connaissant les limites à ne pas dépasser ou, au contraire, révolté, violent ; dans le second cas on obtient un enfant épanoui, autonome ou bien égoïste, désorienté et prêt à faire des bêtises.

2) Plan du développement

Il comprend trois parties.

a) Première partie : l'éducation autoritaire

Elle se décompose en trois sous-parties.

■ Aspects :

Règles de vie dictées et respectées, manquements punis, liberté d'action et initiative personnelle limitées. Exemples : famille (horaires, sorties), vie scolaire, clubs sportifs.

■ Avantages :

Adaptation aux contraintes de la vie en famille ou en collectivité. Existence d'un cadre sécurisant. Intégration plus facile dans un groupe, préparation à la vie d'adulte dans une société très organisée. Exemple : milieu de travail très hiérarchisé (administration).

■ Inconvénients :

Développement d'un comportement craintif, inhibé ou bien opposant, rebelle, violent. Absence de jugement personnel et d'autonomie. Exemple : enfants souffre-douleur, enfants fugueurs.

b) Deuxième partie : l'éducation libérale

Elle suit le même découpage que la première.

■ Aspects :

Aucune règle imposée. Gestion de la vie par la négociation. Initiative encouragée. Exemples : famille libérale (horaires, sorties), écoles autogérées.

■ Avantages :

Écoute et respect de l'enfant. Prise en compte de sa personnalité. Développement de la réflexion personnelle, du sens de l'organisation. Exemples : enfants de famille monoparentale, aînés d'une fratrie.

■ Inconvénients :

Manque de repères, angoisse, actes délictueux. Comportement égoïste, difficultés d'intégration dans la vie sociale et professionnelle. Exemples : incivilités, enfants abusifs.

c) Troisième partie : quelle éducation choisir ?

Reprendre globalement les effets positifs et négatifs des deux types d'éducation en montrant quels sont ceux qui peuvent constituer une base d'éducation équilibrée. Autorité et liberté : deux points de vue opposés que l'on peut réconcilier. Respect des normes et acceptation des contraintes d'une part, indépendance, souplesse, initiative, créativité d'autre part. Exemples dans la vie familiale et scolaire.

3) Rédaction de l'introduction

■ Mise en situation du sujet :

Le petit d'homme est, à la naissance, l'être vivant le plus fragile de la nature et son évolution jusqu'à l'âge adulte est longue. Il lui faut donc pour grandir et se former être guidé par ses parents et la société afin de devenir un homme capable de mener sa vie de façon équilibrée.

■ Présentation du sujet et du problème :

C'est le but de l'éducation et la forme qu'elle doit prendre pose question. Doit-elle être autoritaire ou libérale ?

■ Annonce du plan :

Pour y répondre on peut évaluer les atouts et les dangers de l'une et l'autre et imaginer quelle serait l'éducation idéale.

4) Rédaction de la conclusion

En conclusion, devant la complexité des éléments en jeu, nous devons être humbles et nous dire avec lucidité que l'éducation idéale n'existe pas. Avant tout, il ne faut jamais oublier que l'essentiel est l'enfant qu'il s'agit de considérer dans sa spécificité. Le véritable but de l'éducation consiste, après avoir bien observé l'enfant, à atténuer ses défauts et accroître ses qualités afin qu'il puisse tirer le meilleur parti de sa personnalité. Pour cela, on adaptera les principes d'éducation aux résultats attendus.

5) Rédaction du développement

Si l'on considère d'abord l'éducation autoritaire, on peut en définir les principes essentiels : les règles de vie sont fixées et tout manquement à ces règles est puni. De ce fait, la liberté d'action est limitée et l'initiative personnelle peu encouragée voire réprimée. Les exemples de ce type d'éducation sont visibles dans de nombreux domaines. Au sein de la famille, les heures des repas, des devoirs, du loisir, du lever et du coucher sont fixées et souffrent peu d'exceptions, les sorties des adolescents sont limitées et contrôlées. Dans le milieu scolaire, le règlement de l'établissement doit être respecté sous peine d'exclusion. La même rigueur se rencontre dans les clubs sportifs.

Quels sont les bénéfices d'une telle éducation ? En premier lieu, elle oblige l'enfant à se plier aux contraintes de la vie en famille ou en collectivité. Ainsi, il intègre plus facilement un groupe et se prépare à sa vie adulte dans une société très organisée. Par exemple, si l'on travaille dans une administration, structure très hiérarchisée, le fait d'avoir acquis dès l'enfance le sens de la discipline est utile. En second lieu, elle rassure l'enfant car elle l'encadre par des règles strictes. De cette façon, il connaît ses limites ce qui, psychologiquement, est un facteur d'équilibre.

En revanche, les dangers de l'excès d'autorité sont importants. D'une part, il peut développer chez l'enfant un tempérament craintif, inhibé, avec pour conséquence que celui-ci devienne un adulte incapable de jugement personnel et d'autonomie. On rencontre ces traits de caractère chez les enfants ou les adultes souffre-douleur. D'autre part, par réaction, l'enfant est susceptible de devenir rebelle, violent, opposant systématique à toute contrainte. C'est ce que l'on observe chez certains enfants fugueurs à cause d'une autorité parentale trop contraignante.

Si l'on s'intéresse maintenant au modèle d'éducation libérale, il est en totale opposition avec le précédent. En effet, il présente les caractéristiques suivantes. Tout d'abord, aucune règle n'est imposée à l'enfant. Tout est fondé sur la négociation : on organise la vie de l'enfant en fonction de ses besoins et de ses désirs. Ainsi, dans une famille libérale, les horaires sont souples et suivent les emplois du temps de chacun. Dans les écoles autogérées, le règlement est élaboré et remis en question par tous, élèves, parents, professeurs, personnel, responsables ; en outre, l'emploi du temps et les matières étudiées sont choisis par les élèves. Ensuite, les parents laissent à leurs enfants l'initiative de la gestion de leur temps libre, ce qui, à l'âge de l'adolescence, leur permet de sortir à leur gré, sans horaires de retour stricts.

Les avantages retirés par l'enfant sont certains. Il est écouté, respecté. Sa personnalité est prise en compte et se forme sans contrainte traumatisante. Sa réflexion personnelle, ses capacités d'organisation et d'autonomie sont favorisées. Et, dans ces conditions, l'enfant acquiert un sentiment, si important pour la solidité de l'identité : la confiance en soi. Ces qualités peuvent se rencontrer, par exemple, chez des enfants élevés par un seul parent ou aînés d'une fratrie nombreuse, situations qui obligent à des responsabilités précoces.

Cependant, ce type d'éducation a ses inconvénients. Le premier est que l'enfant doit jouir d'un tempérament fort, sinon il se sentira perdu, n'arrivera pas à assumer seul cette liberté et risquera de devenir un être angoissé. Le second est que l'enfant, n'ayant pas intériorisé de limites à ses actes, sera tenté de les rétablir en commettant des bêtises plus ou moins graves. Enfin, il peut évoluer de manière égoïste, sans aucun respect pour autrui. Tous ces effets créeront des difficultés pour l'intégration dans la vie professionnelle et sociale. Un exemple est donné par les incivilités que l'on constate actuellement : elles sont mises sur le compte de parents trop laxistes. On parle même de parents battus par leurs enfants.

Que retenir en fin de compte de ces modèles d'éducation ? Peut-être que l'autorité est ce qui permet de se situer et la liberté de se trouver. Il faut à l'enfant des règles qui le rassurent, lui donnent des limites, et une indépendance qui épanouisse sa personnalité et lui enseigne l'autonomie. La vie en société exige à la fois des qualités de respect des normes et d'acceptation des contraintes que l'éducation autoritaire développe et des qualités de créativité, de souplesse et d'initiative que l'éducation libérale suscite. Ce ne serait donc qu'une question de dosage des interdits et des libertés. Concrètement, dans les lieux où s'exerce une action éducative, la règle devrait toujours exister mais être négociée en fonction du contexte où elle doit s'appliquer. Ainsi, pourrait se construire une relation de confiance réciproque et une réflexion sur le bien-fondé des principes qui règlent la vie avec les autres.

Sujet n°2

« Comme l'affirmait l'entomologiste Fabre, "souvent la nature apparaît à la fois bonne et mauvaise". À travers votre propre expérience ou à l'aide d'exemples rapportés, décrivez successivement, en les commentant, les aspects bienfaisants et les effets néfastes de la nature. »

1) Recherche d'idées

On peut utiliser la méthode de recherche thématique.

- Aspect historique : le jardin d'Éden et le déluge décrits par la Bible ; la période de glaciation qui a vu la disparition des dinosaures ; la découverte du feu ; les premiers hommes qui vivaient de la chasse et de la cueillette.
- Aspect géographique : diversité des paysages et des ressources selon les régions (tempérées, tropicales, désertiques, polaires).
- Aspect climatique et géologique : variété des climats chauds, froids, secs, humides, pluvieux ; cataclysmes (sécheresse, inondations, tempêtes, cyclones, séismes).

- Aspect économique : la nature fournit les éléments indispensables à la vie et nourrit la planète grâce à l'exploitation de ses richesses.
- Aspect psychologique : la nature permet au citadin de se ressourcer.
- Aspect moral : selon les Anciens, la nature nous donne des leçons d'harmonie et d'humilité à méditer.

2) Plan du développement

Il nous est donné par la formulation du sujet.

a) Première partie : les aspects bienfaisants

La nature nous fournit les éléments indispensables à la vie : la lumière, l'oxygène, l'eau, les sels minéraux, les nutriments apportés par l'alimentation, les substances ayant des effets bénéfiques sur la santé. Exemples : produits naturels, cultures, médicaments fabriqués à partir de plantes.

La nature apporte au citadin un équilibre physique et psychologique. Exemples : la fuite des Parisiens vers la campagne le week-end, vers la plage ou la montagne pour les congés, la passion croissante du jardinage.

La nature nous offre un spectacle de beauté, d'équilibre, d'harmonie et nous donne à réfléchir. Exemples : les interactions entre les plantes et les animaux, les conséquences de la pollution.

b) Deuxième partie : les effets néfastes

Les régions hostiles : déserts, pôles nord et sud, zones d'altitude très élevée où la survie est précaire.

Les dangers de la nature : animaux sauvages, plantes toxiques.

Les cataclysmes et leurs conséquences sur les paysages, l'agriculture, l'économie, les hommes : sécheresses, tempêtes, inondations, cyclones, séismes.

3) Rédaction de l'introduction

■ Reprise de la citation et mise en situation du sujet :

Le grand entomologiste Fabre affirmait que « souvent la nature apparaît à la fois bonne et mauvaise. » Et certes, la Bible avec le jardin d'Éden et le déluge, l'étude des premiers âges de la terre avec les périodes de glaciation qui ont vu périr les dinosaures et l'évolution, des peuples chasseurs cueilleurs à l'homme d'aujourd'hui, nous semblent illustrer cette remarque.

■ Annonce du plan :

Dans le monde où nous vivons, que peut-on dire des actions bienfaisantes de la nature et de ses effets néfastes ?

4) Rédaction de la conclusion

Finalement, la vision ambivalente des effets de la nature est une réalité. La nature nous donne la vie et peut nous la retirer. Sans elle nous ne sommes rien, avec elle nous pouvons beaucoup. Elle est toute-puissante et c'est pourquoi nous devons la traiter en alliée et, pour cela, il importe de la respecter et de tenir compte de ses spécificités. Comme le disaient les Indiens d'Amérique du Nord, peuples ayant un respect profond de la nature : « la bête, l'arbre, l'homme, tous partagent le même souffle. »

5) Rédaction du développement

Le premier aspect positif et primordial de la nature est qu'elle nous fournit les éléments indispensables pour vivre. Grâce à l'oxygène de l'air notre sang est régénéré et nos organes fonctionnent. Privés d'eau, nous mourons rapidement. De plus, cette eau assure notre nourriture puisqu'elle est nécessaire aux cultures. La nature est notre première source de nutriments par la profusion de ses productions : fruits, légumes, céréales. La lumière permet la croissance des végétaux chlorophylliens et nous protège de la dépression. Non seulement la nature est notre mère nourricière mais encore elle est notre médecin : de nombreuses plantes sont utilisées soit dans les campagnes comme remèdes traditionnels, soit pour fabriquer des médicaments. La pervenche de Madagascar, par exemple, sert à l'élaboration d'un anti-cancéreux.

Après avoir assuré nos besoins élémentaires, la nature se charge de notre bien-être psychologique. En effet, la civilisation moderne oblige une grande partie d'entre nous à habiter en ville. Le rythme surmené de la vie citadine fatigue nos corps et nos esprits et nous pousse irrésistiblement vers la campagne ou la forêt le week-end, afin de nous ressourcer. Les vacances arrivées, les Parisiens éprouvent le plus grand bonheur à partir à la mer ou à la montagne d'où ils reviennent reposés et détendus. Car nous sommes liés viscéralement à la nature et le contact avec elle est nécessaire périodiquement pour notre santé mentale. D'ailleurs, une autre preuve de cet effet bénéfique est le plaisir simple et délassant que peut apporter le jardinage.

On peut considérer enfin comme un aspect bienfaisant pour l'homme le fait que la nature ait suscité la réflexion et la méditation aussi bien des poètes que des philosophes. Et même à notre modeste niveau, lorsque, par exemple, nous regardons des documentaires animaliers, nous sommes frappés par l'harmonie de la flore et de la faune des régions sauvages et ce spectacle peut nous faire réfléchir sur la nécessité de préserver cette beauté. Par ailleurs, les effets de la pollution sur l'environnement nous donnent une leçon de respect et d'humilité quand nous voyons quelles conséquences sur toute la chaîne de la vie provoque le moindre déséquilibre.

Cette vision idyllique de la nature ne doit cependant pas nous faire oublier que celle-ci n'est pas toujours clémente.

En effet, les régions du globe ne sont pas toutes hospitalières. Les déserts, les zones polaires et les altitudes très élevées offrent des conditions de vie dures voire impossibles. Il s'agit alors pour l'homme de survivre par ses propres moyens et la nature est plus une ennemie qu'une amie. La mort par déshydratation, la gangrène des extrémités, la mort par défaillance cardiaque sont le lourd tribut payé à cette dernière par les hommes qui s'aventurent dans ces territoires.

D'autres dangers menacent l'homme dans les milieux naturels. Les animaux sauvages, comme les félins, peuvent être redoutables quand ils s'attaquent à l'homme. Les reptiles et les insectes venimeux peuvent tuer par action directe ou, comme les guêpes, indirecte, en provoquant des réactions allergiques mortelles. Les plantes ne sont pas toujours bonnes pour nous. Nombreuses sont les espèces toxiques : baies dont les couleurs attirent les enfants, champignons. Une sortie en forêt peut ainsi se révéler mortelle si une amanite phalloïde se trouve dans la cueillette.

Enfin, les cataclysmes sont les plus visibles et les plus dramatiques des effets néfastes de la nature. Les ouragans et les cyclones provoquent des dégâts importants et sont meurtriers, bien que l'on soit capable de les prévoir et de suivre leur évolution. Les tempêtes sont plus imprévisibles : celle que nous avons connue en décembre 1999 a laissé des séquelles profondes dans nos mémoires et nos paysages. Quant aux inondations, elles ravagent souvent le tiers-monde, aggravant la pauvreté des pays touchés. Les sécheresses provoquent la famine en Afrique et les séismes qui touchent les zones de fragilité de l'écorce terrestre sont catastrophiques pour les régions habitées.

Sujet n°3

« Le besoin de sécurité dans notre société. »

1) Recherche des idées

Notons les idées comme elles nous viennent :

- la sécurité est une condition nécessaire pour vivre bien ;
- notre société est violente ;
- nous avons un sentiment grandissant d'insécurité ;
- les problèmes socio-économiques sont importants ;
- la sécurité concerne les biens et les personnes ;
- les espaces publics sont peu sûrs ;
- certains endroits sont plus touchés par ces problèmes ;
- il n'y a pas assez d'autorité ;
- il faut assurer la sécurité par des moyens dissuasifs ;
- il faut réprimer les actes qui portent atteinte à la sécurité ;

- l'éducation civique est un moyen de prévention ;
- nous protégeons de plus en plus les espaces privés ;
- les médias aggravent le sentiment d'insécurité ;
- les conditions qui créent l'insécurité doivent être étudiées ;
- le besoin de sécurité est partout.

2) Élaboration du plan

Nous allons utiliser le plan analytique.

a) Première partie : constat du besoin

■ Au niveau des biens :
- espaces privés (digicodes, portes blindées, chiens de garde...) ;
- espaces publics marchands (vigiles, maîtres-chiens...).

■ Au niveau des personnes :
- sécurité physique (travail, lieux publics, école, transports...) ;
- sécurité des produits et des services (alimentation, médicaments, etc.).

b) Deuxième partie : raisons de ce besoin

■ Objectives :
- actes d'incivilité de plus en plus fréquents ;
- actes de violence sur la voie publique en recrudescence ;
- médias alarmistes sur le problème de l'insécurité ;
- principe de précaution non respecté dans de récentes affaires.

■ Subjectives :

perception accrue du sentiment d'insécurité (recherche du bien-être avant tout).

c) Troisième partie : solutions pour répondre à ce besoin

■ Sécurité des biens et des personnes :
- moyens dissuasifs (augmentation des effectifs d'agents assurant la sécurité dans les lieux sensibles) ;
- moyens répressifs (sanctions immédiates, peines de substitution) ;
- moyens préventifs (éducation civique, prise en charge éducative, aide aux familles défavorisées).

■ Sécurité des produits et des services (amélioration de l'information).

3) Rédaction de l'introduction

■ Mise en situation du sujet :

La sécurité est un facteur indispensable pour qu'une société puisse se former, assurer sa stabilité et progresser. Les périodes de l'histoire où une certaine sécurité a régné ont joui d'une grande prospérité. C'est ainsi que, depuis la fin de la Seconde Guerre mondiale, notre pays a connu une croissance sans précédent.

■ Présentation du problème et annonce du plan :

Qu'en est-il alors du besoin de sécurité dans notre société ? Nous analyserons successivement les signes qui permettent de le déceler, les raisons de ce besoin et les réponses que la société peut apporter.

4) Rédaction de la conclusion

Pour résumer, le besoin de sécurité, si pressant dans la société actuelle, est, malgré une perception peut-être trop sensible, un problème réel, créé par l'évolution économique et démographique de ces deux dernières décennies, auquel tous les citoyens doivent réfléchir pour trouver des solutions appropriées. Cela demande du temps, de l'énergie et des moyens financiers, matériels et humains considérables, mais cela est nécessaire si nous ne voulons pas que notre société perde cette stabilité si chèrement construite.

5) Rédaction du développement

De nombreux signes rendent visibles le besoin de sécurité dans notre société. Si l'on étudie d'abord les effets sur les biens matériels, on observe une abondance de moyens dissuasifs tant dans les espaces privés que dans les lieux publics marchands : accès régis par digicodes dans les immeubles bourgeois comme dans les logements sociaux, portes blindées, augmentation du nombre de chiens de garde, vigiles et maîtres-chiens assurant la surveillance des centres commerciaux.

Quand on examine ensuite les effets sur les personnes, on constate une forte demande de sécurité en ce qui concerne les services publics, particulièrement les transports publics, aussi bien de la part des agents que des usagers. Même l'école n'y échappe pas puisque, dans certains quartiers, on envisage d'y faire intervenir la police. Dans le milieu du travail, les normes d'hygiène et de sécurité de plus en plus exigeantes montrent la place importante de la notion de prévention des risques.

Enfin, il existe des domaines où le besoin de sécurité s'exprime vivement, ceux des soins médicaux et de l'alimentation. On exige de plus en plus un risque nul et, en cas de problème, d'en connaître les raisons véritables. Cela se traduit, par exemple, par la multiplication des procès pour fautes professionnelles et la recherche de la transparence des produits.

Quelles raisons expliquent ce besoin ? Elles sont variées et peuvent être vues sous deux angles, subjectif et objectif.

En effet, nous vivons dans une époque sûre au regard des précédentes si nous songeons aux multiples menaces de la vie quotidienne d'alors : villes coupe-gorge, routes attaquées par les brigands, travail ouvrier dangereux, épidémies dues aux mauvaises conditions d'hygiène... En fait, plus le monde nous entourant est confortable, plus nous vivons dans le bien-être et plus nous ressentons l'inquiétude de perdre tout cela.

Cependant, des causes objectives existent. En premier lieu, il est vrai que l'on a recensé une augmentation significative de la délinquance sur la voie publique (vols à l'arraché, vols à main armée), une multiplication des incivilités et de la violence gratuite. En second lieu, le rôle des médias n'est pas neutre en ce domaine. Les articles, les images et les émissions alarmistes contribuent à susciter la crainte et le besoin accru de sécurité. En dernier lieu, les récentes affaires, comme celle du sang contaminé ou celle des farines animales, où le principe de précaution sacrifié sur l'autel du profit a eu des conséquences mortelles, ne peuvent que conforter ce besoin.

Les réponses existent déjà mais sont insuffisantes. Dans un premier temps, il serait judicieux de rendre les espaces publics rassurants grâce à une présence humaine, réduite au minimum ces dernières années. Dans les quartiers sensibles, il faudrait développer la police de proximité. Quant à la sanction des délits mineurs, faire en sorte que la procédure soit la plus rapide possible et favoriser les peines de substitution pourrait éviter l'installation d'une délinquance à long terme.

Dans un deuxième temps, il est nécessaire de fixer des objectifs plus lointains afin de limiter les mesures dissuasives ou répressives. Les moyens envisageables sont des mesures éducatives et des aides aux milieux défavorisés. L'éducation est possible dans de nombreux domaines : éducation civique, éducation pour la prévention des risques et l'hygiène... Quant à l'assistance aux familles en détresse, elle peut prendre la forme de relais entre les habitants et les institutions.

Le dernier élément de réponse se trouve dans l'amélioration de l'information sur les sujets concernant les produits et les services. Le fait de connaître exactement les procédés de fabrication ou les modes opératoires renforce le sentiment de sécurité.

2 Sujets de concours commentés et corrigés

I. Énoncés

Sujet n°1

Concours externe de chef d'équipe du nettoiement de la commune de Paris, 2000 (durée : 2h)

« De plus en plus de sportifs prendraient des produits dopants. Selon vous, la performance sportive existe-t-elle encore ? »

Sujet n°2

Concours externe de chef d'équipe du nettoiement de la commune de Paris, 1999 (durée : 2h)

« Le public réclame un environnement de plus en plus propre dans tous les domaines (terre, air, eau), mais les comportements individuels ont-ils évolué dans le même sens ?

Qu'est-ce qui peut selon vous les faire progresser ? Plus de répression, ou plus d'éducation ? »

Sujet n°3

Concours d'agent des services techniques de la commune de Paris, 1998 (durée : 2h)

« À votre avis, qu'est-ce que les usagers sont en droit d'attendre du service public ? »

Sujet n°4

Concours d'agent de 2e classe de la surveillance spécialisée de la commune de Paris, 1998 (durée : 2h)

« L'organisation du travail n'est pas seulement la mise en place d'un emploi du temps. En partant de cette réflexion, comment envisagez-vous une organisation du travail qui ne démotive pas les employés ? »

II. Corrigés

Corrigé n°1

A. Commentaire

Le libellé du sujet comporte une affirmation hypothétique ayant une conséquence sur laquelle on vous demande votre opinion. De quoi s'agit-il ? Du dopage de plus en plus pratiqué par les sportifs. La question qui en découle est l'existence ou non de la notion de performance.

Le plan va s'articuler en deux parties que vous ordonnerez selon votre avis personnel : oui, la performance existe encore ; non, elle n'existe plus. Puis vous donnerez votre avis nuancé dans la conclusion.

L'erreur à ne pas commettre est de traiter le problème du dopage.

B. Corrigé

Depuis quelques années le problème du dopage occupe le devant de la scène médiatico-sportive. Les nombreuses affaires, comme celle du Tour de France de 1998, ont jeté le discrédit sur les athlètes et relativisé les résultats obtenus. Certains records ont été annulés en raisons de contrôle positif à des substances dopantes. Devant un tel constat peut-on encore parler de performance sportive ?

Certes, lorsque l'on se penche sur les pratiques révélées par la presse, on n'ose plus affirmer que la performance existe. Le dopage consiste à employer des substances interdites en vue d'accroître artificiellement ses capacités. Or, certains sportifs absorbent divers produits tels que des anabolisants, des amphétamines, des vasoconstricteurs, de l'EPO, dans le but d'augmenter leur masse musculaire, de diminuer la sensation de fatigue et le besoin de sommeil, de ralentir le rythme cardiaque. Dans ce cas, la performance n'est pas le reflet de leurs aptitudes physiques propres. Elle n'est qu'un artifice et ne peut être validée.

De plus, si l'on considère que la performance consiste également à repousser les limites de l'endurance du corps humain, elle s'annule si elle ne représente plus le fruit des efforts fournis.

Par ailleurs, le dopage introduit une inégalité entre les athlètes car ceux qui ne se dopent pas ne peuvent atteindre le même niveau de record. Les résultats ne sont donc plus interprétables puisque la graduation de l'échelle de mesure est faussée à la base. Où se situe alors la performance ?

En fin de compte, si performance il y a, elle n'est pas celle du sportif mais celle de la médecine qui met au point des substances de plus en plus efficaces pour améliorer les capacités physiques humaines.

Toutefois, malgré l'existence de ces dérives, le sport reste une discipline de performances.

D'abord, le problème du dopage doit être parfois relativisé. En effet, certaines substances interdites entrent dans la composition de médicaments utilisés pour soigner des affections banales et le sportif peut les avoir utilisés sans intention de tricher. Aussi ne peut-on dire qu'il n'y a pas eu performance.

Ensuite, il subsiste des sports où les athlètes n'usent pas de substances dopantes et dont les scores ne doivent qu'à leur talent et à leur ténacité. Le ski alpin, le tennis, la gymnastique connaissent peu de problèmes de dopage.

Par ailleurs, les critères physiques ne sont pas les seuls éléments d'une performance. Le moral du sportif, sa persévérance, l'intelligence de sa discipline, la stratégie utilisée entrent en ligne de compte dans l'objectif atteint. Or, ces qualités ne sont pas améliorables par des substances chimiques mais par un travail personnel. Des sports comme le golf, l'escrime, l'équitation en sont une illustration.

Enfin, le sportif accomplit malgré tout un exploit car il va jusqu'au bout de lui-même, même si ce « lui- même » a été modifié par le dopage. La performance n'a pas la valeur propre qu'on peut lui accorder mais elle a une réalité.

Pour conclure, la performance en soi existe encore et continuera à exister tant que l'idéal du sport sera présent dans l'esprit de ses pratiquants. Le dopage est un problème lié à l'argent qui empoisonne le milieu sportif mais il est pris de plus en plus en compte et combattu. Les athlètes dignes de ce nom le savent et nous offrent avec leurs exploits un espace de rêve et d'admiration.

Corrigé n°2

A. Commentaire

Le libellé du sujet comporte une affirmation suivie de trois questions. La première constitue le problème posé par le thème du sujet c'est-à-dire la propreté de l'environnement réclamée par le public. Les deux autres questions concernent les conséquences de la première, à savoir comment faire évoluer les comportements individuels. La manière dont vous devez envisager la réponse est donnée par la dernière question : répression ou éducation.

Le devoir comportera donc deux parties, la seconde étant elle-même divisée en deux sous-parties.

Le mot-clé particulièrement important est « individuels » : il ne s'agit pas de traiter le problème de la propreté environnementale de façon globale.

B. Corrigé

L'industrialisation débutée à la fin du dix-huitième siècle en Angleterre puis progressivement étendue au reste du monde occidental a eu des conséquences sur l'espace naturel, dont nous prenons maintenant la mesure. Devant la pollution de l'air, de la mer et de la terre, le public exige de l'État et des industries une mise en place de moyens de lutte et de prévention pour arrêter la dégradation de l'environnement et assurer sa propreté. Mais cette exigence se retrouve-t-elle dans nos comportements individuels ? Quelle que soit la réponse à cette question, nous réfléchirons pour savoir si plus de répression ou plus d'éducation sont les solutions à apporter au problème.

Intéressons-nous en premier lieu à la manière dont nous préservons la pureté de l'air. Les études scientifiques ont montré que le gaz carbonique émis par l'activité de l'homme, et en particulier par l'industrie et les voitures, a des effets destructeurs sur la couche d'ozone située dans la partie haute de l'atmosphère. Changeons-nous pour autant notre mode de vie ? Non. Nous continuons à prendre notre voiture plutôt que les transports en commun et nous voulons toujours plus de produits industriels sophistiqués.

L'eau est-elle mieux respectée ? En apparence oui, car la préserver nous apparaît plus comme une évidence, étant donné qu'elle est indispensable à notre survie. Mais en réalité nous n'hésitons pas à polluer les rivières et la mer en y déversant les déchets de notre vie quotidienne. Le spectacle de certaines rivières, de certains ports de mer est parfois édifiant : détritus divers, substances huileuses ou mousseuses, flore et faune mal en point nous renseignent sur le respect que nous leur portons.

Enfin, la terre n'est guère plus épargnée. La nature à laquelle les citadins sont particulièrement attachés, puisqu'ils s'y précipitent dès qu'ils le peuvent, garde souvent les traces de ce passage. Les forêts, les champs, les sentiers de montagne, les plages ressemblent parfois à des poubelles à ciel ouvert où l'on rencontre tous les déchets de la société de consommation : papiers gras, bouteilles plastiques, boîtes de conserve, batteries de voiture... Il existe même des décharges sauvages où les gens viennent se débarrasser des objets encombrants. La ville n'est pas mieux lotie. Malgré la présence de poubelles, les trottoirs sont salis par toutes sortes d'ordures. Les propriétaires de chiens laissent leur animal s'oublier n'importe où. Bien que des efforts importants aient été faits pour embellir les villes, la propreté urbaine reste un vaste programme lorsque l'on contemple l'état des lieux publics.

Ce constat pessimiste nous conduit à réfléchir sur les moyens de faire évoluer nos comportements.

La première idée qui vient à l'esprit est d'exercer une répression accrue de ces attitudes irresponsables. De fait les sanctions existent déjà le plus souvent sous la forme d'amendes : amendes pour dépôt d'ordures interdit, pour souillure des trottoirs par les déjections de chiens, pour pollution des eaux... En ce qui concerne la pollution automobile, certains pays ont institué des taxes prohibitives pour dissuader les gens d'acheter des voitures. Plusieurs grandes villes françaises ont institué l'alternance des journées de sortie pour les voitures selon les numéros d'immatriculation, en cas de pic de pollution maximum. Des sanctions existent également pour les pots d'échappement non conformes. Or, toutes ces mesures donnent peu de résultats concrets. Faut-il, par exemple, augmenter fortement le montant des amendes ? Cela aurait sûrement un effet dissuasif. Mais le maillon faible de ce système subsisterait, celui des contrôles qui sont insuffisants et dont l'augmentation poserait des problèmes de moyens. De plus, les effets seraient transitoires et ne changeraient pas en profondeur le comportement des gens.

C'est pourquoi la seconde idée serait de favoriser l'éducation du public en matière de propreté. Et effectivement le travail à accomplir dans ce domaine est immense. En ce qui concerne la pollution automobile, par exemple, on peut apprendre aux automobilistes que faire contrôler son véhicule régulièrement, le doter de systèmes anti-polluants, l'utiliser à bon escient, développer le co-voiturage, comme à Singapour, a pour effet d'améliorer la qualité de l'air. Apprendre aux enfants dès le plus jeune âge à ne pas jeter de papiers par terre, à remporter les restes de pique-nique lors des sorties de nature, bref à respecter l'environnement, sont des mesures de bon sens que l'on devrait développer. Une autre solution, déjà mise en pratique dans certains endroits, est le triage sélectif des ordures qui éduque les gens au potentiel de nuisance de chaque catégorie de déchets. De cette manière les habitudes évolueraient en profondeur et le réflexe de propreté deviendrait spontané.

Ainsi, il reste beaucoup de chemin à parcourir pour faire évoluer les mentalités sur le problème de la propreté par rapport aux pratiques individuelles. Si une répression plus forte peut avoir des effets ponctuels utiles, il semble plus efficace à long terme de sensibiliser le public aux enjeux de cette hygiène de l'environnement proche et de l'éduquer en conséquence. Ce choix demande évidemment une mobilisation de temps, d'énergie et de moyens importante mais le but à atteindre est capital pour la survie du monde où vivront nos enfants.

Corrigé n°3

A. Commentaire

Le thème de la question posée est vaste puisque le service public, en France, intervient dans de très nombreux domaines. Les attentes sont donc multiples mais la réflexion doit se porter sur celles qui sont légitimes. Il faudra donc opérer un choix et ne conserver que les idées bien argumentées en les hiérarchisant.

B. Corrigé

La notion de service public est chère au cœur des Français. C'est pourquoi la diversité des domaines d'intervention du service public est grande. La gestion et l'aménagement du territoire, l'énergie, l'éducation, la justice, la police, les transports, la poste, les finances, la protection sociale pour ne citer que les plus importants sont gérés ou encadrés par l'État. Leurs ressources sont assurées par les impôts directs et indirects, les taxes et les cotisations diverses versés par les usagers. Ces derniers sont donc en droit d'attendre de l'administration certaines qualités dans le service rendu. Elles sont nombreuses mais on peut les regrouper en deux ensembles que nous allons détailler.

Le premier ensemble regroupe les qualités humaines, celles qui impliquent la relation directe que nous établissons avec les services publics.

La plus évidente, puisque les termes le suggèrent, est la disponibilité c'est-à-dire la possibilité pour l'usager d'accéder aux services dont il a besoin, souvent pour remplir des obligations légales. Or, de nombreuses administrations ne sont ouvertes au public que pendant des plages horaires restreintes, obligeant l'usager à disposer de ses heures de travail pour faire ses démarches. Il serait donc judicieux que le service public s'adapte aux nouveaux modes de vie de la population active.

Une autre qualité que l'on aimerait légitimement rencontrer est le sens de l'accueil et de ce qui en découle, l'écoute. En effet, remplir un dossier, demander une aide, faire une réclamation ne sont pas toujours des actes évidents vu la complexité des règlements. Les agents, étant en quelque sorte la courroie de transmission entre l'administration et l'administré, doivent donc faire en sorte de faciliter la compréhension et manifester une certaine patience à l'égard de la personne qu'ils ont en face d'eux.

Par ailleurs les usagers sont très sensibles à la transparence de l'information qui leur est fournie car elle est pour eux la marque du respect qu'on leur porte. Il n'est pas normal qu'ils subissent les conséquences des décisions prises, sans explication ni justification. C'est le cas, par exemple, des transports publics où souvent les trains sont en retard voire supprimés sans que la moindre raison ni la moindre excuse ne soient données. De même, certains refus sont formulés par l'administration sans explication claire et génèrent un sentiment d'injustice.

En outre, le respect que l'on est en droit d'attendre implique l'égalité de traitement. Quelles que soient notre origine, notre fonction, nous devons bénéficier d'une attention et d'une diligence identiques. Selon la devise de la République nous sommes égaux en droits et le service public est un lieu privilégié pour l'illustrer. Ainsi les passe-droits, les privilèges que l'on observe parfois doivent disparaître.

Le deuxième ensemble regroupe les qualités professionnelles qui sont naturellement attendues mais pas toujours présentes.

La première exigence, importante mais controversée, est la responsabilité. Il est juste cependant de la réclamer car elle est exigée de tout citoyen dans la société. Certes, depuis un certain temps, les agents portent un badge indiquant leur nom ce qui permet de savoir à qui l'on s'est adressé et de faire une réclamation nominative en cas d'erreur. Mais, bien souvent, la responsabilité se dilue dans la hiérarchie et l'usager a bien du mal alors à obtenir réparation du préjudice subi.

Viennent ensuite quatre qualités interactives qui peuvent être exigées du service public : compétence, efficacité, rapidité, sécurité. Elles sont essentielles et justifient son existence. On doit les attendre dans tous les domaines : les transports publics, la justice, la police, la poste, la santé, la distribution d'énergie... La compétence surtout est le facteur qui doit primer puisque les trois autres en découlent. Que de temps perdu lorsque la personne chargée d'un dossier le gère de façon inadéquate par manque de connaissances approfondies ! Pour ce qui est de la justice, il est légitime de vouloir qu'elle soit plus rapide, étant donné les conséquences qu'entraînent à la fois sa lenteur et ses décisions. De même, la police doit intervenir rapidement et assurer la tranquillité publique avec efficience. Quant aux trains, c'est leur gloire de partir et d'arriver à l'heure, du moins ça l'était autrefois.

La sécurité mérite une place à part en ce sens qu'elle est une justification de la qualité du service public brandie dès que l'on parle de privatisation. Ainsi les récents et terribles accidents de train en Angleterre ont été expliqués par le fait que le rail anglais est maintenant géré par des compagnies privées.

Pour clore ce tour d'horizon des devoirs du service public tels que nous, les usagers, les concevons, nous pouvons dire que nous lui demandons bien des vertus. Mais nous adoucirons cette remarque en objectant que, d'une part l'usager a lui aussi des devoirs, d'autre part cette exigence est stimulante car elle pousse à se remettre en cause, à se former, à évoluer. Or, une organisation ne peut perdurer sans cela. L'avenir du service public dépend donc de cette capacité de renouvellement et nous devons le lui rappeler par notre vigilance.

Corrigé n°4

A. Commentaire

Il s'agit d'un sujet concret. Votre base de réflexion pour répondre à la question posée va être les mots-clés « mise en place » et « emploi du temps ». Qu'est-ce qu'un emploi du temps ? La répartition des tâches à effectuer dans un cadre horaire que l'on doit respecter. Considérer l'organisation du travail comme le simple fait d'établir un emploi du temp implique absence de souplesse, de réflexion sur le contenu du travail, de prise en compte de la personnalité et des motivations des employés. À partir de ces pistes vous pourrez structurer votre rédaction.

B. Corrigé

Toute entreprise publique ou privée fonctionne selon un cadre horaire fixé afin d'assurer son efficacité et d'optimiser son rendement. Au sein d'une équipe, la mise en place d'un emploi du temps établissant la répartition des tâches de chacun selon un horaire bien précis, particulièrement pour les postes d'exécution, est donc assurément indispensable mais l'organisation du travail ne doit pas se réduire à cela. Elle doit être conçue de manière à ne pas démotiver les employés. C'est pourquoi nous l'envisagerons par rapport aux critères à prendre en compte dans cette perspective.

Intéressons-nous en premier lieu aux horaires. Ceux-ci ne doivent pas être imposés de manière arbitraire mais établis en concertation avec les employés, en prenant en compte les impératifs familiaux, l'éloignement du lieu de travail, la contrainte du travail le samedi. Ainsi, ils n'engendreront pas de tension, de surcroît de fatigue et de frustration qui petit à petit amoindrissent l'énergie et entament le moral. On peut également instaurer des horaires alternés par semaine, quinzaine ou mois pour rompre la monotonie. En outre, si le type d'activité le permet, on pourra introduire une flexibilité dans les heures d'arrivée et de départ à condition qu'une tranche horaire fixe soit respectée. Ce modèle a pour avantage d'alléger le stress par rapport au temps et de développer l'autonomie. Mais quelle que soit la solution choisie, la négociation sera toujours privilégiée.

En second lieu, la nature et la répartition du travail jouent un rôle majeur pour éviter la démotivation des employés. Là encore, tout en respectant la nécessité d'exécution de certains travaux selon un horaire déterminé, on installera de la souplesse grâce à l'alternance de tâches ennuyeuses et répétitives et d'activités plus créatives et plus variées. Par ailleurs, au niveau de leur réalisation, il convient de privilégier les critères susceptibles de créer de l'intérêt, du goût et du plaisir c'est-à-dire l'initiative, la liberté dans la conduite des activités, la possibilité de proposer des améliorations dans l'organisation et l'exécution. L'essentiel est que le travail soit fait correctement et consciencieusement. Un autre élément envisageable est la polyvalence des employés qui leur donnerait une vision globale du service et permettrait une répartition du travail plus aisée. Cela demande évidemment d'envisager des actions de formation.

La remarque précédente introduit le dernier aspect à considérer, celui des relations humaines et de la place de chacun au sein de l'équipe. Elles sont essentielles pour sa dynamique. Deux éléments jouent un rôle. D'une part le dialogue pour désamorcer les conflits et résoudre les problèmes rencontrés dans l'exécution des tâches, d'autre part l'évaluation des employés pour connaître leurs difficultés, leurs aspirations, leurs projets de carrière. Dans ce but auront lieu tous les mois des réunions avec la totalité de l'équipe et tous les trimestres des entretiens individuels. La formation continue sera encouragée ainsi que toute action permettant au personnel d'évoluer à la fois sur le plan individuel et sur le plan professionnel. Favoriser l'ouverture sur d'autres horizons évite l'effet stérilisant que provoque à la longue l'enfermement dans le travail et recrée la motivation.

En conclusion, l'organisation proposée se fonde sur un modèle libéral, au bon sens du terme, qui unit l'intérêt collectif et l'intérêt individuel, où l'écoute mutuelle est favorisée et qui offre des perspectives d'évolution. Bien sûr, sa mise en place exige du temps, des moyens et des bonnes volontés, ce qui peut apparaître problématique à réaliser. Mais le tenter est déjà une bonne chose en soi. L'essentiel est d'aller vers le but proposé en introduction : faire en sorte de ne pas démotiver les employés.

4

L'épreuve de rapport ou de compte rendu[1]

1. Cette partie a été rédigée par Catherine Chapelle.

1 La méthode de l'épreuve

I. Présentation de l'épreuve

Le rapport et le compte rendu ont une méthodologie commune et demandent les mêmes qualités de rigueur et de clarté. Nous allons voir ce qui les distingue avant d'aborder les étapes de la méthode.

Cependant, il est à noter que, dans certains cas, l'épreuve de compte rendu s'apparente à celle du rapport car le sujet présente les mêmes caractéristiques que celui du rapport.

A. Le compte rendu

Le compte rendu est un document servant à transmettre une information sur :

- un événement comme un incident ou un accident, soit sur le lieu de travail, soit sur le domaine public ;
- une réunion, soit de groupe de travail pour l'organisation et le fonctionnement d'un service, soit de préparation d'un chantier ou de réception de travaux à la fin d'un chantier ;
- l'exécution d'un travail ou d'une mission ;
- un état des lieux concernant un bâtiment ou un local administratif.

Cette information doit posséder les qualités suivantes : être exacte (éléments fournis impérativement vérifiés), être complète, être utile (éléments superflus éliminés).

Le compte rendu est une simple restitution de faits sans interprétation personnelle. Cette neutralité le distingue du rapport. Les qualités requises seront donc l'esprit d'observation, la capacité d'évaluer l'essentiel et l'objectivité.

Remarque : Le compte rendu peut servir de base pour la rédaction d'un rapport ultérieur du supérieur hiérarchique.

B. Le rapport

Comme le compte rendu, le rapport peut concerner un événement ou une mission, mais également un problème pouvant se poser dans le fonctionnement d'un service.

Le but du rapport est de permettre à un supérieur d'être complètement informé et de prendre une décision. Il est demandé au rédacteur une analyse de l'information et une appréciation conduisant à la proposition de solutions. Le rédacteur doit donc s'impliquer.

Outre les qualités citées précédemment, le rapport demande un esprit clair, logique, rigoureux, et du jugement pour apprécier avec mesure et justesse les situations et en tirer toutes les conséquences. En particulier, le rédacteur doit savoir déterminer l'ordre de priorité des actions, tout en sachant rester dans ses limites de compétence.

II. Exemples de sujets pour illustrer la méthode

Les exemples de sujets proposés ci-dessous ont pour but de rendre plus intelligibles certaines étapes de la méthode. Vous devez donc les lire soigneusement et vous y reporter chaque fois que l'un d'eux est cité pour illustrer l'étape étudiée.

Exemple n°1

Lors d'un chantier de plantation d'arbres en alignement, en bordure de voie publique, plusieurs incidents se sont produits. Rendez compte.

Exemple n°2

Vous avez assisté à un groupe de travail concernant l'organisation et les problèmes rencontrés par l'équipe hôtelière. Les points suivants ont été évoqués :

- Monsieur X, gouvernant général ouvre la séance en présentant les résultats de l'enquête de satisfaction menée auprès des patients. Il en ressort que 65 % des patients sont satisfaits de la qualité des repas.
- Monsieur DUPONT, cadre hygiéniste, tient à souligner que les résultats des derniers prélèvements bactériologiques en bio-nettoyage sont très bons.
- Madame DURAND, agent hôtelier, évoque le manque d'agents hôteliers dans le service de médecine. Elle ajoute que la qualité des prestations s'est dégradée ces derniers temps.
- Monsieur X rappelle que les quantités minimales d'approvisionnement en produits d'entretien par service ont été redéfinies à la hausse et qu'une formation a été dispensée aux agents hôteliers afin de leur rappeler les bonnes pratiques en matière d'entretien des locaux.

D'autre part, Monsieur X a remarqué des défaillances d'interrupteurs de robinetterie. Il rappelle que la détection de ces défaillances et leur signalement aux services techniques relèvent de la compétence de l'équipe hôtelière.

• Monsieur SIMON prend la parole et évoque les problèmes de l'équipe hôtelière concernant l'organisation du travail entre les tâches d'entretien des locaux et le service des repas. Selon lui, les agents hôteliers consacreraient trop de temps aux tâches de bio-nettoyage.

• Madame GARNIER se plaint des délais d'intervention des services techniques lorsque l'équipe hôtelière fait appel à eux pour des petites réparations.

Elle souligne par ailleurs la grande qualité de la formation reçue par l'équipe hôtelière concernant l'entretien des locaux.

• Monsieur X annonce que pour améliorer les conditions de remise en température des repas, un nouveau matériel est en cours de test dans un service. Si les résultats de cette expérimentation se révèlent concluants, une extension dans les autres services pourra être envisagée.

Il ajoute également que le sous-effectif de l'équipe hôtelière s'explique par trois arrêts en longue maladie.

• Monsieur X clôt la séance en remerciant tous les participants.

Veuillez rédiger un compte rendu de cette réunion à l'attention de vos collègues de travail selon un plan ordonné et cohérent.

Exemple n°3

Un dimanche matin, vous êtes appelé par un riverain d'un cours d'eau traversant votre commune, qui vous informe d'une pollution importante provoquée par des hydrocarbures.

Dans un rapport circonstancié très détaillé, vous indiquez à votre Chef de Service les mesures que vous avez été amené à prendre, ainsi que toutes les informations qui vous paraîtront utiles pour donner suite à des recours éventuels.

Exemple n°4

Pour satisfaire la demande de certains administrés, la commune où vous êtes employé en qualité d'agent de maîtrise, responsable du secteur « maçonnerie », vient d'acheter des bancs publics.

Monsieur le Maire vous convoque et vous demande de les faire poser aux endroits qu'il vous indique sur le plan du centre ville. De votre côté, compte tenu du personnel dont vous disposez, vous convenez que 5 jours pleins seront nécessaires pour ce travail.

Or, 10 jours plus tard, une note du Maire est déposée sur votre bureau dont voici un extrait : « ... je vous informe que 2 bancs installés face à la gare ont été retrouvés hier sur la chaussée lors d'une ronde de police, que le banc que nous avions convenu de situer à hauteur du 52 avenue Foch se trouve plutôt à hauteur du 54 de la même avenue, que celui de la rue des Écoles n'y figure pas et qu'enfin celui de l'avenue de la République me semble légèrement en biais. Pour le reste cela me paraît conforme. Veuillez m'adresser un compte rendu de cette opération dans les meilleurs délais car je dois intervenir lors de la réunion de la prochaine commission spécialisée où l'on ne manquera pas de me poser des questions… »

Á partir de tous ces éléments vous devez rédiger un compte rendu à Monsieur le Maire.

III. Présentation du document

Le compte rendu et le rapport sont présentés selon des règles bien précises qu'il convient de respecter. Nous vous présentons d'abord un modèle général puis un cas particulier.

A. Présentation du modèle général

Timbre du service	Lieu et date
Le rédacteur X.	
	Compte rendu ou Rapport à l'attention de Monsieur…, s/c de Monsieur …
Objet :	
Étaient présents :	
Introduction	
Développement	
Conclusion	

Le détail des mentions obligatoires est le suivant :

- Le timbre c'est-à-dire l'identification du service peut se présenter ainsi : Ville de... ou Mairie de..., Direction ou Service de..., Section ... ;
- Le lieu et la date sont ceux de la rédaction du document. Le jour du concours vous devez indiquer le lieu et la date mentionnés par le sujet ou sinon ceux du concours ;
- Le destinataire est soit le supérieur hiérarchique dont vous devez indiquer le grade, soit un élu (par exemple le Maire) et dans ce cas vous devez faire figurer la mention sous couvert de votre hiérarchie ;
- L'objet : c'est une phrase courte, nominale (sans verbe conjugué), à la manière d'un titre, qui renseigne sur la nature des faits ayant motivé le compte rendu ou le rapport. Il comporte un premier nom désignant l'action, un deuxième désignant sur quoi ou qui s'est portée l'action et enfin le lieu où s'est déroulée l'action.

  Exemple n°1 : Incidents survenus sur le chantier de plantation d'arbres de la rue C.

  Exemple n°2 : Réunion du groupe de travail de l'équipe hôtelière.

  Exemple n°3 : Pollution par des hydrocarbures de la L., Promenade des P.

  Exemple n°4 : Pose de bancs publics dans le centre ville.

- Étaient présents : lorsqu'il s'agit d'un compte rendu la mention indique le nom et la qualité des personnes présentes lors des faits ou à la réunion.
- Le rédacteur du document : sont mentionnés son grade et son nom suivis de sa signature s'il s'agit d'un rapport. Le jour du concours, pour respecter l'anonymat des copies, vous devez utiliser soit le nom figurant dans le sujet soit la lettre X, si aucune précision n'est fournie.

Remarque : En l'absence de toute précision sur les noms des lieux ou des protagonistes il est préférable de ne pas leur donner d'identité fantaisiste car cela peut être considéré comme un signe de reconnaissance et entraîner l'élimination du candidat. Vous utiliserez les lettres débutant l'alphabet A, B, C, etc.

Par ailleurs, si les consignes interdisent explicitement de remplir une ou plusieurs mentions, vous respecterez cette interdiction.

B. Présentation du modèle pour la police municipale

Département de ...
Commune de ... Lieu et date
Police municipale

Rapport du gardien de police municipale X.

À Monsieur le Maire de la commune de ...
s/c de la voie hiérarchique

Réf. :

Objet :

PJ :

Vu les articles 21, 21-2 et D 15 du code de procédure pénale.

Introduction

Développement

Conclusion

Identité des contrevenants :

Fait et clos à..., le...
Le gardien de police municipale X.

Deux expéditions :
– la première à Monsieur le Maire de la ville de... ;
– la seconde à Monsieur le Procureur de la République.

En plus des mentions communes au modèle général, doivent figurer impérativement :

- l'identification du rédacteur : vous devez mentionner le grade, le nom et le prénom ; si deux agents étaient présents, vous noterez les deux identités et le rapport sera signé, alors, par les deux agents ;

- le destinataire : à Monsieur le Maire s/c de la voie hiérarchique ;
- les références (réf.) : le rapport peut être rédigé suite à un appel ou à des instructions. Il est donc utile de pouvoir s'y référer. Exemple : appel d'un riverain ou vos instructions du 15 mai 2000.
- les pièces jointes (PJ) : ce sont tous les documents qui accompagnent le rapport tels des plans des photographies, des courriers d'administrés. Le jour du concours, cette rubrique est sans objet.
- le préambule : il constitue le cadrage juridique. La formule suivante doit être rédigée entièrement : « Vu les articles 21, 21-2 et D15 du code de procédure pénale ».

IV. Lecture et analyse du sujet

La gamme des sujets de compte rendu ou de rapport est très étendue et il est impossible de la traiter de manière exhaustive. Il s'agit simplement de vous donner, à travers divers exemples, une méthode efficace pour structurer vos idées de façon logique et réfléchie.

La lecture du sujet est une étape fondamentale, étant donné les conséquences que produit une erreur dans un document qui peut être utilisé pour des suites éventuelles ou une prise de décision. Vous devez donc lire soigneusement le libellé et formuler de façon simple le sujet en vous posant les questions suivantes : de quoi s'agit-il et que me demande-t-on ?

Exemple n°1
De quoi s'agit-il ? D'incidents survenus lors d'une plantation d'arbres.
Que me demande-t-on ? Un compte rendu de ces incidents.

Exemple n°2
De quoi s'agit-il ? D'une réunion de travail pour évoquer les problèmes rencontrés par l'équipe hôtelière.
Que me demande-t-on ? Un compte rendu synthétique de cette réunion.

Exemple n°3
De quoi s'agit-il ? La première partie du sujet fournit la réponse : d'une pollution de cours d'eau par des hydrocarbures.
Que me demande-t-on ? Un rapport circonstancié très détaillé. La deuxième partie du sujet vous précise les questions auxquelles vous devrez répondre concernant votre intervention : mesures prises et informations utiles pour d'éventuels recours.

Exemple n°4
De quoi s'agit-il ? D'une opération de pose de bancs publics et des anomalies constatées par le Maire à propos de cinq d'entre eux.
Que me demande- t-on ? Un compte rendu de l'opération afin que le Maire puisse répondre aux questions de la prochaine com-

mission spécialisée. Il faudra donc rédiger une réponse détaillée et sérieusement argumentée.

V. Recherche des idées

Une fois la lecture et l'analyse du sujet faites, vous devez chercher des idées. Nous limiterons cette recherche aux éléments de la situation exposée par le sujet, c'est-à-dire les faits, les idées concernant les autres aspects du sujet étant développés dans l'élaboration du plan. Deux cas peuvent se présenter.

A. Avec un sujet court

Si le sujet est court, les éléments fournis sont peu nombreux. Il faudra donc en créer pour pouvoir décrire la situation.

Remarque : Prenez garde à ne pas imaginer des éléments qui auraient des conséquences que vous ne pourriez maîtriser. Restez réalistes et choisissez la solution la plus simple, n'allant pas au-delà de vos compétences.

Exemple n°1

La nature des incidents n'est pas indiquée. On peut chercher les idées en classant les incidents selon leur nature.

- incidents techniques : pelleteuse en panne, nombre d'arbres livrés insuffisant, câble de téléphone endommagé par l'engin de terrassement de l'entreprise adjudicataire ;
- incidents humains : agent blessé à la cheville après avoir glissé et chuté dans la fouille.

Exemple n°3

La description de la pollution n'étant pas détaillée, nous allons rechercher des éléments en réfléchissant aux différents aspects qu'elle peut offrir.

- Étendue : longueur de la partie du cours d'eau polluée ou surface couverte.
- Forme : nappe continue ou plaques discontinues.
- Couleur et aspect : nappe ou plaques noires, huileuses et irisées.
- Odeur : forte en raison de la nature du produit polluant et de sa volatilité.
- Effets visibles sur la flore et la faune : berges souillées et poissons morts flottant à la surface.

B. Avec un sujet long

Si le sujet est long, il vous fournit souvent tous les éléments concernant la situation. Il s'agit alors de ne pas en oublier car tout élément manquant surtout s'il est déterminant pour l'analyse du problème, sera sanctionné.

C'est le cas des ***exemples 2 et 4*** : vous soulignerez ligne par ligne chaque élément fourni.

Si le candidat possède déjà une expérience professionnelle, il peut rechercher s'il lui est arrivé de se trouver dans une situation analogue, ce qui lui facilitera le travail. Sinon il s'agit simplement de faire preuve de bon sens, le but étant de mettre en évidence les qualités d'observation, de rigueur, de clarté, de logique ainsi que les qualités humaines dans le règlement des conflits.

Lorsqu'il y a des documents annexés au sujet, il s'agit de les lire rapidement et d'en extraire les éléments nécessaires à la rédaction du rapport, par exemple des renseignements, des articles des différents codes ou des arrêtés concernant les infractions constatées qui justifieront les mesures prises. Il ne s'agit nullement de faire un résumé de ces documents (l'épreuve n'est pas une note de synthèse).

VI. Élaboration du plan

Un compte rendu ou un rapport est construit selon une démarche rigoureuse qu'il convient de respecter. En effet, ce sont des documents de travail et non des écrits littéraires.

Nous allons étudier successivement les trois étapes en marquant les différences entre compte rendu et rapport.

A. L'introduction

L'introduction varie selon la nature du sujet. On peut distinguer trois sortes d'introduction.

1) S'il s'agit de la simple relation de faits

L'introduction se contentera de situer ces faits dans l'espace et le temps.

> ***Exemple n°1***
> Voici l'introduction que vous pourriez rédiger :
> Lors du chantier de plantation d'arbres en bordure de la rue C., exécuté du ... au ..., se sont produits plusieurs incidents dont voici la relation par ordre de survenue.

2) S'il s'agit d'une intervention à la suite d'un incident ou d'un accident

L'introduction devra présenter un bref rappel des faits en les situant dans le temps et l'espace, puis introduire le développement à l'aide d'une phrase de transition qui indiquera votre première réaction.

Exemple n°3

L'introduction va répondre aux questions suivantes :

- Quand ? Un dimanche matin.
- Dans quelles circonstances ? Appel d'un riverain.
- De quoi s'agit-il ? D'une pollution par hydrocarbures.
- Où ? Sur le cours d'eau qui traverse la commune.

Voici comment vous pourriez la rédiger :

Ce dimanche ..., à 10h 15, j'ai reçu un appel téléphonique de monsieur M., riverain de la L., me signalant une importante pollution de la rivière par des hydrocarbures, au niveau de son domicile 35, Promenade des P.

Je me suis rendu immédiatement sur les lieux pour constater les faits et prendre les mesures nécessaires.

3) S'il s'agit d'une mission ou d'une réunion

L'introduction devra présenter le but de la mission ou de la réunion puis annoncer le plan du développement.

Exemple n°2

Voici comment pourrait se construire votre introduction :

▪ But de la réunion :

Le mercredi 17 janvier 2000 s'est tenue une réunion du groupe de travail concernant l'organisation et les problèmes rencontrés par l'équipe hôtelière.

▪ Annonce du plan :

* Le présent compte rendu fait part des points évoqués en fonction des thèmes examinés

ou bien

* Le présent compte rendu expose les aspects contrastés qui se sont dégagés des différentes interventions.

Exemple n°4

Voici comment pourrait se construire votre introduction :

▪ But de la mission :

Votre note du 21 septembre 2000 fait part de vos observations quant aux résultats de la mission de pose de bancs publics que vous m'avez confiée il y a dix jours.

▪ Annonce du plan :

Ainsi que vous me le demandez, voici exposés le déroulement de cette opération, les divers problèmes à l'origine des faits constatés, les actions prévues pour rétablir la situation et les réflexions que ces incidents nous ont inspirées.

B. Le développement

Plusieurs types de développement sont possibles selon le sujet proposé.

1) Compte rendu d'un incident, d'un accident ou d'une mission

Il s'agit simplement d'exposer le déroulement chronologique des faits (début - milieu - fin) sans aucune analyse mais en ne retenant que ceux qui sont essentiels et en se plaçant en tant que rédacteur extérieur à l'action.

Exemple n°1

- Démarrage du chantier le ... à ... heures.
- Premier incident à ... heures : la pelleteuse tombe en panne.
- Réparation à ... heures et reprise du travail.
- Deuxième incident à ... heures : l'engin de terrassement de l'entreprise adjudicataire endommage un câble de téléphone. Réparation terminée à ... heures par le service de dépannage de France Télécom et reprise du terrassement.
- Troisième incident le ... à ... heures : nombre d'arbres livrés insuffisant (il en manque deux). Livraison à ... heures des arbres manquants.
- Quatrième incident le ... à ... heures : un agent technique glisse et tombe dans la fouille où il s'apprêtait à planter l'arbre. Il se blesse à la cheville et est emmené à l'hôpital pour recevoir des soins.

2) Compte rendu d'une réunion

Dans le cas d'un sujet de concours, il s'agit d'un compte rendu synthétique. Le but sera d'ordonner les différentes interventions, soit en les regroupant par thèmes, soit en différenciant les points de vue en présence selon leur aspect positif ou négatif. Selon les points abordés dans la réunion, le développement devra faire ressortir les éléments du problème exposé ainsi que les solutions proposées et les décisions prises ou à prendre si le sujet le demande.

Exemple n°2

a) Plan élaboré selon les thèmes abordés

- Restauration : résultats mitigés de l'enquête de satisfaction.

Causes :
- sous-effectif dû à trois arrêts longue maladie.
- déséquilibre entre le temps consacré aux tâches d'entretien des locaux et celui consacré au services des repas.
- insuffisance du matériel de remise en température des repas (nouveau matériel en cours d'expérimentation).

- Bio-nettoyage : résultats bactériologiques satisfaisants.

Causes :
- qualité de la formation dispensée à l'équipe hôtelière.
- augmentation des quantités minimales d'approvisionnement.

- Maintenance du matériel : défaillance des interrupteurs de robinetterie.
Cause :délais d'intervention des services techniques trop longs.

b) Plan élaboré selon les aspects

- Aspects positifs : résultats bactériologiques (causes).
- Aspects négatifs :
  - résultats mitigés de l'enquête de satisfaction (causes).
  - insuffisance de la maintenance du matériel (causes).

Remarque : Dans un compte rendu synthétique, les noms des intervenants disparaissent.

3) Rapport

Selon les faits qui motivent le rapport, on peut distinguer différents modèles de développement.

a) Rapport sur un incident ou un accident

Le développement doit répondre aux questions que se pose le supérieur hiérarchique et orienter sa décision.

Le plan va se présenter selon le schéma suivant :

- description des faits ;
- analyse des faits, c'est-à-dire réflexion sur les causes et les conséquences de ces faits ;
- mesures prises ;
- mesures à prendre ultérieurement, s'il y a lieu ;
- propositions pour prévenir l'éventuelle survenue du même type de problème.

Ce schéma constitue en quelque sorte le squelette du corps de votre rapport et pour chaque ligne de ce plan vous pourrez développer vos idées. Il a pour avantage de ne négliger aucun élément et de vous permettre de voir si l'idée à laquelle vous avez pensé est exploitable.

Pour ce qui est des mesures prises, vous devez les exposer dans un ordre logique, c'est-à-dire en commençant par les plus urgentes (premiers soins aux blessés, mise en place d'un périmètre de sécurité et d'une déviation en cas d'accident, élimination des éléments présentant un danger immédiat), puis en terminant par les mesures moins urgentes (recueil de témoignages, identification des victimes et des témoins, tâches restant à effectuer).

Exemple n°3

- Description des faits : aspects visibles de la pollution à l'aide des éléments trouvés dans la recherche d'idées.
- Analyse des faits :
  - causes : non encore identifiables ou déjà identifiées par le riverain (bidons d'huile non étanches entreposés sur la berge, par exemple) ;

- conséquences : risques d'extension de la pollution, baignade et pêche impossibles, contamination de l'eau (station d'épuration proche).

▪ Mesures prises
- appel des pompiers pour circonscrire la pollution à l'aide de boudins aléophiles (barrage flottant) et pomper la ou les nappes d'hydrocarbures.
- appel de la police municipale pour établir un procès-verbal de pollution et ouvrir une enquête.
- appel de l'élu de permanence.
- appel des agents de l'équipe de voirie d'astreinte pour installer un périmètre de sécurité à l'aide de rubalise et débarrasser les berges des bidons polluants.

▪ Mesures restant à prendre :
- avertir les services d'hygiène de la Préfecture.
- avertir le président de la société de pêche.
- prendre un arrêté d'interdiction momentanée de se baigner et de pêcher.
- nettoyer les berges et enlever le périmètre de sécurité lorsque tout danger sera écarté.
- établir les responsabilités et les recours à engager lorsque les conclusions de l'enquête de police seront connues.

▪ Propositions : rappeler aux habitants, par le biais du journal municipal, que le dépôt sauvage de déchets est interdit et passible d'amende et d'emprisonnement.

b) Rapport sur l'organisation d'une mission

S'il s'agit d'organiser une mission, vous articulerez votre plan sur :

- les tâches à effectuer ;
- les moyens matériels et humains ;
- la mise en place ;
- l'information du public ;
- la signalisation et la sécurité s'il s'agit de travaux.

S'il s'agit des résultats d'une mission, vous articulerez votre plan sur :

- le déroulement de la mission et les problèmes rencontrés ;
- les raisons de ces problèmes ;
- les solutions trouvées pour y remédier ;
- le bilan ;
- en cas d'échec, les solutions pour éviter sa reproduction.

Exemple n°4

▪ Déroulement de la mission et problèmes rencontrés

Premier problème : banc prévu au 52, avenue Foch situé au 54.

Deuxième problème : banc absent rue des Écoles.

Troisième problème : banc de l'avenue de la République légèrement en biais.

Quatrième problème : deux bancs installés face à la gare retrouvés sur la chaussée lors d'une ronde de police.

▪ Raisons de ces problèmes

Premier problème : présence d'un regard de France Télécom non signalé sur le plan, gêne du riverain du 52, avenue Foch pour sortir sa voiture, en raison d'un arbre situé entre les numéros 52 et 54, problème de percement.

Deuxième problème : retard de livraison, malfaçon, retard pris dans la pose.

Troisième problème : problème d'alignement, erreur de pose, déplacement après la pose (fixation insuffisante), problème de percement.

Quatrième problème : acte de vandalisme d'après l'enquête de police effectuée (bancs descellés car prise insuffisante ou dévissés).

Remarque : Éviter comme raison du premier problème la présence d'un arrêt de bus, d'une poubelle ou d'un panneau publicitaire, trop voyants pour que le Maire ne l'ait pas remarquée !

▪ Solutions trouvées pour résoudre ces problèmes

Premier problème : décision d'installer le banc au niveau du numéro 54, après concertation avec le Directeur des Services Techniques.

Deuxième problème : installation prévue rapidement après retour du banc défectueux au fabricant et envoi d'un nouveau banc ou livraison du banc en retard.

Troisième problème : repose correcte ou renforcement de la fixation effectués.

Quatrième problème : installation effectuée à nouveau.

▪ Bilan

Premier et deuxième problèmes résolus de façon satisfaisante.

Troisième et quatrième problèmes : réflexion nécessaire sur le mode de fixation des bancs.

▪ Solutions pour éviter de reproduire ces problèmes

Prévoir des vérifications plus nombreuses après travaux.

Trouver un nouveau mode de fixation des bancs.

C. La conclusion

Lorsqu'il s'agit d'un compte rendu, la conclusion consiste soit à indiquer la dernière étape des événements rapportés ou la fin de l'action entreprise, soit à annoncer la prochaine réunion.

Ainsi, on terminera de cette façon :

- l'opération s'est achevée à 20 h 32 ;
- le blessé a été transporté à l' hôpital B ;
- le travail a repris à 15 h 45.

Exemple n°1

Deux conclusions sont possibles :

– L'agent a été conduit à l'hôpital le plus proche pour y recevoir des soins.

– Le chantier s'est achevé le ... à ... heures sans autre incident.

Exemple n°2

Le groupe de travail se réunira prochainement pour faire le point des améliorations en cours.

Lorsqu'il s'agit d'un rapport, la conclusion peut indiquer, selon les cas, les mesures restant à prendre, les solutions ou les propositions choisies pour éviter la reproduction de la situation à l'origine de l'événement ou du problème.

Remarque : Dans le cas où vous avez à étudier des solutions et faire des propositions, vous devez, s'il y en a plusieurs, retenir pour votre conclusion la plus pertinente et vous souvenir, d'une part que l'élément à privilégier est la sécurité, d'autre part que la décision revient à votre supérieur hiérarchique.

Exemple n°3

Il serait souhaitable de rappeler aux habitants de la commune, dans la prochaine édition du journal municipal, que le dépôt sauvage de substances polluantes est interdit et passible de fortes amendes et de peines d'emprisonnement.

Exemple n°4

En conséquence, je vous ferai parvenir le plus rapidement possible les conclusions de notre réflexion sur le problème de fixation des bancs, afin que vous puissiez proposer des solutions aux demandes qui pourraient être formulées à ce sujet lors de la réunion de la commission spécialisée.

VII. Rédaction

C'est une étape qui requiert beaucoup d'attention car toute incorrection peut induire des erreurs d'interprétation parfois lourdes de conséquence.

Pour ce qui est de la police municipale, en raison de la valeur que revêt le rapport, il peut être considéré comme nul en cas de rature, d'illisibilité ou d'expression incohérente. Il convient donc de soigner particulièrement la rédaction.

La longueur varie selon les sujets, en général de une à deux pages et demie environ.

Afin de faciliter la lecture, vous devez séparer les différentes parties (introduction, développement, conclusion) en sautant une ligne entre chacune et aller à la ligne pour marquer chaque paragraphe du développement.

Par ailleurs, veillez à rendre une copie propre, écrite de manière lisible. Évitez la rédaction en style télégraphique, ressemblant plus à un plan qu'à un texte rédigé.

N'utilisez les sigles qu'après les avoir explicités à l'exception de ceux connus de tous (EDF, SNCF...).

De toute façon, pour le correcteur de français, une bonne copie est celle que l'on a comprise dès la première lecture.

A. Le style

Le style doit être sobre, clair, précis, simple. Les phrases seront de préférence courtes (évitez les phrases interminables accumulant les conjonctions).

Une syntaxe correcte exige des phrases ayant un sujet et un verbe conjugué ainsi qu'une construction reliant entre eux les mots ou les propositions avec les articulations adéquates : prépositions (à, de pour...), conjonctions, pronoms relatifs (qui, que, dont, où, auquel...). Lorsque vous usez de pronoms comme il(s), elle(s), celui-ci, celle-ci..., vérifiez que ces pronoms remplacent bien le nom concerné afin que le correcteur ne s'interroge pas sur l'identité du il(s) ou du elle(s)...

Une erreur de construction fréquemment rencontrée dans les copies de concours est celle qui concerne l'utilisation de l'infinitif et des participes présent ou passé pour exprimer une action antérieure à celle exprimée dans la proposition principale : le sujet qui a fait cette action doit être le même que celui de la proposition principale.

Prenons par exemple la phrase suivante : « Après s'être renseigné auprès des riverains, le mur s'est effondré d'un seul coup à 16 heures 45. » Nous en déduisons que c'est le mur qui s'est renseigné ! Il aurait fallu écrire : « Après s'être renseigné auprès des riverains, la police municipale nous a informé que le mur s'était effondré... » Autre exemple : « Ayant déblayé les gravats, la chaussée a été rendue praticable. » Ce n'est bien sûr pas la chaussée qui a déblayé les gravats mais les agents de la voirie. La phrase correcte serait : « Ayant déblayé les gravats, les agents de la voirie ont rendu la chaussée praticable. »

Enfin, il convient d'éviter les considérations générales ou les remarques subjectives (vous devez respecter le devoir de réserve).

B. Le vocabulaire

Le vocabulaire employé sera simple et précis. Il faut éviter toute ambiguïté.

Pensez à utiliser des synonymes pour éviter les répétitions.

Certains verbes tels avoir, être, dire, faire étant susceptibles d'être utilisés en abondance, remplacez-les par d'autres verbes :

- *Avoir* : acquérir, assumer, compter, connaître, détenir, emporter, enlever, entraîner, exercer, jouer, jouir de, posséder, recevoir, recueillir, remporter, tenir.
- *Être* : exister, régner, se trouver.
- *Dire* : communiquer, déclarer, désigner, énoncer, expliquer, exposer, exprimer, indiquer, prononcer, raconter, rapporter, relater.
- *Faire* : accomplir, agir, constituer, effectuer, exécuter, procéder, réaliser.
- *Mettre* : apposer, disposer, établir, installer, introduire, placer, poser, ranger.
- *Voir* : apercevoir, aviser, considérer, comprendre, constater, découvrir, déceler, discerner, distinguer, étudier, examiner, observer, remarquer, repérer.

Pour donner son avis ou exprimer une hypothèse, on peut utiliser les tournures suivantes :

- il est certain que
- il est possible
- il se pourrait
- il semblerait
- on peut supposer que
- il est vraisemblable que
- il nous est apparu
- nous supposons.

Pour introduire des propositions, on peut utiliser les tournures suivantes :

- il serait souhaitable
- il serait préférable
- il serait nécessaire
- il serait opportun
- il y aurait lieu de
- on pourrait envisager
- il convient
- il importe
- il paraît indispensable
- je suggère
- je propose
- je préconise
- je recommande.

Quant au vocabulaire technique propre à chaque spécialité, il peut être un écueil si vous n'êtes pas de la partie. Essayez donc de vous renseigner sur les termes techniques de base concernant la voirie, le bâtiment, les espaces verts… l'important restant la vraisemblance de la description des faits et des mesures prises.

C. Les mots de liaison

Ils servent à articuler les idées entre elles afin de restituer le cheminement de la pensée. En l'occurrence, dans un compte rendu ou un rapport, ils permettent de mettre en évidence le déroulement des différentes actions dans l'ordre logique de leur succession.

Vous trouverez dans la troisième partie de ce livre un tableau des principaux mots de liaison.

D. La ponctuation

Voici un écueil sur lequel de nombreuses copies butent et perdent ainsi des points. Combien de phrases sont arrêtées avant que n'apparaisse un verbe conjugué, combien de virgules mal placées transforment le sens de la proposition exprimée, combien de phrases trop longues, sans aucun signe de ponctuation, rendent la lecture difficile et pénalisent la note de français !

De plus, une erreur d'interprétation due à une déficience de la ponctuation peut avoir des conséquences graves quand il s'agit d'un rapport.

> *Exemples* :
> « Étant de permanence de fin de semaine, le ... à 18 heures 15. J'ai dû me rendre à l'atelier municipal afin d'y prendre le matériel nécessaire à la préparation de la manifestation prévue pour le dimanche... » Vous devez mettre une virgule après 15 et non un point puisque vous n'avez pas encore utilisé de verbe conjugué.
> « Si le temps reste clément fin septembre, nous pourrons terminer le chantier. »
> « Si le temps reste clément, fin septembre nous pourrons terminer le chantier. »
> La différence entre les deux phrases concerne le moment où le chantier sera terminé : dans la première on ne sait pas, dans la seconde on sait que ce sera fin septembre.

Vous trouverez dans la première partie de l'ouvrage un tableau des signes de ponctuation indiquant leur graphie et leur rôle. Ceux utilisables dans un compte rendu ou un rapport sont le point, la virgule, les guillemets et les parenthèses.

Remarque : La ponctuation étant considérée comme la respiration de la phrase, vous pouvez lire à mi-voix ce que vous avez écrit et observer quels sont les endroits où vous marquez une pause. Cette dernière correspond à une virgule si elle est brève, à un point si elle est longue.

E. L'orthographe

Le barème de notation la prend en compte : il est, de ce fait, essentiel de ne pas la négliger.

Vous trouverez dans la première partie de l'ouvrage un rappel des principales règles d'orthographe grammaticale et d'usage auxquelles vous pourrez vous référer pour vous améliorer. Cependant, voici le rappel des points importants à travailler.

a) La conjugaison

Les principaux temps utilisés dans un compte rendu ou un rapport sont : le présent, l'imparfait, le futur simple, le passé composé et le plus-que-parfait de l'indicatif, ainsi que le présent du conditionnel.

Il est nécessaire de bien connaître les terminaisons verbales et l'accord du participe passé.

Remarque : Certains candidats utilisent le passé simple mais très souvent ne le maîtrisent pas. Ce temps est littéraire et d'un maniement délicat. Il vaut mieux l'éviter si l'on n'est pas sûr de bien le dominer.

b) Les accords

Les erreurs sont fréquentes : s'accordent le déterminant et le nom, l'adjectif et le nom, le sujet et le verbe. Certains adjectifs connaissent des exceptions.

Les prépositions, les conjonctions et les adverbes sont invariables : il faut donc mémoriser leur orthographe.

c) Les mots-pièges

Ce sont des mots fréquemment utilisés dans ces épreuves : aucun, même, on, quelque/quel que, tout, etc. Savoir les accorder est indispensable.

VIII. La gestion du temps

La durée de l'épreuve est généralement de 2 heures. À titre indicatif, voici un tableau de répartition horaire des différentes étapes de la méthode.

Étapes	Durée	Observations
Lecture et analyse du sujet	15 min	Lire soigneusement le sujet et le reformuler sous forme de questions simples
Recherche des idées et élaboration du plan	50 min	Répondre aux questions précédentes, rechercher les éléments nécessaires dans les documents joints et ordonner les réponses
Rédaction	45 min	Rédiger l'introduction, le développement puis la conclusion en veillant à respecter la présentation matérielle
Relecture	10 min	Vérifier l'orthographe et la syntaxe

2 Sujets de concours commentés et corrigés

I. Énoncés

Sujet n°1

Concours interne et externe d'ouvrier d'État, option horticulture, 1997 (durée : 2h)

« Suite à un orage survenu en milieu d'après-midi et en l'absence de votre responsable, vous êtes prévenu qu'un arbre de taille importante, foudroyé, s'est abattu pour partie sur l'axe routier logistique de la cuisine n'entraînant que des dégâts matériels.
Vous disposez du personnel et du matériel nécessaires pour intervenir.
Les dégâts concernent un véhicule (carrosserie abîmée) et un autre bel arbre (1 branche arrachée).
*À l'issue de cette intervention, l'ingénieur des services techniques vous demande **le compte rendu détaillé de votre intervention** (mesures prises, moyens utilisés, déclarations,...). »*

Sujet n°2

Concours d'ouvrier d'État, option monteur en installations thermiques et sanitaires, 1997 (durée : 2 h)

« Vous intégrez le Service Technique d'un établissement hospitalier de court séjour. Votre responsable décide de réaliser un état des lieux des installations des sanitaires du bâtiment A dans le cadre d'un projet d'assurance qualité.
Il vous a confié la charge d'établir cet état des lieux.
Vos visites vous ont permis d'évaluer les caractéristiques des installations dans la fiche technique ci-jointe.
Votre responsable vous demande d'établir un compte rendu de cet état des lieux à son attention.

Par ailleurs, il souhaite voir apparaître les actions d'amélioration que vous proposez en distinguant les actions à court terme réalisables par la main d'œuvre intérieure (actions correctives) des actions plus lourdes (à intégrer dans un plan pluriannuel de travaux).
Rédigez ce compte rendu demandé par votre responsable. »

Fiche technique

Établissement hospitalier de court séjour

Bâtiment A :

6 niveaux 1 niveau partiel en sous-sol (Galeries techniques)
1 étage administratif – Accueil – Administration – Caisses de consultation
1 étage de plateau technique : Bloc opératoire – Salle de réveil – Réanimation
4 étages d'hospitalisation : consultation et hébergement totalisant 200 lits

Le bâtiment est ancien, mais les 4 niveaux du bas ont fait l'objet, au cours des cinq dernières années, de restructuration complète : le plateau technique, le niveau administratif et 2 étages d'hospitalisation.

S'agissant des deux autres étages, il n'est pas envisagé de procéder à des opérations de rénovation lourde au cours des cinq années à venir.

Installations techniques

1- Équipements sanitaires

• Niveaux restructurés : Les installations sont à niveau et correspondent aux besoins d'aujourd'hui. Les équipements sont complets.

Par exemple, les chambres disposent de poste de lavage des mains à commande automatique pour le personnel.

• Niveaux anciens :

- Les équipements datent, pour les plus récents, d'une quinzaine d'années et n'ont fait l'objet de remplacement qu'au coup par coup.
- Certains équipements ne sont plus fabriqués.
- Les évacuations des appareils sanitaires des chambres sont en plomb.
- 50 % environ des robinetteries sont « fuyardes ».
- 20 % des chambres ne disposent pas de point d'eau pour le personnel. Celles qui en sont équipées le sont avec des mélangeurs.

2 – Réseau de distribution

Les ceintures d'étages suivent un tracé en partie haute sous les faux-plafonds. Dans les étages rénovés, les ceintures ont été complètement remplacées. Dans les étages anciens, elles datent de l'origine du bâtiment.

Le plateau technique dispose de son propre alimentation EF, EC depuis l'origine en sous station.

La température de distribution de l'ECS est de 50°C. Aux niveaux 5 et 6, certains points de puisage nécessitent un long moment d'ouverture du robinet avant d'obtenir la température désirée.

3 – Colonnes montantes

4 colonnes pour l'eau froide et l'eau chaude, les colonnes EF1, EF2, EC1 et EC2 distribuent la partie « est », les colonnes EF3, EF4, EC3 et EC4, la partie « ouest ».

• Eau froide : Colonnes remplacées totalement lors de l'opération de restructuration. Acier galvanisé.

• Eau chaude sanitaire : Datent de l'origine, pas de calorifuge. Vannes en pied de colonnes jamais manœuvrées.

4 – Système d'évacuation

• Type séparatif – EU, EV, EP ; en fonte SMU type H, remplacé intégralement lors l'opération plateau technique.

5 – Production d'ECS

• 2 sous-stations à chaque extrémité du bâtiment.

- Sous-station A : Origine de la partie « est » du bâtiment – Production instantanée – Mitigeur thermostatique – Année d'installation : 1992 – Température de production de l'eau : 70°C
- Sous-station B : Origine de la partie « ouest » du bâtiment – Production à accumulation – Pas de mitigeur – Année d'installation : 1971 – Température de stockage de l'eau : 50°C

Sujet n°3

Concours d'agent de maîtrise territorial, Centre de gestion de Seine-et-Marne, 1998 (durée : 2 h)

« En qualité de responsable du service voirie, vous êtes avisé qu'un accident vient de se produire sur le pont enjambant la route nationale.
Deux ouvriers travaillaient sur une plate-forme élévatrice à l'entretien de l'éclairage public, lorsque pour une raison inconnue le véhicule a basculé. Il a arraché un lampadaire, défoncé le parapet du pont et est allé s'écraser sur la route nationale en contrebas. Les deux ouvriers ont été entraînés dans la chute et sont blessés.
Vous rédigerez un compte rendu à votre chef de service relatant les événements de la veille et précisant les dispositions que vous avez prises et celles restant à prendre. »

Sujet n°4

Concours d'agent de maîtrise territorial, Centre interdépartemental de gestion de la Grande Couronne, région Île-de-France, 2001 (durée : 2 h)

« Vous êtes agent de maîtrise territorial à la ville de Courtrai.
En fin de semaine, dix minutes avant de quitter votre travail, vous constatez qu'une partie d'un ancien mur de soutènement vient de s'effondrer sur la chaussée de la rue des Étangs qui mène à l'école maternelle ; un certain volume de pierres et de terre s'est répandu sur la chaussée. Il n'y a heureusement aucune personne blessée. Vous remarquez que des branchements de réseaux ont été mis à jour au pied du mur.
Il se trouve que vous avez été désigné de permanence pour cette fin de semaine.

Vous adressez un compte rendu à Monsieur le Maire, sous couvert de votre supérieur hiérarchique, en lui précisant :
- *le contexte du sinistre,*
- *vos constatations sur place,*
- *les risques rencontrés,*
- *les dispositions immédiates que vous avez prises et les services que vous avez sollicités,*
- *les interventions ultérieures qui, selon vous, seront nécessaires.*

Ce rapport devra être déposé pour lundi matin sur le bureau de votre supérieur hiérarchique.

N.B. : Pour ce compte-rendu :
- *vous vous appelez « Monsieur Pierre ».*
- *le Maire s'appelle « Monsieur Jacques ».*
- *votre supérieur hiérarchique s'appelle « Monsieur Paul ».*

Sujet n°5

Concours interne d'agent territorial qualifié du patrimoine, Centre de gestion de la Haute-Marne, 1998 (durée : 2h)

« En tant qu'Agent Territorial Qualifié du Patrimoine chargé de l'accueil du public, vous recueillez les souhaits de certains usagers de mieux connaître l'histoire de la commune.
Dans un rapport à votre supérieur hiérarchique, vous faites part de ces souhaits et proposez des moyens pour les satisfaire, sachant que l'établissement possède un fonds local qui peut être mis en valeur. »

Sujet n°6

Concours interne d'agent territorial qualifié du patrimoine, Centre interdépartemental de gestion de la Grande Couronne, 2000 (durée : 2h)

« À la bibliothèque, vous constatez que, dans le secteur adultes, le poste d'« accueil-inscriptions » a de grands moments sans public alors que les postes « prêts-retours » et « renseignements » sont débordés.
Vous devez remettre à votre supérieur un rapport dans lequel vous décrivez cette situation et proposez des solutions. »

Sujet n°7

Concours de gardien de police municipale, Centre de gestion de Seine-et-Marne, 2000 (durée : 1h30)

Le 21 avril 2000, à l'occasion d'une patrouille de surveillance, vous êtes amené à constater que M. Dupond Restaurateur dont l'établissement est situé au 28, rue du Grand Cerf à X, ne s'est pas conformé à l'arrêté municipal lui imposant la fermeture de son restaurant.
Rendez compte par un rapport détaillé des raisons qui ont justifié la fermeture de l'établissement, des risques inhérents à la non-observation de cet arrêté et des mesures que vous avez prises.

Pièces jointes :
- *Annexe 1 : Arrêté municipal n°485*
- *Annexe 2 : Extrait du code de la construction et de l'habitation*

Annexe 1 – Arrêté municipal n°485-temporaire

Objet : Fermeture provisoire du restaurant « X » sis 28 rue du Grand Cerf à X.

Le Maire de la ville de X

Vu, le code général des collectivités territoriales et notamment les articles L. 2212-1 et L. 2212-2 ;

Vu, le Code de la Construction et de l'Habitation articles R. 123-1 à R. 123-55, R. 152-4 et R. 152-5 et notamment l'article R. 123-52 ;

Vu, le règlement de sécurité contre les risques d'incendie et de panique ;

Vu, l'importance de l'établissement susceptible de recevoir plus de 200 personnes ;

Vu, le procès-verbal n°2000.00.00 du 2 mars 2000 de la commission de Sécurité de l'Arrondissement de la Ville de X qui a émis un avis défavorable d'ouverture au public de l'établissement ;

Vu, les mises en demeure de la Ville de X en date des 6, 10 et 22 mars 2000, enjoignant l'exploitant de réaliser les prescriptions demandées par la commission de sécurité.

Arrêté :

Art 1 : M. Dupond, directeur du restaurant « X » sis 28, rue du Grand Cerf à la Ville de X est mis en demeure d'effectuer la fermeture au public de son établissement dès la notification du présent arrêté par les services de police municipale.

Art 2 : La présente interdiction sera levée après réception de l'avis favorable d'ouverture au public émanant de la Commission de sécurité de l'Arrondissement de X.

Art 3 : Conformément à l'article R. 102 du code des tribunaux administratifs et des cours administratives d'appel, le tribunal administratif peut être saisi par voie de recours formé contre la présente décision dans un délai de deux mois à compter de sa notification.

Art 4 : Le Directeur Général des Services de la Ville de X, Mme le Commissaire de Police et les Agents de Police Municipale, sont chargés chacun en ce qui le concerne de l'exécution du présent arrêté dont ampliation sera transmise à M. le Préfet de Seine-et-Marne

Fait à X, le 14 avril 2000
Pour copie certifiée conforme Le Maire,

Date de notification : 17/04/00
Date de transmission au représentant de l'État : 18/04/00

Annexe 2 – Extrait du Code de la construction et de l'habitation (partie réglementaire — Décrets en Conseil d'État)

Art. R. 123-52 (Loi n°83-440 du 2 juin 1983 art. 6 *Journal Officiel* du 3 juin 1983)

Sans préjudice de l'exercice par les autorités de police de leurs pouvoirs généraux, la fermeture des établissements exploités en infraction aux dispositions du présent chapitre peut être ordonnée par le maire, ou par le représentant de l'État dans le département dans les conditions fixées aux articles R. 123-27 et R. 123-28.

La décision est prise par arrêté après avis de la commission de sécurité compétente. L'arrêté fixe, le cas échéant, la nature des aménagements et travaux à réaliser ainsi que les délais d'exécution.

Art. R. 123-27

Le maire assure, en ce qui le concerne, l'exécution des dispositions du présent chapitre.

Art. R. 123-28 (Loi n°83-440 du 2 juin 1983 art. 6 *Journal Officiel* du 3 juin 1983)

Le représentant de l'État dans le département peut prendre, pour toutes les communes du département ou pour plusieurs d'entre elles, ainsi que dans tous les cas où il n'y est pas pourvu par les autorités municipales, toutes mesures relatives à la sécurité dans les établissements recevant du public.

Ce droit n'est exercé à l'égard des établissements d'une seule commune ou à l'égard d'un seul établissement qu'après qu'une mise en demeure adressée au maire est restée sans réponse.

II. Corrigés

Corrigé n°1

A. Commentaire

Il s'agit d'un sujet classique de compte rendu d'intervention pour lequel on vous demande simplement de relater, de manière détaillée, les différentes mesures prises sans réfléchir sur les causes ou les conséquences. Cependant, la neutralité complète est impossible puisque vous êtes impliqué dans l'intervention.

B. Corrigé

Ville de L. L., le ... 1997
Hôpital C.
Services techniques
M. X., jardinier

Compte rendu à l'attention de Monsieur l'Ingénieur

Objet : chute d'un arbre sur l'axe routier logistique de la cuisine

Était présente : l'équipe de jardinage

Ce jour, à 15 heures 45, j'ai été prévenu qu'un arbre, foudroyé à la suite de l'orage qui venait de sévir, s'était abattu en partie sur l'axe routier logistique de la cuisine.

En l'absence du responsable et devant l'urgence de la situation, j'ai mobilisé l'équipe de jardinage ainsi que le matériel nécessaire afin de prendre les mesures pour rétablir la situation.

À 15 heures 55 nous étions sur place et constations que l'arbre avait, dans sa chute, arraché une branche d'un arbre voisin et endommagé la carrosserie d'un véhicule en stationnement.

Nous avons tout d'abord installé un périmètre de sécurité autour de la zone sinistrée à l'aide de piquets et de rubalise et dévié la circulation de l'axe routier avec des plots de signalisation. Dans le même temps, le découpage des branches de l'arbre a été entrepris avec un merlin. Ces branches ont été rassemblées dans le camion de ramassage, pour évacuation. Puis le tronc a été débité à la tronçonneuse.

À 16 heures 25, l'axe était dégagé et nettoyé. Tandis que l'arbre abîmé recevait une application de cicatrisant fongicide, une zone de délimitation de chantier était installée autour de la souche de l'arbre mort, dont l'arrachage est à programmer.

Quant au véhicule endommagé, j'ai relevé son numéro d'immatriculation et laissé un mot sur le pare-brise, puis j'ai prévenu le responsable de la sécurité générale qui se chargera de la déclaration du dommage.

Enfin, il vous appartient de faire la déclaration de ce sinistre auprès des services de la Ville.

Corrigé n°2

A. Commentaire

Ce compte rendu a deux parties bien distinctes. La première est un simple compte rendu de l'état des installations, tandis que la seconde a l'esprit du rapport puisqu'il est demandé de proposer des actions d'amélioration. De plus, vous devez utiliser les éléments fournis par la fiche technique jointe et donc être capable d'en dégager les points essentiels.

B. Corrigé

Ville de G. G., le ... 1997
Établissement hospitalier de court séjour
Service Technique
M. X., ouvrier monteur
Installations thermiques et sanitaires

Compte rendu à l'attention de
Monsieur le Responsable du Service

Objet : installations sanitaires du bâtiment A

Dans le cadre d'un projet d'assurance qualité, M. X., responsable du service, m'a chargé d'établir un état des lieux des installations sanitaires du bâtiment A et de réfléchir aux moyens de les améliorer. Je propose donc, après le descriptif de ces installations, les solutions réalisables, d'une part à court terme par la main-d'œuvre intérieure, d'autre part à long terme dans un plan pluriannuel de travaux.

État des lieux

Le bâtiment A comporte six niveaux dont un étage administratif, un étage de plateau technique et quatre étages d'hospitalisation. Les quatre premiers niveaux ont fait l'objet récemment d'une restructuration complète.

Pour ce qui est des équipements sanitaires, ils sont conformes et complets pour les niveaux refaits, insuffisants pour les étages anciens (équipements périmés ou en mauvais état).

En ce qui concerne le réseau de distribution d'eau, les ceintures d'étage sont neuves pour les niveaux rénovés et d'origine pour les autres. Par ailleurs, les colonnes montantes d'eau froide ont été entièrement remplacées lors de la restructuration alors que celles d'eau chaude sanitaire datent de l'origine du bâtiment.

Quant au système d'évacuation, il est refait à neuf pour les étages restructurés. Il est à noter que les évacuations des appareils sanitaires des chambres sont en plomb et donc non conformes aux nouvelles normes.

Enfin, la production d'eau chaude sanitaire est assurée par deux sous-stations. La sous- station A, située à l'est du bâtiment, est d'installation récente et à production instantanée (eau à 70°). La sous-station B, située à l'ouest du bâtiment, est plus vétuste et à production à accumulation (eau stockée à 50°).

En conclusion, les équipements et la distribution des étages 5 et 6, les colonnes montantes d'eau chaude sanitaire et la production d'eau chaude par la sous-station B sont les points négatifs sur lesquels des actions d'amélioration seraient bienvenues.

Propositions d'action

Les opérations à court terme réalisables par la main-d'œuvre intérieure pourraient être le remplacement de la robinetterie des niveaux anciens, après concertation avec les utilisateurs, de la tuyauterie non conforme et des vannes en pied des colonnes d'eau chaude sanitaire. Le contrôle des ceintures d'étage dans les niveaux 5 et 6 serait également utile.

Par contre, le remplacement du ballon d'accumulation d'eau de la sous-station B et des colonnes montantes d'eau chaude sanitaire est envisageable à long terme et intégrable dans le plan pluriannuel de travaux. Un autre projet non urgent serait d'installer des points d'eau pour le personnel dans les chambres n'en disposant pas.

Corrigé n°3

A. Commentaire

Il s'agit d'un sujet classique d'intervention à la suite d'un accident. Les éléments principaux sont fournis par le sujet et les réponses attendues bien délimitées mais peu explicitées. Établissez un plan rigoureux avant de rédiger. En outre, il faudra bien réfléchir aux limites de compétence : par exemple, vous n'avez pas à intervenir sur la Nationale.

B. Corrigé

Mairie de S. S., le ... 1998
Services techniques
Section voirie
M. X., agent de maîtrise

Compte rendu à l'attention de Monsieur
le Directeur des Services Techniques

Objet : basculement d'une plate-forme élévatrice depuis le pont D. sur la Nationale

Étaient présents : M. B. et M. G., agents techniques voirie
l'équipe d'intervention de l'entreprise d'éclairage et son directeur M. Z.
l'équipe d'astreinte de la DDE
la Police Nationale
moi-même

Le ..., à 10 heures 30, j'ai reçu un appel de la police nationale m'avisant d'un accident de la plate-forme élévatrice d'entretien du service d'éclairage urbain, sur le pont D. au-dessus de la nationale, et me demandant d'intervenir.

Je me suis rendu immédiatement sur les lieux, avec deux agents techniques et le matériel d'intervention d'urgence, pour constater les faits et prendre les mesures qui s'imposaient.

À notre arrivée, la situation se présentait ainsi : la plate-forme s'était écrasée sur la nationale en contrebas du pont. Le parapet était défoncé, un lampadaire était arraché et pendait au-dessus du vide. Les secours étaient présents et occupés à dégager les deux ouvriers entraînés par la chute du véhicule alors qu'ils travaillaient à l'entretien du lampadaire arraché. Sur la nationale, aucune voiture accidentée n'était à déplorer. La police avait délimité une zone de sécurité autour de l'accident et mis en place une déviation de la circulation automobile.

Nous avons alors installé un périmètre de sécurité, à l'aide de barrières et de rubalise, ainsi qu'une signalétique de danger de chaque côté de la zone sinistrée. Puis j'ai contacté l'entreprise concessionnaire d'éclairage public pour l'informer de l'accident et lui demander de dépêcher des agents avec le matériel nécessaire pour l'évacuation du lampadaire et l'isolement de l'alimentation électrique.

Pendant ce temps, les pompiers, prévenus par la police, avaient sorti les deux ouvriers de la plate-forme. Ceux-ci, inconscients et gravement blessés ont été transportés à l'hôpital le plus proche.

Une équipe de l'entreprise d'éclairage, accompagnée de son directeur M. Z., est ensuite arrivée et a commencé les travaux. Le lampadaire a été treuillé puis évacué, après section des branchements électriques. Ceux-ci ont été isolés immédiatement après.

La police s'était chargée de prévenir la Direction Départementale de l'Équipement (DDE). Une équipe d'astreinte est venue assurer l'enlèvement de la plate-forme qui sera examinée par un expert afin de vérifier si elle ne présentait pas de vice de forme pouvant avoir provoqué le basculement.

À 12 heures 55, la situation était redevenue normale. Le périmètre de sécurité et la signalétique de danger ont été maintenus. Un passage piétons a été aménagé afin d'éviter tout risque d'accident.

Il reste à ce jour à établir les responsabilités afin d'engager les recours éventuels. L'origine de l'accident n'est pas établie car les témoins présents n'ont pas fourni d'indications précises et les deux ouvriers n'étaient pas en état d'être interrogés. La police a ouvert une enquête dont les conclusions vous parviendront ultérieurement. Par ailleurs, M. Z. souhaiterait vous rencontrer le plus rapidement possible pour faire le point sur cet accident.

Pour conclure, quels que soient les résultats de l'enquête, il serait souhaitable que les travaux de réfection du parapet et l'installation d'un nouveau lampadaire soient entrepris dans un délai proche, en raison de la fréquentation de ce pont.

Corrigé n°4

A. Commentaire

La nature du document demandé est ambiguë, car le sujet conclut que « ce rapport doit être déposé pour lundi matin ». Il s'agit donc d'un rapport et non d'un compte rendu, ce qui est normal au vu des précisions demandées. Les noms des lieux et des différents protagonistes sont explicités et toute erreur à ce sujet sera pénalisée.

Les éléments du problème sont assez précis mais vous pouvez apporter d'autres éléments, à condition qu'ils soient plausibles. De plus, le plan est indiqué avec beaucoup de clarté.

B. Corrigé

Mairie de Courtrai — Courtrai, le ... 2001
Services Techniques
Monsieur Pierre
Agent de maîtrise

Rapport à l'attention de Monsieur le Maire,
sous couvert de Monsieur le Directeur
des Services Techniques

Objet : effondrement d'un ancien mur de soutènement, rue des Étangs

Vendredi ..., à 16 heures 50, alors que je regagnais le Centre Technique Municipal, j'ai constaté à la hauteur du numéro 18 de la rue des Étangs qu'un ancien mur de soutènement venait de s'effondrer sur la chaussée. Étant de permanence pour cette fin de semaine, j'ai arrêté mon véhicule et appelé d'urgence l'équipe de voirie d'astreinte avec le matériel nécessaire.

Voici quels étaient le contexte et la situation : la rue des Étangs est une voie à double sens qui mène à l'école maternelle du même nom. Elle est peu fréquentée, sauf aux heures d'entrée et de sortie des enfants. Le mur, long d'environ 20 mètres et haut de 2 mètres, s'était effondré en son centre sur une longueur de 7 mètres, entraînant une partie de la terre qu'il soutenait. Le trottoir et la moitié de la chaussée étaient obstrués par un important volume de pierres et de terre. De plus, cette chute avait mis à jour, au pied du mur des branchements de réseaux d'électricité et de gaz. Aucun blessé n'était à déplorer. Par contre, un véhicule stationné le long du trottoir avait été abîmé au niveau de l'aile et de la portière gauches.

Les risques étaient nombreux. D'une part, si l'heure de sortie massive des enfants était passée, il restait cependant un léger flux automobile et piétonnier possible jusqu'à l'heure de fermeture du centre de loisirs maternels, c'est-à-dire 19 heures, et l'obstacle formé par les pierres et la terre faisait craindre un accident. D'autre part, d'autres parties du mur menaçaient de s'effondrer. Par ailleurs, les câbles mis à jour présentaient un danger potentiel : aucune fuite n'était décelable sur le branchement de gaz, par contre le branchement d'électricité offrait un danger d'électrocution. Enfin, les réseaux souterrains pouvaient avoir été endommagés.

J'ai donc contacté les services d'intervention d'EDF, de GDF, de la Compagnie des Eaux, de France Télécom, afin qu'ils viennent effectuer les vérifications nécessaires et qu'ils sécurisent les réseaux. J'ai également averti la police municipale. Avec la venue de l'équipe d'astreinte, l'installation d'un périmètre de sécurité, à l'aide de barrières et de rubalise, et le balisage de la chaussée et des réseaux mis à jour ont pu s'effectuer rapidement. La police, arrivée entre-temps, a jugé opportun de mettre en place une déviation plutôt qu'une circulation alternée. Avec son aide, nous avons aménagé ensuite un passage sécurisé pour les piétons.

À 18 heures 30, M. X., propriétaire du mur, est arrivé sur les lieux. Je l'ai mis au courant des faits. À sa demande, j'ai contacté M. Paul, directeur des Services Techniques, qui est venu examiner avec lui les mesures conservatoires à prendre pour éviter un nouvel effondrement. L'étaiement des parties restantes a été décidé.

À 19 heures, le trottoir et la chaussée étaient dégagés et nettoyés et le trottoir montrait quelques parties détériorées. La vérification des réseaux était terminée et tout danger écarté. Cependant, par précaution, le périmètre de sécurité et la signalisation de danger ont été maintenus jusqu'à lundi matin.

Quant au véhicule abîmé, il a été récupéré par son propriétaire qui s'est entendu avec M. X. pour l'indemnisation des dégâts.

En conclusion, les mesures restant à prendre sont la réfection des parties de la voirie endommagées et la levée de « l'état de péril » du mur. Il est donc indispensable de demander au propriétaire d'engager rapidement les travaux de reconstruction du mur une fois l'expertise des assurances effectuée.

Corrigé n°5

A. Commentaire

Il s'agit de la mise en valeur d'un fonds historique local pour lequel vous devez proposer des solutions. La recherche des idées est donc l'étape à laquelle vous devrez consacrer le plus de temps. Vous devez tenir compte des moyens matériels dont dispose l'établissement (qui peut être les Archives Communales ou la bibliothèque municipale).

B. Corrigé

Mairie de F. F., le ... 1998
Archives Communales
M. X., agent qualifié du patrimoine

Rapport à l'attention de Monsieur l'Assistant
de Conservation du Patrimoine et des Bibliothèques

Objet : projet pour faire connaître l'histoire de la commune

En tant qu'agent chargé de l'accueil du public, je recueille très souvent les souhaits des usagers de mieux connaître l'histoire de notre commune. Dans le but de satisfaire cette demande, je vous expose les actions possibles et les moyens à mettre en œuvre, sachant que nous possédons un fonds local susceptible d'être exploité.

Comme vous le savez, notre commune a une longue histoire et un patrimoine architectural intéressant. Nous pourrions donc orienter notre projet selon deux axes : un concernant la vie quotidienne et les faits marquants, l'autre les monuments et maisons remarquables par leur style. Le premier comprendrait les métiers anciens, l'école, les fêtes et le second l'église, le château et les maisons du XVIIIe qui bordent la rue principale.

Notre fonds consiste en des livres, des journaux, des photos et des plans qui couvrent une période allant du XVIIIe siècle à nos jours. Il faudra d'abord classer ces documents par thème, sélectionner les plus intéressants, puis restaurer ceux en mauvais état.

Nous pensons également associer les habitants de la commune en leur demandant de nous prêter des objets personnels, témoins des modes de vie anciens. De même, l'école pourra être sollicitée.

Une fois tous ces éléments rassemblés, il restera à organiser leur mise en valeur. Je suggère plusieurs actions. En premier lieu, une exposition dans le hall de la mairie exposera, sur des panneaux, les photos et les plans et, dans des vitrines, les journaux, livres et objets, selon un parcours historique et thématique. En second lieu, l'édition d'une plaquette retraçant l'histoire de la commune et recensant les sites remarquables offrira aux visiteurs un prolongement de l'exposition.

L'appel aux contributions extérieures et la publicité de cette manifestation s'opèreront par le biais du bulletin municipal et d'affiches.

Bien entendu, cela nécessitera une mobilisation importante de moyens matériels et humains qui suppose la collaboration des différents services concernés. Une réunion préalable de concertation est donc souhaitable. De plus, pour la phase de classement et de restauration du fonds, un recrutement temporaire serait à envisager.

En conclusion, il m'apparaît que ce projet serait en mesure de répondre à la curiosité de nos concitoyens et de développer leur désir de préserver le patrimoine de la commune.

Corrigé n°6

A. Commentaire

Il s'agit d'un rapport sur une situation posant un problème que vous devez analyser en recherchant les causes possibles et les conséquences sur le déroulement du travail. À partir de cette analyse vous proposerez des solutions pour remédier à ce problème.

B. Corrigé

Bibliothèque municipale de T. T., le ...2000
M. X., agent qualifié du patrimoine

Rapport à l'attention de Monsieur l'Assistant
de Conservation du Patrimoine et des Bibliothèques

Objet : réorganisation des postes de travail du secteur adultes

Depuis quelque temps, nous constatons un problème de gestion de l'affluence du public au niveau des différents postes de travail du secteur adultes, qu'il serait souhaitable de régler. C'est pourquoi, après l'exposé des faits et leur analyse, je propose les solutions envisagées pour le résoudre.

Le secteur adultes comprend trois postes : un poste d'« accueil-inscriptions » situé à droite de l'entrée, un poste « prêts-retours » situé en face du premier et un poste « renseignements » à quelques mètres du second. Du point de vue du personnel, un agent assure l'accueil et les inscriptions, un agent s'occupe des renseignements et deux agents s'occupent des prêts et retours des livres. Les moments de grande fréquentation se situent en fin d'après-midi. Le mercredi et le samedi, le flux est souvent continu sur toute la journée. Or, nous avons constaté que les deux derniers postes sont la plupart du temps débordés alors que le premier ne connaît que de courts moments d'affluence.

Cela s'explique par le fait que, hormis la période de rentrée scolaire et dans une moindre mesure celle des grandes vacances, les inscriptions ont un rythme irrégulier. Le poste « renseignements » est, quant à lui, fréquenté de manière intense par les grands adolescents, le mercredi et le samedi. Enfin, le poste « prêts-retours » connaît un engorgement répété. Il est à noter que la bibliothèque a connu un afflux d'inscriptions cette année, en raison de l'achèvement de la zone de réaménagement de l'ancien site industriel qui a amené à la commune un nombre important de nouveaux habitants.

Cette situation génère les problèmes suivants : la file d'attente des lecteurs gêne le passage, ceux-ci se plaignent de la longueur des opérations d'enregistrement, et les agents sont fatigués de ces conditions de travail. Elle a, en outre, pour conséquence de provoquer l'accumulation des livres en retour et le retard du garnissage des rayonnages. En effet, les lecteurs déposent leurs livres en arrivant et l'agent n'a pas toujours le temps de saisir leur retour au fur et à mesure.

Par conséquent, il est indispensable de réorganiser les postes de travail. Après réflexion, voici les solutions retenues. Tout d'abord, la fermeture du poste « accueil-inscriptions » aux heures de faible fréquentation permettrait de libérer l'agent qui prêterait main-forte au poste « prêts-retours » et au poste « renseignements ». Cependant, cela risque d'être insuffisant pour les périodes de forte affluence. Il serait donc judicieux de prévoir un troisième agent pour l'enregistrement des livres, ce qui suppose l'acquisition d'un terminal supplémentaire. Dans cette hypothèse, je suggère le recrutement d'un emploi-jeune que nous pourrions former à tour de rôle pendant les périodes creuses. Enfin, une solution, envisageable à plus long terme en raison de l'investissement qu'elle représente, serait l'installation de bornes de prêt et de recherche de documents.

En conclusion, je suggère que nous mettions en œuvre la première proposition et que la deuxième soit examinée rapidement, car nous nous devons d'assurer le meilleur accueil aux usagers de la bibliothèque.

Corrigé n°7

A. Commentaire

En ce qui concerne la présentation, la rubrique Réf. qui sert à préciser qu'il s'agit d'un appel ou d'instructions à suivre n'a pas lieu d'être complétée dans ce cas. Les documents joints serviront à expliciter les raisons de la fermeture de l'établissement et à justifier l'intervention de la police municipale pour non-observation de l'arrêté du maire.

B. Corrigé

Département de Seine-et-Marne

Melun, le 4 octobre 2000

Commune de Melun
Police municipale

Rapport du gardien de police municipale X.

À Monsieur le Maire de la commune de Melun
s/c de la voie hiérarchique.

Réf. :

Objet : Non-observation de l'arrêté de fermeture temporaire du restaurant Le Relais

Vu les articles 21, 21-2 et D 15 du code de procédure pénale

J'ai l'honneur de vous rendre compte des faits suivants. Ce jour, 4 octobre 2000, comme j'étais en patrouille, accompagné du gardien de police municipale Y, j'ai constaté que le restaurant Le Relais, situé 28 rue du Grand Cerf était ouvert malgré l'arrêté de fermeture.

En effet, l'ouverture de ce restaurant appartenant à M. Dupond n'est pas conforme à l'arrêté municipal n°485 de fermeture, pris suite aux mises en demeure des 6, 10, 22 mars restées sans réponse.

Je vous rappelle les raisons ayant motivé cette fermeture. Le 2 mars 2000, la commission de sécurité de l'arrondissement de Melun a inspecté cet établissement et a émis un avis défavorable quant à son ouverture au public, notifié dans le procès-verbal 2000 00 00. En effet, ce restaurant, organisant des soirées dansantes reçoit, chaque fin de semaine, en moyenne 250 clients. Or la capacité d'accueil n'est que de 150 personnes. De plus, au cours de cette visite, il a été noté la présence d'un seul extincteur, ce qui est très insuffisant pour un tel établissement. Enfin, la porte servant d'issue de secours donne sur une cour exiguë. Il est bien évident qu'en cas d'incendie et de la panique qui s'ensuivrait, cette porte ne pourrait évacuer les nombreux clients. Les risques d'incendie sont bien réels, car sur les tables sont disposées des bougies qui peuvent, à tout instant, se renverser et enflammer les nappes en papier.

Face à la non-observation de l'arrêté, je me suis présenté au restaurant et j'ai notifié à M. Dupond, le motif de ma visite.

Il m'a répondu qu'il était dans une situation financière difficile et que s'il fermait son établissement, il n'aurait plus de rentrées d'argent et qu'alors il ne pourrait réaliser les travaux exigés.

Je lui ai demandé s'il était conscient des risques encourus par ses clients. M. Dupond a prétendu que son restaurant était ouvert depuis 10 ans et qu'il n'y avait jamais eu d'accident.

Je l'ai alors avisé que la non-observation de l'arrêté municipal pourrait motiver la fermeture définitive de son établissement, conformément à l'article R-123-28 du code de la construction et de l'habitation.

Face à cette perspective, M. Dupond s'est engagé à fermer son restaurant et à réaliser les travaux de mise en conformité au plus vite. Pour conclure, je lui ai précisé que dès l'avis favorable de la Commission de Sécurité, il pourrait rouvrir son restaurant au public.

La mission terminée, je suis rentré au poste pour rédiger le présent rapport et j'ai contacté l'OPJ de permanence pour lui faire part de la situation et de l'engagement de M. Dupond.

Identité du contrevenant : Dupond Édouard, né le 8 février 1943 à Melun, restaurateur, domicilié 6 rue du Grand Cerf à Melun (Seine-et-Marne).

Deux expéditions :

- la première à Monsieur le Maire de la ville de Melun ;
- la seconde à Monsieur le Procureur de la République.

Fait et clos à Melun, le 4 octobre 2000
Le gardien de police municipale X

Glossaire[1]

Adjectif qualificatif : l'adjectif qualificatif fait partie du groupe nominal. Il exprime la qualité d'un nom : une *grande* maison. L'adjectif qualificatif s'accorde en genre et en nombre avec le nom et peut avoir comme fonction : épithète, apposé ou attribut du nom.

Adjectif verbal : l'adjectif verbal est un participe présent devenu adjectif : une étoile *filante*. Il s'accorde en genre et en nombre avec le nom et a les mêmes fonctions que l'adjectif qualificatif.

Adverbe : l'adverbe est un mot invariable (assez, trop, simplement...). Il peut modifier un verbe (il parle *vite*), un adjectif (*trop* gentil), un autre adverbe (*plutôt* rapidement).

Antécédent : l'antécédent est le mot que remplace un pronom relatif. L'antécédent peut être un nom (les *bateaux* que je vois rentrent au port) ou un pronom (je répondrai à *ceux* qui sont aimables).

Antonyme : un antonyme est un mot de même nature grammaticale mais dont le sens s'oppose (gentiment → méchamment).

Concordance des temps : on appelle concordance des temps le rapport existant entre les différents verbes d'un phrase. Le temps et le mode des verbes dépendent du sens de la phrase et de la chronologie de faits.

Conditionnel : le mode conditionnel est utilisé pour exprimer la condition, l'imaginaire, la politesse : si je pouvais, j'*achèterais* une maison. Il comporte un temps simple (présent) et deux temps composés (passé 1re forme et passé 2e forme).

Conjonction de coordination : la conjonction de coordination (mais, ou, et, donc, or, ni, car, puis...) est un mot invariable dont le rôle est de relier deux éléments de même nature grammaticale : bleu *ou* rouge.

Conjonction de subordination : la conjonction de subordination (quoique, quand, puisque...) est un mot invariable dont le rôle est d'articuler une proposition subordonnée à une proposition principale : les enfants rentreront *quand* la nuit sera tombée.

---

1. Ce glossaire a été rédigé par Annie Delivré.

Contexte : le contexte d'un mot est son environnement. Le sens d'un mot peut changer selon le contexte. Ainsi l'adjectif *vert* n'a pas le même sens si l'on évoque du raisin *vert* et un vieillard encore *vert*.

Déterminant : le déterminant fait partie du groupe nominal. Cette classe comprend les articles, les adjectifs possessifs, démonstratifs, indéfinis, exclamatifs et interrogatifs Il s'accorde en genre et en nombre avec le nom. Sa fonction est de déterminer le nom.

Famille de mots : les mots de la même famille sont des mots qui ont la même racine : *terre, terrasse, atterrir*, etc.

Figure de style : la figure de style est un procédé permettant d'enrichir l'écriture. Son étude aide à préciser la pensée de l'auteur. Les figures de style les plus couramment employées dans les textes proposés au concours sont la métaphore, la comparaison, l'antiphrase et la personnification.

Fonction : la fonction d'un mot est le rôle que joue ce mot dans la phrase : sujet, attribut, complément...

Formation des mots : les mots sont formés d'un radical *terr*, d'un préfixe *at* et/ou d'un suffixe *issage* : atterrissage.

Genre : catégorie grammaticale fondée sur la répartition des noms en deux classes : le masculin et le féminin.

Homonyme : les homonymes sont des mots qui se prononcent de façon identique, mais dont le sens est différent : *mer, maire, mère.*

Indépendante (proposition) : une proposition indépendante est une proposition qui ne dépend grammaticalement d'aucune autre proposition.

Indicatif : l'indicatif est le mode du réel, du certain. Il comporte quatre temps simples (présent, imparfait, passé simple, futur simple) et quatre temps composés (passé composé, plus que parfait, passé antérieur, futur antérieur).

Impératif : l'impératif est le mode de l'ordre, de la prière. Il est caractérisé par l'absence de sujet et n'existe qu'à trois personnes (2e personne du singulier, 2e et 3e personnes du pluriel). Il comporte deux temps : le présent et le passé.

Mode : le mode traduit la manière dont est envisagée l'action exprimée par le verbe. Il existe des modes personnels (indicatif, conditionnel, subjonctif, impératif) et des modes impersonnels (infinitif, participe).

Mot-clé : un mot-clé est un mot important dans un paragraphe, il aide à comprendre le sens du texte. L'étude des mot-clés permet de trouver le thème d'un texte et la thèse exprimée par l'auteur.

Mot de liaison : un mot de liaison appelé, aussi connecteur logique, permet de structurer un texte. Ces mots permettent l'enchaînement des idées et marquent la progression du raisonnement (tout d'abord, ensuite, enfin...).

Nom : le nom est le noyau du groupe nominal. Il est généralement précédé d'un déterminant. Il est caractérisé par le genre, le nombre et la fonction.

Nombre : catégorie grammaticale fondée sur la distinction entre le singulier et le pluriel.

Paronyme : les paronymes sont des mots proches phonétiquement, mais de sens différent (affleurer-effleurer).

Participe présent : le participe présent est une forme verbale, invariable, indiquant une action. Il peut avoir des compléments (*marchant* sur la route).

Préposition : une préposition est un mot invariable, servant à introduire un complément circonstanciel (à, de, en, par, pour...).

Principale (proposition) : la proposition principale est une proposition complétée par une ou plusieurs propositions subordonnées (quelle que soit leur fatigue, *les enfants ne se plaignaient pas*).

Pronom : un pronom est un mot pouvant remplacer un nom. Il peut avoir toutes les fonctions d'un nom. On distingue le pronom personnel, le pronom relatif, le pronom possessif, le pronom interrogatif, le pronom indéfini et le pronom démonstratif.

Pronominale (forme) : la forme pronominale d'un verbe est caractérisée par la présence des pronoms personnels compléments (me te, se nous vous) qui représentent la même personne que le sujet (*il se regarde*).

Proposition : une phrase comprend une ou plusieurs propositions. Chaque proposition comprend un verbe conjugué. On distingue la proposition indépendante, la proposition principale et la proposition subordonnée.

Registre de langue : les registres de langue sont les variations au niveau du vocabulaire ou de la grammaire d'un message, en fonction de l'interlocuteur ou du lecteur. La langue française comprend trois principaux registres de langue : le registre soutenu (il s'esclaffait), le registre courant (il riait) et le registre familier (il rigolait).

Sens d'un mot : un mot peut être polysémique (plusieurs sens). On distingue le sens propre, c'est-à-dire le sens courant (un puits) et le sens figuré (un puits de science).

Subjonctif : le subjonctif est le mode du probable, du possible. L'action exprimée par le verbe est seulement envisagée. Il comporte deux temps simples (présent, imparfait) et deux temps composés (passé, plus-que-parfait).

Subordonnée (proposition) : la proposition subordonnée dépend grammaticalement de la proposition principale. Elle débute par un mot subordonnant qui est soit un pronom relatif (proposition subordonnée relative), soit par une conjonction de subordination (proposition subordonnée conjonctive).

Synonyme : un synonyme est un mot de même nature grammaticale et de sens voisin (mignon-charmant).

Temps : en conjugaison, les différents temps montrent la chronologie des actions exprimées par les verbes (passé, présent, futur). On distingue les temps simples construits sans auxiliaire et les temps composés construits avec les auxiliaires *avoir* ou *être*.

Verbe : un verbe est un mot qui exprime une action (danser, bondir, prendre...) ou un état (rester, paraître, demeurer...). Il se conjugue, c'est-à-dire qu' il varie selon la personne, le temps et le mode.

Voix : à la voix active le sujet fait l'action exprimée par le verbe : le chat mange la souris. À la voix passive, le sujet subit l'action exprimée par le verbe : la souris est mangée par le chat. Lors de la transformation de la voix active à la voix passive, le sujet *le chat* devient le complément d'agent introduit par *de* ou *par* et le cod *la souris* devient le sujet. Il faut veiller à bien respecter le temps : *mange* est conjugué au présent (voix active) et *est mangé* est conjugué au présent (voix passive)

Annexe
Adresses utiles

I. Fonction publique d'État

Le calendrier prévisionnel des concours de la fonction publique étatique est publié chaque année au *Journal officiel*. Par exemple, pour les concours programmés en 2001, il s'agit du *JO* du 20 février 2001 (Direction du Journal officiel – 26, rue Desaix – 75727 PARIS CEDEX 15 – Téléphone : 01.40.58.75.00). Ce document donne les dates des inscriptions et des épreuves, ainsi que les coordonnées des administrations à contacter.

On peut également consulter ce calendrier, régulièrement actualisé, sur le Minitel (36.16 Fonctionnaire) ou sur le site Internet du ministère de la fonction publique (www.fonction-publique.gouv.fr → Les concours et les écoles → Les concours de la fonction publique de l'État).

A. Ministères

Ministère de la fonction publique et de la réforme de l'État
Direction générale de l'administration et de la fonction publique
Service des concours
Adresse : 32, rue de Babylone – 75007 PARIS
Téléphone : 01.42.75.80.00

Ministère des affaires étrangères
Adresse : Bureau des concours et examens professionnels – 23, rue La Pérouse – 75775 PARIS cedex 16
Téléphone : 01.43.17.63.76
Minitel : 3615 FRANCEMONDE*BDC
Internet : www.diplomatie.fr/mae/concours/index.html

Ministère de la culture – Service du personnel et des affaires sociales
Adresse : Bureau des concours – 4, rue de la Banque – 75002 PARIS
Minitel : 3613 DIALOGUES
Serveur vocal 01.40.15.81.92
Internet : www.culture.gouv.fr

Ministère de l'économie et des finances
Direction du personnel et de l'administration
Adresse : Bureau P1 – Teledoc 251 – 139, rue de Bercy – 75572 PARIS CEDEX 12
Téléphone : 01.40.04.04.04
Internet : www.minefi.gouv.fr

Receveur général des finances
Adresse : 19, rue Scribe – 75436 PARIS CEDEX 09
Téléphone : 01.44.71.26.73. ou 77
Minitel : 3616 TRESOR

Direction générale des douanes et droits indirects
Adresse : Service examens et concours – 3, rue de l'Église – BP 21 – 94471 BOISSY-SAINT-LÉGER CEDEX
Téléphone : 01.45.10.23.47
Serveur vocal : 01.40.40.39.26
Minitel : 3615 DOUANETEL
En province : Direction régionale des douanes et des droits indirects

Délégation régionale des impôts
Adresse : Cellule des concours – 6, rue Hyacinthe – 75042 PARIS CEDEX 01
Téléphone : 01.42.44.18.60 ou 62
En province : Direction des services fiscaux des départements

Ministère de l'éducation nationale – Sous-direction des personnels administratifs
Adresse : Bureau des concours – DPATE C4 – 110, rue de Grenelle – 75357 PARIS 07 SP
Téléphone : 01.55.55.24.36
Internet : www.education.fr

Ministère de l'équipement
Adresse : DPS/RF1 – tour Pascal B – 92055 LA DÉFENSE CEDEX
Téléphone : 01.40.81.75.00
Serveur vocal : 08.36.68.27.00
Minitel : 3615 Equipement
En province : Direction départementale de l'équipement
Internet : www.equipement.gouv.fr

Ministère de l'intérieur – Bureau du recrutement et de la promotion professionnelle
Adresse : Place Beauvau – 75800 PARIS CEDEX 08
Téléphone : 01.60.37.11.02
Minitel : 3615 GERMIN
Internet : www.interieur.gouv.fr

Direction de l'administration de la police nationale
Adresse : Bureau du recrutement – 73, rue Paul-Niomède – BP 144 – 63020 CLERMONT-FERRAND CEDEX
Numéro vert Info carrières : 0800.220.800
Internet : www.interieur.gouv.fr

Préfecture de police de Paris – Sous-direction du personnel
Adresse : 1 er bureau, 1, rue de Lutèce – 75004 PARIS
Serveur vocal : 08.3662.22.22.

Ministère de la justice – Direction de l'administration
Adresse : Bureau HA – 247, rue St Honoré – 75001 PARIS
Téléphone : 01.44.77.69.98
Internet : www.justice.gouv.fr

Direction d'administration pénitentiaire
Adresse : Bureau RH4 – section recrutement – 13, place Vendôme – 75042 PARIS CEDEX 01
Téléphone : 01.44.77.69.98 ou 01.44.77.69.97.
En province : Direction régionale des services pénitentiaires.

Services du Premier ministre
Secrétariat général du gouvernement
Adresse : Direction des services administratifs – 18, rue Vaneau – 75700 PARIS
Téléphone : 01.42.75.81.62
Internet :www.premier-ministre.gouv.fr

B. Préfectures

Département 01 : Préfecture de l'AIN
Adresse : 45, avenue d'Alsace Lorraine – 01012 BOURG-EN BRESSE-PÉRONNAS
Téléphone : 04.74.32.30.30 – Télécopie : 04.74.23.26.56

Département 02 : Préfecture de l'AISNE
Adresse : 2, rue Paul Doumer – 02010 LAON PÉRONNAS
Téléphone : 03.23.21.82.82 – Télécopie : 03.23.20.69.58

Département 03 : Préfecture de l'ALLIER
Adresse : 2, rue Michel de l'Hospital – BP 1649 – 03016 MOULINS
Téléphone : 04.70.48.30.00 – Télécopie : 04.70.20.57.72

Département 04 : Préfecture des ALPES-DE-HAUTE-PROVENCE
Adresse : 8, rue du Docteur Romieu – 04016 DIGNE
Téléphone : 04.92.36.72.00 – Télécopie : 04.92.31.04.32

Département 05 : Préfecture des HAUTES-ALPES
Adresse : 32, rue Saint-Arey – B.P. 100 – 05011 GAP
Téléphone : 04.92.40.48.00 – Télécopie : 04.92.53.79.49

Département 06 : Préfecture des ALPES-MARITIMES
Adresse : Centre administratif – Route de Grenoble – 06286 NICE
Téléphone : 04.93.72.20.00 – Télécopie : 04.93.72.22.99

Département 07 : Préfecture de l'ARDÈCHE
Adresse : Rue Pierre Filliat – B.P. 721 – 07007 PRIVAS
Téléphone : 04.75.66.50.00 – Télécopie : 04.75.64.03.39

Département 08 : Préfecture des ARDENNES
Adresse : Place de la Préfecture – 08011 CHARLEVILLE-MÉZIÈRES
Téléphone : 03.24.59.66.00 – Télécopie : 03.24.58.35.21

Département 09 : Préfecture de l'ARIÈGE
Adresse : 2, rue de la Préfecture – 09007 FOIX
Téléphone : 05.61.02.10.00 – Télécopie : 05.61.02.74.82

Département 10 : Préfecture de l'AUBE
Adresse : Place de la libération – 10025 TROYES
Téléphone : 03.25.42.35.00 – Télécopie : 03.25.73.77.26

Département 11 : Préfecture de l'AUDE
Adresse : 52, rue Jean Bringer – 11012 CARCASSONNE
Téléphone : 04.68.77.45.11 – Télécopie : 04.68.72.32.98

Département 12 : Préfecture de l'AVEYRON
Adresse : Place Charles de Gaulle – BP 715 – 12007 RODEZ
Téléphone : 05.65.73.44.44 – Télécopie : 05.65.68.25.67

Département 13 : Préfecture des BOUCHES-DU-RHÔNE
Adresse : Boulevard Paul Peytral – 13282 MARSEILLE
Téléphone : 04.91.15.60.00 – Télécopie : 04.91.15.60.70

Département 14 : Préfecture du CALVADOS
Adresse : Rue Saint-Laurent – 14038 CAEN
Téléphone : 02.31.30.64.00 – Télécopie : 02.31.50.22.67

Département 15 : Préfecture du CANTAL
Adresse : Cours Monthyon – BP 529 – 15005 AURILLAC
Téléphone : 04.71.46.23.00 – Télécopie : 04.71.64.88.01

Département 16 : Préfecture de la CHARENTE
Adresse : 7-9, rue de la Préfecture – 16017 ANGOULÊME
Téléphone : 05.45.97.61.00 – Télécopie : 05.45.95.02.39

Département 17 : Préfecture de la CHARENTE-MARITIME
Adresse : 38, rue Réaumur – BP 501 – 17017 LA ROCHELLE
Téléphone : 05.46.27.43.00 – Télécopie : 05.46.41.10.30

Département 18 : Préfecture du CHER
Adresse : Place Marcel Plaisant – 18014 BOURGES
Téléphone : 02.48.67.18.18 – Télécopie : 02.48.70.26.67

Département 19 : Préfecture de la CORRÈZE
Adresse : Rue Souham – 19011 TULLE
Téléphone : 05.55.20.55.20 – Télécopie : 05.55.26.82.02

Département 20A : Préfecture de la CORSE-DU-SUD
Adresse : Palais Lantivy – Cours Napoléon – B.P.401 - 20188 AJACCIO
Téléphone : 04.95.29.00.00 – Télécopie : 04.95.21.19.10

Département 20B : Préfecture de la HAUTE-CORSE
Adresse : Vallée du Fango – 20401 BASTIA
Téléphone : 04.95.34.50.00 – Télécopie : 04.95.34.06.82

Département 21 : Préfecture de la CÔTE-D'OR
Adresse : 53, rue de la Préfecture – 21041 DIJON
Téléphone : 03.80.44.64.00 – Télécopie : 03.80.30.65.72

Département 22 : Préfecture des CÔTES-D'ARMOR
Adresse : Place du Général de Gaulle – BP 70 – 22024 SAINT-BRIEUC
Téléphone : 02.96.62.44.22 – Télécopie : 02.96.62.05.75

Département 23 : Préfecture de la CREUSE
Adresse : Place Louis Lacrocq – BP 79 – 23011 GUÉRET
Téléphone : 05.55.51.58.00 – Télécopie : 05.55.52.48.61

Département 24 : Préfecture de la DORDOGNE
Adresse : 2, rue Paul-Louis Courier – 24016 PÉRIGUEUX
Téléphone : 05.53.02.24.24 – Télécopie : 05.53.08.88.27

Département 25 : Préfecture du DOUBS
Adresse : 8 bis, rue Charles Nodier – 25035 BESANÇON
Téléphone : 03.81.25.10.00 – Télécopie : 03.81.83.1054

Département 26 : Préfecture de la DRÔME
Adresse : 3, boulevard Vauban – 26030 VALENCE
Téléphone : 04.75.79.26.00 – Télécopie : 04.75.42.87.55

Département 27 : Préfecture de l'EURE
Adresse : Boulevard Georges Chauvin – 27022 ÉVREUX
Téléphone : 02.32.78.27.27 – Télécopie : 02.32.78.27.28

Département 28 : Préfecture d'EURE-ET-LOIR
Adresse : Place de la République – 28019 CHARTRES
Téléphone : 02.37.27.72.00 – Télécopie : 02.37.27.70.44

Département 29 : Préfecture du FINISTÈRE
Adresse : 40-42, boulevard Dupleix – 29320 QUIMPER
Téléphone : 02.98.76.29.29 – Télécopie : 02.98.52.09.47

Département 30 : Préfecture du GARD
Adresse : 10, avenue Feuchères – 30045 NÎMES
Téléphone : 04.66.36.40.40 – Télécopie : 04.66.36.40.05

Département 31 : Préfecture de la HAUTE-GARONNE
Adresse : 1, place Saint-Étienne – 31038 TOULOUSE
Téléphone : 05.61.33.40.00 – Télécopie : 05.64.33.37.38

Département 32 : Préfecture du GERS
Adresse : 9, rue Arnauld de Moles – 32007 AUCH
Téléphone : 05.62.61.44.00 – Télécopie : 05.62.05.47.78

Département 33 : Préfecture de la GIRONDE
Adresse : Esplanade Charles de Gaulle – 33077 BORDEAUX
Téléphone : 05.56.90.60.60 – Télécopie : 05.56.90.60.67

Département 34 : Préfecture de l'HÉRAULT
Adresse : 34, place des Martyrs de la Résistance – 34062 MONTPELLIER
Téléphone : 04.67.61.61.61 – Télécopie : 04.67.02.25.79

Département 35 : Préfecture d'ILLE-ET-VILAINE
Adresse : 3, avenue de la Préfecture – 35026 RENNES
Téléphone : 02.99.02.10.35 – Télécopie : 02.99.02.10.15

Département 36 : Préfecture de l'INDRE
Adresse : Place de la Victoire des Alliés – BP 583 – 36019 CHÂTEAUROUX
Téléphone : 02.54.29.50.00 – Télécopie : 02.54.34.10.08

Département 37 : Préfecture d'INDRE-ET-LOIRE
Adresse : Place de la Préfecture – BP 3208 – 37032 TOURS
Téléphone : 02.47.60.46.15 – Télécopie : 02.47.64.04.05

Département 38 : Préfecture de l'ISÈRE
Adresse : Place de Verdun – 38021 GRENOBLE
Téléphone : 04.76.60.34.00 – Télécopie : 04.76.51.34.88

Département 39 : Préfecture du JURA
Adresse : 55, rue Saint-Désiré – 39030 LONS-LE-SAUNIER
Téléphone : 03.84.85.86.00 – Télécopie : 03.84.43.03.65

Département 40 : Préfecture des LANDES
Adresse : 24-26, rue Victor Hugo – BP 349 – 40011 MONT-DE-MARSAN
Téléphone : 05.58.06.58.06 – Télécopie : 05.58.75.83.81

Département 41 : Préfecture de LOIR-ET-CHER
Adresse : 1, place de la République – 41018 BLOIS
Téléphone : 02.54.81.54.81 – Télécopie : 02.54.78.14.69

Département 42 : Préfecture de la LOIRE
Adresse : 2, rue Charles de Gaulle – 42022 SAINT-ETIENNE
Téléphone : 04.77.48.48.48 – Télécopie : 02.77.21.65.83

Département 43 : Préfecture de la HAUTE-LOIRE
Adresse : 6, avenue du Général de Gaulle – BP 321 – 43011 LE PUY
Téléphone : 04.71.09.43.43 – Télécopie : 04.71.09.78.40

Département 44 : Préfecture de la LOIRE-ATLANTIQUE
Adresse : 6, quai Ceineray – 44035 NANTES
Téléphone : 02.40.41.20.20 – Télécopie : 02.40.41.20.25

Département 45 : Préfecture du LOIRET
Adresse : 181, rue de Bourgogne – 45042 ORLÉANS
Téléphone : 02.38.81.40.00 – Télécopie : 02.38.53.3248

Département 46 : Préfecture du LOT
Adresse : Place Jean-Jacques Chapou – 46009 CAHORS
Téléphone : 05.65.23.10.00 – Télécopie : 05.65.23.10.10

Département 47 : Préfecture de LOT-ET-GARONNE
Adresse : Place de Verdun – 47920 AGEN
Téléphone : 05.53.77.60.47 – Télécopie : 05.53.98.33.40

Département 48 : Préfecture de la LOZÈRE
Adresse : 2, rue de la Rovère – 48005 MENDE
Téléphone : 04.66.49.60.00 – Télécopie : 04.66.49.17.23

Département 49 : Préfecture de MAINE-ET-LOIRE
Adresse : Mail de la Préfecture – 49034 ANGERS
Téléphone : 02.41.81.81.81 – Télécopie : 02.41.88.04.63

Département 50 : Préfecture de la MANCHE
Adresse : Place de la Préfecture – 50009 SAINT-LÔ
Téléphone : 02.33.06.50.50 – Télécopie : 02.33.57.36.66

Département 51 : Préfecture de la MARNE
Adresse : 38, rue Carnot – 51036 CHALONS EN CHAMPAGNE
Téléphone : 03.26.70.32.00 – Télécopie : 03.26.21.08.40

Département 52 : Préfecture de la HAUTE-MARNE
Adresse : 89, rue de la Victoire de la Marne – 52011 CHAUMONT
Téléphone : 03.25.30.52.52 – Télécopie : 03.25.32.01.26

Département 53 : Préfecture de la MAYENNE
Adresse : 46, rue Mazagran – BP 1507 – 53015 LAVAL
Téléphone : 02.43.01.50.00 – Télécopie : 02.43.56.72.85

Département 54 : Préfecture de MEURTHE-ET-MOSELLE
Adresse : 1, rue Maurice Barrès – 54038 NANCY
Téléphone : 02.83.34.26.26 – Télécopie : 02.83.30.52.34

Département 55 : Préfecture de la MEUSE
Adresse : 40, rue du Bourg – 55012 BAR-LE-DUC
Téléphone : 03.29.77.55.55 – Télécopie : 03.29.79.64.49

Département 56 : Préfecture du MORBIHAN
Adresse : Place du général de Gaulle – 56019 VANNES
Téléphone : 02.97.54.84.00 – Télécopie : 02.97.42.59.45

Département 57 : Préfecture de la MOSELLE
Adresse : 9, place de la Préfecture – 57034 METZ
Téléphone : 03.87.34.87.34 – Télécopie : 03.87.32.57.39

Département 58 : Préfecture de la NIÈVRE
Adresse : 64, rue de la Préfecture – BP 840 – 58019 NEVERS
Téléphone : 03.86.60.70.80 – Télécopie : 03.86.36.12.54

Département 59 : Préfecture du NORD
Adresse : 2, rue Jacquemars Giélée – 59039 LILLE
Téléphone : 03.20.30.59.59 – Télécopie : 03.20.57.08.02

Département 60 : Préfecture de l'OISE
Adresse : 1, place de la Préfecture – 60022 BEAUVAIS
Téléphone : 03.44.06.12.34 – Télécopie : 03.44.45.39.00

Département 61 : Préfecture de l'ORNE
Adresse : 39, rue Saint-Blaise – BP 529 – 61018 ALENÇON
Téléphone : 02.33.26.74.00 – Télécopie : 02.33.32.27.57

Département 62 : Préfecture du PAS-DE-CALAIS
Adresse : Rue Ferdinand Buisson – 62020 ARRAS
Téléphone : 03.21.21.20.00 – Télécopie : 03.21.21.20.30

Département 63 : Préfecture du PUY-DE-DÔME
Adresse : 18, boulevard Desaix – 63033 CLERMONT FERRAND
Téléphone : 04.73.98.63.63 – Télécopie : 04.73.98.61.00

Département 64 : Préfecture des PYRÉNÉES-ATLANTIQUES
Adresse : 2, rue Maréchal Joffre – 64021 PAU
Téléphone : 05.59.27.60.00 – Télécopie : 05.59.83.80.44

Département 65 : Préfecture des HAUTES-PYRÉNÉES
Adresse : Place Charles de Gaulle – 65013 TARBES
Téléphone : 05.62.51.44.44 – Télécopie : 05.62.51.20.10

Département 66 : Préfecture des PYRÉNÉES-ORIENTALES
Adresse : 24, quai Sadi Carnot – B.P.951 – 66020 PERPIGNAN
Téléphone : 04.68.51.66.66 – Télécopie : 0468.34.68.51

Département 67 : Préfecture du BAS-RHIN
Adresse : 5, place de la République – 67073 STRASBOURG
Téléphone : 03.88.21.67.68 – Télécopie : 03.88.25.64.98

Département 68 : Préfecture du HAUT-RHIN
Adresse : 7, rue Bruat – 68020 COLMAR
Téléphone : 03.89.24.70.00 – Télécopie : 03.89.23.36.61

Département 69 : Préfecture du RHÔNE
Adresse : 106, rue Pierre Corneille – 69419 LYON
Téléphone : 04.72.61.60.60 – Télécopie : 04.78.60.49.38

Département 70 : Préfecture de la HAUTE-SAÔNE
Adresse : 1, rue de la Préfecture – BP 429 – 70013 VESOUL
Téléphone : 03.84.77.70.00 – Télécopie : 03.84.76.49.60

Département 71 : Préfecture de SAÔNE-ET-LOIRE
Adresse : 196, rue de Strasbourg – 71021 MACON
Téléphone : 03.85.21.81.00 – Télécopie : 03.85.39.17.16

Département 72 : Préfecture de la SARTHE
Adresse : Place Aristide Briand – 72041 LE MANS
Téléphone : 02.43.39.7272 – Télécopie : 02.43.28.24.09

Département 73 : Préfecture de la SAVOIE
Adresse : Château des Ducs de Savoie – BP 1801 – 73018 CHAMBÉRY
Téléphone : 04.79.75.50.00 – Télécopie : 04.79.75.08.27

Département 74 : Préfecture de la HAUTE-SAVOIE
Adresse : 1, avenue d'Albigny – BP 332 – 74034 ANNECY
Téléphone : 04.50.33.60.00 – Télécopie : 04.50.52.90.05

Département 75 : Préfecture de POLICE
Adresse : 7, boulevard du Palais – 75004 PARIS
Téléphone : 01.53.71.53.71 – Télécopie : 01.45.48.88.46

Préfecture de PARIS
Adresse : 17, boulevard Morland – 75004 PARIS
Téléphone : 01.49.28.40.00 – Télécopie : 01.48.87.47.83

Département 76 : Préfecture de SEINE-MARITIME
Adresse : 7, place de la Madeleine – 76036 ROUEN
Téléphone : 02.32.76.50.00 – Télécopie : 02.35.98.10.50

Département 77 : Préfecture de SEINE-ET-MARNE
Adresse : 12, rue des Saints-Pères – 77010 MELUN
Téléphone : 01.64.71.77.77 – Télécopie : 01.64.37.10.35

Département 78 : Préfecture des YVELINES
Adresse : 1, rue Jean Houdon – 78010 VERSAILLES
Téléphone : 01.39.49.78.00 – Télécopie : 01.39.49.45.91

Département 79 : Préfecture des DEUX-SÈVRES
Adresse : 4, rue Duguesclin – 79021 NIORT
Téléphone : 05.49.08.68.68 – Télécopie : 05.49.28.09.67

Département 80 : Préfecture de la SOMME
Adresse : 51, rue de la République – 80020 AMIENS
Téléphone : 03.22.97.80.80 – Télécopie : 03.22.92.13.98

Département 81 : Préfecture du TARN
Adresse : Place de la Préfecture – 81013 ALBI
Téléphone : 05.63.45.61.61 – Télécopie : 05.63.47.01.57

Département 82 : Préfecture du TARN-ET-GARONNE
Adresse : 100, avenue Hubert Gouze – B.P. 779 – 82013 MONTAUBAN
Téléphone : 05.63.22.82.00 – Télécopie : 05.63.93.33.79

Département 83 : Préfecture du VAR
Adresse : Boulevard du 112e Régiment d'Infanterie – 83070 TOULON
Téléphone : 04.94.18.83.83 – Télécopie : 04.94.91.75.00

Département 84 : Préfecture de VAUCLUSE
Adresse : 4, rue Viala – B.P.305 – 84905 AVIGNON
Téléphone : 04.90.82.11.11 – Télécopie : 04.90.86.20.76

Département 85 : Préfecture de la VENDÉE
Adresse : 29 rue Delille – 85022 LA ROCHE-SUR-YON
Téléphone : 02.51.36.70.85 – Télécopie : 02.51.05.51.38

Département 86 : Préfecture de la VIENNE
Adresse : 7, place Aristide Briand – 86021 POITIERS
Téléphone : 05.49.55.70.00 – Télécopie : 05.49.88.25.34

Département 87 : Préfecture de la HAUTE-VIENNE
Adresse : Place Stalingrad – 87031 LIMOGES
Téléphone : 05.55.44.18.18 – Télécopie : 05.55.79.86.58

Département 88 : Préfecture des VOSGES
Adresse : Place Foch – 88021 ÉPINAL
Téléphone : 03.29.69.88.88 – Télécopie : 03.29.82.42.15

Département 89 : Préfecture de l'YONNE
Adresse : Place de la Préfecture – 89011 AUXERRE
Téléphone : 03.86.48.61.89 – Télécopie : 03.86.51.02.48

Département 90 : Préfecture du TERRITOIRE-DE-BELFORT
Adresse : Place de la République – 90020 BELFORT
Téléphone : 03.84.57.15.41 – Télécopie : 03.84.21.32.62

Département 91 : Préfecture de l'ESSONNE
Adresse : Boulevard de France – 91010 ÉVRY
Téléphone : 01.69.91.91.91 – Télécopie : 01.64.97.00.23

Département 92 : Préfecture des HAUTS-DE-SEINE
Adresse : 167-177, avenue Joliot Curie – 92013 NANTERRE
Téléphone : 01.40.97.20.00 – Télécopie : 01.47.25.21.21

Département 93 : Préfecture de la SEINE-SAINT-DENIS
Adresse : 124, rue Carnot – 93007 BOBIGNY
Téléphone : 01.41.60.60.60 – Télécopie : 01.41.60.58.07

Département 94 : Préfecture du VAL-DE-MARNE
Adresse : Avenue du Général de Gaulle – 94011 CRÉTEIL
Téléphone : 01.49.56.60.00 – Télécopie : 01.48.99.38.04

Département 95 : Préfecture du VAL-D'OISE
Adresse : Avenue Bernard Hirsch – 95010 CERGY-PONTOISE
Téléphone : 01.34.25.25.25 – Télécopie : 01.30.32.51.85

Département 971 : Préfecture de la GUADELOUPE
Adresse : Rue Lardenoy – 97109 BASSE-TERRE
Téléphone : 0590.99.39.00 – Télécopie : 05.90.81.58.32

Département 972 : Préfecture de la MARTINIQUE
Adresse : Rue Victor Sévère – 97262 FORT-DE-FRANCE
Téléphone : 0596.55.26.00 – Télécopie : 05.96.71.40.29

Département 973 : Préfecture de la GUYANE
Adresse : Rue Fiedmont – 97307 CAYENNE
Téléphone : 0594.39.45.00 – Télécopie : 05.94.30.02.77

Département 974 : Préfecture de la RÉUNION
Adresse : Place Barachois – 97405 SAINT-DENIS
Téléphone : 0262.40.77.77 – Télécopie : 02.62.41.73.74

Département 975 : Préfecture de SAINT-PIERRE-ET-MIQUELON
Adresse : Place du Lt-Colonel Pigeaud – BP 4200 – 97500 SAINT-PIERRE
Téléphone : 0508.41.28.01 – Télécopie : 05.08.41.25.46

Département 976 : Préfecture de MAYOTTE
Adresse : BP 42 – 97610 DZAOUDZI
Téléphone : 0269.60.10.54 – Télécopie : 02.69.60.18.50

Préfecture de NOUVELLECALÉDONIE
Adresse : NOUMÉA – BP 25026 – NOUVELLE-CALÉDONIE
Téléphone : 0687.26.63.00

Préfecture de POLYNÉSIE FRANÇAISE
Adresse : Papeete – Polynésie Française – BP 116 – TAHITI
Téléphone : 0689.46.86.86

Préfecture de WALLIS ET FUTUNA
Adresse : Mata-Utu Ile Uvea – WALLIS ET FUTUNA
Téléphone : 0681.72.27.27

II. La fonction publique territoriale

A. Ville de Paris

Mairie de Paris – Direction des ressources humaines
Adresse : Bureau du recrutement – 2 rue Lobeau – 75196 PARIS RP
Téléphone : 01.42.76 40.40

B. Centres de gestion

Les centres de gestion sont les organismes qui organisent les concours de la fonction publique territoriale pour les agents de la catégorie C. Il en existe un par département, sauf en Île-de-France où la loi a créé deux centres interdépartementaux.

Il existe un guichet d'information commun à de nombreux centres de gestion, qui peut être consulté, soit sur le Minitel (36 14 centresdegestion), soit sur Internet (www.centresdegestion.org).

Des informations sont également disponibles sur le site Internet de l'Union nationale des centres de gestion (www.uncdg.com).

Département 01 : Centre de gestion de l'AIN
Adresse : Maison des communes – 119, chemin de Bellevue – 01960 PÉRONNAS Téléphone : 04.74.32.13.80 – Télécopie : 04.74.21.76.44
E-mail : cdg01@wanadoo.fr

Département 02 : Centre de gestion de l'AISNE
Adresse : 136 ter, rue Pasteur – BP 76 – 02302 CHAUNY CEDEX
Téléphone : 03.23.52.01.52 – Télécopie : 03.23.39.58.12

Département 03 : Centre de gestion de l'ALLIER
Adresse : Château de Bellevue – BP 59 – 03402 YZEURE CEDEX
Téléphone : 04.70.48.21.00 – Télécopie : 04.70.44.85.61

Département 04 : Centre de gestion des ALPES-DE-HAUTE-PROVENCE
Adresse : 31, rue Frédéric Mistral – 04130 VOLX
Téléphone : 04.92.70.13.00 – Télécopie : 04.92.70.13.01

Département 05 : Centre de gestion des HAUTES-ALPES
Adresse : 55B, avenue Jean Jaurès – 05000 GAP
Téléphone : 04.92.53.29.10 – Télécopie : 04.92.53.29.11

Département 06 : Centre de gestion des ALPES-MARITIMES
Adresse : Espace 3000 – 33, avenue Henri Lantelme – BP 169 – 06704 SAINT-LAURENT-DU-VAR
Téléphone : 04.92.27.34.34 – Télécopie : 04.92.27.34.35

Département 07 : Centre de gestion de l'ARDÈCHE
Adresse : Résidence « Le Parc du Vivarais » – rue Baptiste Marcet – BP 187 – 07204 AUBENAS CEDEX
Téléphone : 04.75.35.68.10 – Télécopie : 04.75.35.37.93

Département 08 : Centre de gestion des ARDENNES
Adresse : Maison de la fonction publique territoriale – 30, rue de la Gravière – B.P. 5189 – 08109 CHARLEVILLE-MÉZIÈRES CEDEX
Téléphone : 03.24.33.88.00 – Télécopie : 03.24.33.35.94
E-mail : cdgfpt08@wanadoo.fr
Site Internet :www.aditel08.asso.fr/cdg/cdflas-g.htm

Département 09 : Centre de gestion de l'ARIÈGE
Adresse : 4, rue Raoul Lafagette – Montgauzy – 09000 FOIX
Téléphone : 05.34.09.32.40 – Télécopie : 05.34.09.30.88

Département 10 : Centre de gestion de l'AUBE
Adresse : 37, rue de la Paix – 10000 TROYES
Téléphone : 03.25.73.58.01 – Télécopie : 03.25.73.83.01

Département 11 : Centre de gestion de l'AUDE
Adresse : Centre administratif département al – 11855 CARCASSONNE CEDEX
Téléphone : 04.68.11.65.40 – Télécopie : 04.68.11.65.48

Département 12 : Centre de gestion de l'AVEYRON
Adresse : 33, avenue Victor Hugo – 12000 RODEZ
Téléphone : 05.65.73.61.60 – Télécopie : 05.65.73.61.61

Département 13 : Centre de gestion des BOUCHES-DU-RHÔNE
Adresse : 8, rue du Château de l'Horloge – Jas de Bouffan – 13098 AIX-EN-PROVENCE CEDEX 02
Téléphone : 04.42.29.65.85 – Télécopie : 04.42.29.78.74

Département 14 : Centre de gestion du CALVADOS
Adresse : 56, rue Bicoquet – 14052 CAEN CEDEX 04
Téléphone : 02.31.15.50.20 – Télécopie : 02.31.85.98.76

Département 15 : Centre de gestion du CANTAL
Adresse : 44, boulevard du Pont Rouge – 15000 AURILLAC
Téléphone : 04.71.46.80.10 – Télécopie : 04.71.46.80.15

Département 16 : Centre de gestion de la CHARENTE
Adresse : 26, rue Denis Papin – BP 370 – 16008 ANGOULÊME CEDEX
Téléphone : 05.45.69.70.02 – Télécopie : 05.45.95.35.89

Département 17 : Centre de gestion de la CHARENTE-MARITIME
Adresse : 70 bis, avenue Jean Guiton – 17000 LA ROCHELLE CEDEX 01
Téléphone : 05.46.27.47.00 – Télécopie : 05.46.67.29.11

Département 18 : Centre de gestion du CHER
Adresse : BP 2001 – 18026 BOURGES CEDEX
Téléphone : 02.48.50.82.50 – Télécopie : 02.48.50.37.59
Site Internet : www.cdg18.fr

Département 19 : Centre de gestion de la CORRÈZE
Adresse : Résidence Clémenceau – 1, rue des Récollets – 19000 TULLE
Téléphone : 05.55.26.77.09 – Télécopie : 05.55.26.70.52

Département 21 : Centre de gestion de la CÔTE-D'OR
Adresse : 16-18, rue Nodot – BP 166 – 21005 DIJON CEDEX
Téléphone : 03.80.76.99.76 – Télécopie : 03.80.76.99.80

Département 22 : Centre de gestion des CÔTES-D'ARMOR
Adresse : Maison des communes – 2 bis, rue du Parc – 22015 SAINT-BRIEUC CEDEX
Téléphone : 02.96.62.75.00 – Télécopie : 02.96.61.01.55

Département 23 : Centre de gestion de la CREUSE
Adresse : Résidence Chabrières – rue Charles Chareille – BP 285 – 23006 GUÉRET CEDEX
Téléphone : 05.55.51.90.20 – Télécopie : 05.55.51.90.26

Département 24 : Centre de gestion de la DORDOGNE
Adresse : Maison des communes – Boulevard de Saltgourde – Marsac-sur-l'Isle – BP 108 – 24051 PÉRIGUEUX CEDEX 9
Téléphone : 05.53.02.87.00 – Télécopie : 05.53.07.05.59

Département 25 : Centre de gestion du DOUBS
Adresse : 21, rue de l'Étuve – BP 416 – 25208 MONTBÉLIARD CEDEX
Téléphone : 03.81.99.36.36 – Télécopie : 03.81.32.23.94

Département 26 : Centre de gestion de la DRÔME
Adresse : 265, chemin des Îles – Île Girodet – 26500 BOURG-LÈS-VALENCE
Téléphone : 04.75.82.01.30 – Télécopie : 04.75.42.39.40

Département 27 : Centre de gestion de l'EURE
Adresse : Boulevard Georges Chauvin – BP 276 – 27002 ÉVREUX CEDEX
Téléphone : 02.32.39.23.99 – Télécopie : 02.32.31.35.77

Département 28 : Centre de gestion de l'EURE-ET-LOIR
Adresse : 99, avenue Maurice Maunoury – BP 29 – 28600 LUISANT
Téléphone : 02.37.91.43.40 – Télécopie : 02.37.30.87.44

Département 29 : Centre de gestion du FINISTÈRE
Adresse : 7, boulevard du Finistère – 29336 QUIMPER CEDEX
Téléphone : 02.98.64.11.30 – Télécopie : 02.98.64.11.59

Département 30 : Centre de gestion du GARD
Adresse : 281, chemin du Mas Coquillard – 30900 NÎMES
Téléphone : 04.66.38.86.86 – Télécopie : 04.66.38.86.87

Département 31 : Centre de gestion de la HAUTE-GARONNE
Adresse : 1, rue Marconi – 31400 TOULOUSE
Téléphone : 05.61.34.20.94 – Télécopie : 05.61.54.71.52

Département 32 : Centre de gestion du GERS
Adresse : 41, rue Jeanne d'Albret – BP 2 – 32001 AUCH CEDEX
Téléphone : 05.62.60.15.00 – Télécopie : 05.62.63.42.58
Site Internet : www.gascogne.com/cdg32/welcome.htm

Département 33 : Centre de gestion de la GIRONDE
Adresse : Immeuble Émeraude – rue du Cardinal Richaud – 33049 BORDEAUX CEDEX
Téléphone : 05.56.11.94.30 – Télécopie : 05.56.11.94.44
Site Internet : www.cdg33.fr

Département 34 : Centre de gestion de l'HÉRAULT
Adresse : 2, rue Edmond Lautard – 34184 MONTPELLIER CEDEX 4
Téléphone : 04.67.04.38.80 – Télécopie : 04.67.52.43.82

Département 35 : Centre de gestion d'ILLE-ET-VILAINE
Adresse : Maison des communes – Espace performance 3 – 35769 SAINT-GRÉGOIRE CEDEX
Téléphone : 02.99.23.31.00 – Télécopie : 02.99.23.38.00

Département 36 : Centre de gestion de l'INDRE
Adresse : 77, avenue John Kennedy – 36000 CHÂTEAUROUX
Téléphone : 02.54.34.18.20 – Télécopie : 02.54.22.97.42

Département 37 : Centre de gestion d'INDRE-ET-LOIRE
Adresse : 6, rue de la Préfecture – BP 4135 – 37041 TOURS CEDEX
Téléphone : 02.47.60.85.00 – Télécopie : 02.47.60.85.01

Département 38 : Centre de gestion de l'ISÈRE
Adresse : 228, cours de la Libération – 38030 GRENOBLE CEDEX 2
Téléphone : 04.76.33.20.33 – Télécopie : 04.76.33.20.40
E-mail : : cdg38@wanadoo.fr

Département 39 : Centre de gestion du JURA
Adresse : 2, rue de l'Égalité – BP 86 – 39303 CHAMPAGNOLE CEDEX
Téléphone : 03.84.53.06.39 – Télécopie : 03.84.52.38.44

Département 40 : Centre de gestion des LANDES
Adresse : 1, rue Bellocq – BP 3 – 40501 SAINT-SEVER CEDEX
Téléphone : 05.58.76.10.66 – Télécopie : 05.58.76.37.34

Département 41 : Centre de gestion du LOIR-ET-CHER
Adresse : Cité administrative – 34, avenue Maunoury – 41011 BLOIS CEDEX
Téléphone : 02.54.56.28.50 – Télécopie : 02.54.56.28.55

Département 42 : Centre de gestion de la LOIRE
Adresse : 24, rue d'Arcole – 42000 SAINT-ÉTIENNE
Téléphone : 04.77.42.67.20 – Télécopie : 04.77.25.81.60

Département 43 : Centre de gestion de la HAUTE-LOIRE
Adresse : Maison des communes – 40/46, avenue de la Mairie – 43000 ESPALY-SAINT-MARCEL
Téléphone : 04.71.05.37.20 – Télécopie : 04.71.09.20.35

Département 44 : Centre de gestion de la LOIRE-ATLANTIQUE
Adresse : 10, boulevard de la Loire – Île Beaulieu – BP 66225 – 44262 NANTES CEDEX 2
Téléphone : 02.40.20.00.71 – Télécopie : 02.40.89.00.65
Site Internet : www.cdg44.fr

Département 45 : Centre de gestion du LOIRET
Adresse : 1, rue Eugène Vignat – BP 1249 – 45002 ORLÉANS CEDEX 1
Téléphone : 02.38.62.05.06 – Télécopie : 02.38.62.17.89

Département 46 : Centre de gestion du LOT
Adresse : 182-190, quai Cavaignac – 46000 CAHORS
Téléphone : 05.65.23.00.95 – Télécopie : 05.65.23.00.99

Département 47 : Centre de gestion du LOT-ET-GARONNE
Adresse : 53, rue de Cartou – 47901 AGEN CEDEX 09
Téléphone : 05.53.48.00.70 – Télécopie : 05.53.48.00.71

Département 48 : Centre de gestion de la LOZÈRE
Adresse : 2 bis, boulevard Théophile Roussel – 48000 MENDE
Téléphone : 04.66.65.30.03 – Télécopie : 04.66.49.36.02

Département 49 : Centre de gestion du MAINE-ET-LOIRE
Adresse : Maison des maires – 9, rue du Clon – 49000 ANGERS
Téléphone : 02.41.24.18.80 – Télécopie : 02.41.24.18.99

Département 50 : Centre de gestion de la MANCHE
Adresse : 15, rue des Courtils – BP 524 – 50004 SAINT-LÔ CEDEX
Téléphone : 02.33.77.89.00 – Télécopie : 02.33.57.07.07

Département 51 : Centre de gestion de la MARNE
Adresse : 11, rue Carnot – 51000 CHÂLONS-EN-CHAMPAGNE
Téléphone : 03.26.69.44.00 – Télécopie : 03.26.70.59.36

Département 52 : Centre de gestion de la HAUTE-MARNE
Adresse : 34, place Aristide Briand – BP 159 – 52005 CHAUMONT CEDEX
Téléphone : 03.25.35.33.20 – Télécopie : 03.25.03.91.50

Département 53 : Centre de gestion de la MAYENNE
Adresse : 91, avenue Robert Buron – BP 2049 – 53020 LAVAL CEDEX 9
Téléphone : 02.43.59.09.09 – Télécopie : 02.43.53.16.74

Département 54 : Centre de gestion de la MEURTHE-ET-MOSELLE
Adresse : 61, rue Émile Bertin – CO n° 74 – 54036 NANCY CEDEX
Téléphone : 03.83.90.61.00 – Télécopie : 03.83.90.61.09
E-mail : cdg.fpt.54@wanadoo.fr – Site Internet : www.cdg54.fr

Département 55 : Centre de gestion de la MEUSE
Adresse : 92, rue des Capucins – BP 54 – 55202 COMMERCY CEDEX
Téléphone : 03.29.91.44.35 – Télécopie : 03.29.91.52.54

Département 56 : Centre de gestion du MORBIHAN
Adresse : 6 bis, rue Olivier de Clisson – BP 161 – 56005 VANNES CEDEX
Téléphone : 02.97.68.16.00 – Télécopie : 02.97.68.16.01

Département 57 : Centre de gestion de la MOSELLE
Adresse : 16, rue de l'Hôtel de Ville – BP 50229 – 57952 MONTIGNY-LÈS-METZ CEDEX
Téléphone : 03.87.65.27.06 – Télécopie : 03.87.50.69.32

Département 58 : Centre de gestion de la NIÈVRE
Adresse : 1, rue de Coblence – BP 3 – 58028 NEVERS CEDEX
Téléphone : 03.86.71.66.10 – Télécopie : 03.86.59.20.91

Département 59 : Centre de gestion du NORD
Adresse : Maison de la fonction publique territoriale – 14, rue Jeanne Maillotte – BP 1222 – 59013 LILLE CEDEX
Téléphone : 03.20.15.80.40 – Télécopie : 03.20.57.74.48

Département 60 : Centre de gestion de l'OISE
Adresse : 11, rue du général Leclerc – BP 807 – 60008 BEAUVAIS CEDEX
Téléphone : 03.44.06.22.60 – Télécopie : 03.44.45.04.44
E-mail : général@adico.org – Site Internet : www.adico.org

Département 61 : Centre de gestion de l'ORNE
Adresse : Pôle d'Écouves – Alençon Nord – BP 39 – 61002 ALENÇON CEDEX
Téléphone : 02.33.80.48.00 – Télécopie : 02.33.29.02.82

Département 62 : Centre de gestion du PAS-DE-CALAIS
Adresse : 220, avenue de la Libération – BP 67 – 62700 BRUAY-LA-BUISSIÈRE CEDEX
Téléphone : 03.21.52.99.50 – Télécopie : 03.21.62.01.00

Département 63 : Centre de gestion du PUY-DE-DÔME
Adresse : Centre Georges Couthon – 23, Place Delille – 63000 CLERMONT-FERRAND
Téléphone : 04.73.91.04.42 – Télécopie : 04.73.91.93.63

Département 64 : Centre de gestion des PYRÉNÉES-ATLANTIQUES
Adresse : Maison des communes – Cité administrative – BP 609 – 64006 PAU CEDEX
Téléphone : 05.59.84.40.40 – Télécopie : 05.59.84.11.98
E-mail : info@cdg-64.fr – Site Internet : www.cdg-64.fr

Département 65 : Centre de gestion des HAUTES-PYRÉNÉES
Adresse : 2, rue Théophile Gautier – 65600 SÉMÉAC
Téléphone : 05.62.38.92.50 – Télécopie : 05.62.36.60.58

Département 66 : Centre de gestion des PYRÉNÉES-ORIENTALES
Adresse : 39, avenue du maréchal Joffre – BP 901 – 66000 PERPIGNAN CEDEX
Téléphone : 04.68.52.34.34 – Télécopie : 04.68.52.64.28

Département 67 : Centre de gestion du BAS-RHIN
Adresse : 12, avenue Robert Schuman – BP 24 – 67381 LINGOLSHEIM CEDEX
Téléphone : 03.88.10.34.64 – Télécopie : 03.88.10.34.60
E-mail : cdg67@cdg67.fr – Site Internet : www.cdg67.fr

Département 68 : Centre de gestion du HAUT-RHIN
Adresse : 22, rue Wilson – 68000 COLMAR
Téléphone : 03.89.20.36.00 – Télécopie : 03.89.20.36.29

Département 69 : Centre de gestion du RHÔNE
Adresse : 18, rue Edmond Locard – 69322 LYON CEDEX 05
Téléphone : 04.72.38.49.50 – Télécopie : 04.72.38.49.79

Département 70 : Centre de gestion de HAUTE-SAÔNE
Adresse : 7, rue de la Corne Jacquot Bournot – ZI du Durgeon I – 70000 NOIDANS-LÈS-VESOUL
Téléphone : 03.84.97.02.40 – Télécopie : 03.84.97.02.41

Département 71 : Centre de gestion de SAÔNE-ET-LOIRE
Adresse : 6, rue de Flacé – 71018 MÂCON CEDEX
Téléphone : 03.85.21.19.19 – Télécopie : 03.85.21.19.10

Département 72 : Centre de gestion de la SARTHE
Adresse : 3, rue Paul Beldant – BP 115 – 72014 LE MANS CEDEX
Téléphone : 02.43.24.25.72 – Télécopie : 02.43.77.17.85

Département 73 : Centre de gestion de SAVOIE
Adresse : Immeuble Omega – 53, rue de la République – 73000 BARBERAZ
Téléphone : 04.79.70.22.52 – Télécopie : 04.79.70.84.84

Département 74 : Centre de gestion de HAUTE-SAVOIE
Adresse : Centre Bonlieu – 1, rue Jean Jaurès – BP 118 – 74003 ANNECY CEDEX
Téléphone : 04.50.51.98.50 – Télécopie : 04.50.51.98.69
E-mail : cdg74@wanadoo.fr – Site Internet : www.cdg74.fr

Département 76 : Centre de gestion de la SEINE-MARITIME
Adresse : 3440, route de Neufchâtel – BP 72 – 76233 BOIS-GUILLAUME CEDEX
Téléphone : 02.35.59.71.11 – Télécopie : 02.35.59.94.63

Département 77 : Centre de gestion de SEINE-ET-MARNE
Adresse : 335, rue du Bois Guyot – 77350 LE MÉE-SUR-SEINE
Téléphone : 01.64.14.17.00 – Télécopie : 01.64.14.17.50
E-mail : cdg77@cdg77.fr – Site Internet : www.cdg77.fr

Département 79 : Centre de gestion des DEUX-SÈVRES
Adresse : 7, rue Chaigneau – BP 30 – 79400 SAINT-MAIXENT-L'ÉCOLE
Téléphone : 05.49.06.08.50 – Télécopie : 05.49.06.08.59
E-mail : cdg79@cdg79.fr – Site Internet : www.cdg79.fr

Département 80 : Centre de gestion de la SOMME
Adresse : 32, rue Lavalard – BP 2604 – 80026 AMIENS CEDEX 01
Téléphone : 03.22.91.05.19 – Télécopie : 03.22.91.05.94

Département 81 : Centre de gestion du TARN
Adresse : 1, rue de Jarlard – 81000 ALBI
Téléphone : 05.63.38.35.76 – Télécopie : 05.63.38.22.61

Département 82 : Centre de gestion du TARN-ET-GARONNE
Adresse : 23, boulevard Vincent Auriol – 82000 MONTAUBAN
Téléphone : 05.63.21.62.00 – Télécopie : 05.63.21.62.01
E-mail : jyca@cdg82.fr – Site Internet : www.cdg82.fr

Département 83 : Centre de gestion du VAR
Adresse : « Les Myrtes » – Avenue Roger Salengro – BP 130 – 83957 LA GARDE CEDEX
Téléphone : 04.94.08.63.40 – Télécopie : 04.94.21.45.88

Département 84 : Centre de gestion du VAUCLUSE
Adresse : Résidence « Le Mercure » – Avenue Alphonse Daudet – 84130 LE PONTET
Téléphone : 04.90.31.35.57 – Télécopie : 04.90.31.32.74

Département 85 : Centre de gestion de la VENDÉE
Adresse : Maison des communes – 45, boulevard des États-Unis – BP 239 – 85006 LA ROCHE-SUR-YON CEDEX
Téléphone : 02.51.44.50.60 – Télécopie : 02.51.37.00.66
E-mail : maison.des.communes85@cdg85.fr – Site Internet : www.cdg85.fr

Département 86 : Centre de gestion de la VIENNE
Adresse : 33, rue des Deux Communes – BP 63 – 86180 BUXEROLLES
Téléphone : 05.49.45.13.16 – Télécopie : 05.49.45.13.15

Département 87 : Centre de gestion de la HAUTE-VIENNE
Adresse : 55, rue de l'ancienne École normale d'instituteurs – BP 339 – 87009 LIMOGES CEDEX
Téléphone : 05.55.30.08.40 – Télécopie : 05.55.30.08.59

Département 88 : Centre de gestion des VOSGES
Adresse : 28, rue de la Clé d'Or – 88000 ÉPINAL
Téléphone : 03.29.35.63.10 – Télécopie : 03.29.35.50.72

Département 89 : Centre de gestion de l'YONNE
Adresse : 16, boulevard Lyautey – BP 86 – 89011 AUXERRE CEDEX
Téléphone : 03.86.51.43.43 – Télécopie : 03.86.51.75.48

Département 90 : Centre de gestion du TERRITOIRE DE BELFORT
Adresse : 29, boulevard Anatole France – BP 322 – 90006 BELFORT CEDEX
Téléphone : 03.84.57.65.65 – Télécopie : 03.84.57.65.66

Département 971 : Centre de gestion de la GUADELOUPE
Adresse : Maison des communes – B.P. 465 – Avenue Paul Lacave – Petit-Paris – 97100 BASSE-TERRE
Téléphone : 0590.99.45.00 – Télécopie : 0.05.90.99.45.21

Département 972 : Centre de gestion de la MARTINIQUE
Adresse : Ancien Hôpital civil – BP 1169 – 97249 FORT-DE-FRANCE CEDEX
Téléphone : 0596.70.08.86 – Télécopie : 0.05.96.70.64.32

Département 973 : Centre de gestion de la GUYANE
Adresse : 36, avenue Louis Pasteur – BP 493 – 97332 CAYENNE CEDEX
Téléphone : 0594.29.68.00 – Télécopie : 0.05.94.37.96.97

Département 974 : Centre de gestion de la RÉUNION
Adresse : 29, rue Évariste de Parny – 97420 LE PORT
Téléphone : 0262.42.57.57 – Télécopie : 0.02.62.43.09.47

Département 2A : Centre de gestion de la CORSE-DU-SUD
Adresse : 18, cours Napoléon – 20000 AJACCIO
Téléphone : 04.95.51.07.26 – Télécopie : 04.95.21.60.75

Département 2B : Centre de gestion de la HAUTE-CORSE
Adresse : 1, rue Luce de Casabianca – 20200 BASTIA
Téléphone : 04.95.32.33.65 – Télécopie : 04.95.31.10.75

Départements 78,91,95 : Centre de gestion de la GRANDE COURONNE D'ÎLE-DE-FRANCE
Adresse : 15, rue Boileau – BP 855 – 78008 VERSAILLES CEDEX
Téléphone : 01.39.49.63.00 – Télécopie : 01.39.02.27.26
Site Internet : www.cigversailles.fr

Départements 92,93,94 : Centre de gestion de la PETITE COURONNE D'ÎLE-DE-FRANCE
Adresse : 3, rue de Romainville – 75940 PARIS CEDEX 19
Téléphone : 01.40.03.81.00 – Télécopie : 01.42.03.60.80
E-mail : info@cig929394.fr – Site Internet : www.cig929394.fr

III. Fonction publique hospitalière

Les concours de la fonction publique hospitalière ne sont pas centralisés, chaque établissement organisant lui-même son recrutement.

Assistance publique Hôpitaux de Paris – Bureau d'accueil et d'information
Adresse : 4 rue Saint-Martin – 75004 PARIS
Téléphone : 01.40.27.40.32

En province, s'adresser à la direction départementale de l'action sanitaire et sociale (DDASS) ou/et à la direction régionale de l'action sanitaire et sociale (DRASS) du lieu de résidence.

Achevé d'imprimer en octobre 2001
sur les presses de Normandie Roto Impression s.a.
à Lonrai (Orne)
N° d'imprimeur : 012564
Dépôt légal : octobre 2001

Imprimé en France